북유럽 미술관 여행

일러두기

· 외국의 인명과 지명 및 고유명사는 국립국어원 외래어표기법대로 적었으나, 일반적으로 통용되는 경우는 관용을 따르기도 했습니다.

자연 친화적이고 혁신적인 북유럽 미술관을 가다

북유럽
미술관 여행

이은화 지음

상상출판

프롤로그

북유럽으로 떠나는 행복한 미술 여행

해마다 UN은 세계행복보고서를 발간한다. 이 보고서에서 관심을 끄는 건 삶의 만족도를 나타내는 행복지수 순위다. 2023년 1위는 핀란드로, 6년 연속 세계에서 가장 행복한 나라로 뽑혔다. 덴마크는 5년 연속 2위를, 스웨덴과 노르웨이는 각각 6위와 7위를 차지했다. 예상대로 북유럽 국가들이 상위권을 독차지했다.

코로나19 팬데믹을 겪으면서 성공보다 행복을 말하는 사람들이 늘었다. 속도와 발전보다 환경 보호와 불평등 해소를 요구하는 목소리가 높아졌다. 북유럽은 행복한 나라, 복지 천국, 평등 국가의 이미지가 강하다. 교육과 디자인 강국이기도 하다. 국토의 상당 부분이 북극권에 속한 척박한 자연환경을 딛고 세계 최고 수준의 복지국가를 이루어낸 게 신기할 따름이다. 북유럽 관련 책이나 기사가 나올 때마다 궁금했다. 행복한 나라에 사는 사람들은 어떤 미술을 좋아하는지 그곳엔 어떤 미술관들이 있는지.

지난 20년간 뮤지엄 스토리텔러를 자처하며 책과 강연, 방송에서 세계의 미술관을 소개해왔다. 한데 돌이켜보니 내가 다닌 미술관은 대부분 서유럽에 국한돼 있었다. 북유럽에 대한 막연한 동경은 있었지만 실제 방문으로 이어지는 건 쉽지 않았다. 비싼 물가에 대한 부담도 컸지만, 국제 미술계에서 북유럽은 변방이라는 선입견이 강했기 때문이다.

북유럽에 첫발을 디딘 건 2017년이었다. 강렬했던 첫 만남 후 2019년, 그리고 2022년에도 북유럽을 향했다. 최근에 와서 자주 찾게 된 건 북유럽에 부는 변화의 바람 때문이었다. 특히 노르웨이 오슬로는 지금 피오르 수변을 중심으로 대규모 도시 재생 프로젝트 '피오르 시티'가 20년 넘게 진행 중이다. 낙후됐던 수변에 2012년 렌조 피아노가 설계한 아스트루프 펀리 현대미술관이 개관한 데 이어 2021년에는 13층짜리 뭉크 미술관이, 2022년에는 노르웨이 국립박물관까지 새로 들어서면서 오슬로의 문화 지형을 바꾸고 있다. 이렇게 북유럽에는 도시 재생 사업의 성공적 사례를 보여주거나 혁신적인 디자인으로 세계적 주목을 받는 신생 미술관이 속속 생겨나고 있다. 또 유서 깊은 국립미술관 중에도 수년의 개조 공사 끝에 완전히 새로운 모습으로 재개관한 곳이 늘고 있다.

무엇보다 놀라운 건 각 미술관의 뛰어난 컬렉션이었다. 서양미술사를 장식한 거장들뿐 아니라 동시대 미술의 스타 작가들, 그리고 우리가 잘 몰랐던 북유럽 근현대 미술가들의 작품을 만나면서 감동하고 탄복했다. 직접 체험한 북유럽 미술관들은 너무나 자연 친화적이면서도 혁신적이었다. 알면 알수록 그 매력에 점점 빠져들었다. 그 경험과 감동을 더 많은 이들과 나누고자 책을 쓰게 되었다.

프롤로그

이 책에는 노르웨이부터 덴마크, 스웨덴, 핀란드, 네덜란드까지 북유럽 5개국의 미술관과 문화 공간 30곳이 소개돼 있다. 네덜란드가 왜 북유럽이냐고 물을 수 있을 것이다. 사실 북유럽을 규정하는 명확한 기준은 없다. 일반적으로는 노르웨이, 스웨덴, 덴마크로 구성된 스칸디나비아 제국을 말하거나, 아이슬란드와 핀란드를 더한 노르딕 5개국을 지칭한다. 그러나 미술사에서는 네덜란드도 북유럽으로 분류된다. 네덜란드뿐 아니라 벨기에와 독일도 모두 북유럽이다. 이는 이탈리아, 스페인, 그리스, 로마 등 남유럽 미술에 대한 상대적 개념에서 나왔다. 네덜란드 화가 페르메이르의 <진주 귀고리를 한 소녀>를 '북구의 모나 리자'라고 부르는 것도 이러한 이유에서다.

책은 나라별로 총 다섯 장으로 구성됐다. 여행 동선이 아니라 각 나라 미술관의 성격과 특성을 고려해 순서를 배치했다. 지면의 한계로 '플러스 페이지'에 담아 짧게 소개한 곳도 있는데, 여기엔 미술관뿐 아니라 혁신적인 공공도서관이나 문화 공간도 포함했다.

책에 소개한 모든 미술관이 다 특별하고 감동적이었지만, 국내에 잘 알려지지 않은 신생 미술관과 숨은 미술관을 더 알리고 싶은 마음이 크다. 1장에서 만나게 될 키스테포스 뮤지엄은 노르웨이의 울창한 숲속에 위치한다. 버려진 산업시설을 재활용한 박물관도 볼거리지만, 2019년 완공된 트위스트 갤러리는 비틀린 다리 모양의 파격적인 디자인으로 세계적 주목을 받고 있다. 2장 덴마크 편에 소개한 루이지애나 현대미술관은 '지상에서 가장 아름다운 미술관'으로 불리며 전 세계 자연 속 미술관의 롤 모델이 되고 있다. 3장 스웨덴 편에서는 개인 저택을 개조한 티엘 갤러리와 에우옌 왕자 발데마르수데의 흥미로운 설립 이야기를 만날 수 있다. 4장 핀란드 편에서는 동화 속에서 튀어나온 것처럼 생긴 아모스 렉스와 핀란드 근대미술의 진수를 보여주는 아테네움을 꼭 소개하고 싶었다. 5장 네덜란드 편에서 만날 데포 보이만스 판뵈닝언도 특별하다. 이곳은 미술관이 아니라 보이는 수장고다. 미술관의 모든 소장품을 관람객에게 완전 개방하고 있다. 은그릇을 닮은 독특한 외관 덕에 2021년 개관 즉시 로테르담의 랜드마크가 되었다. 서울시가 서초구 옛 정보사 부지에 짓겠다는 '서리풀 보이는 수장고'에 영감을 준 곳이기도 하다.

사실 수년간 북유럽을 다니면서 얻은 배움과 추억, 감동을 글로 다 담는 건 불가능하다. 그럼에도 이 책이 북유럽의 문화예술을 알고 싶거나 북유럽 미술 여행을 준비하는 분들에게 작은 지침서가 되면 더 바랄 것이 없겠다. 여행은 몸으로 하는 독서고, 독서는 앉아서 하는 여행이 아니던가. 행복한 나라로 떠나는 미술 여행에 독자분들을 초대하고 싶다. 우리 함께 북유럽으로 떠나지 않을래요?

2024년 2월

이 은 화

차 례

2
덴마크 Denmark

3 스웨덴 Sweden

4 핀란드 Finland

5
네덜란드 Netherlands

1

노르웨이
Norway

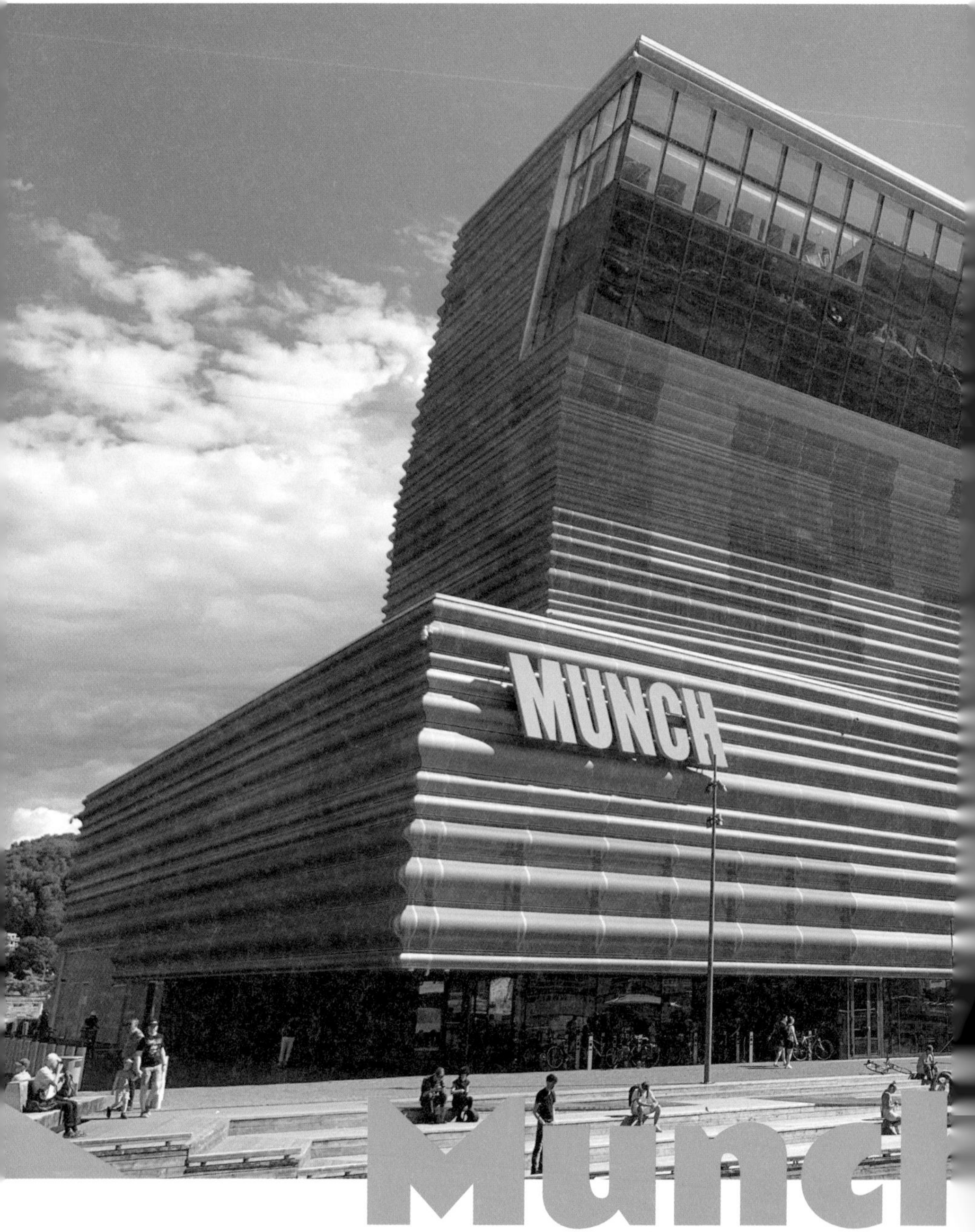
MUNCH

노르웨이
문화의 아이콘

뭉크
미술관

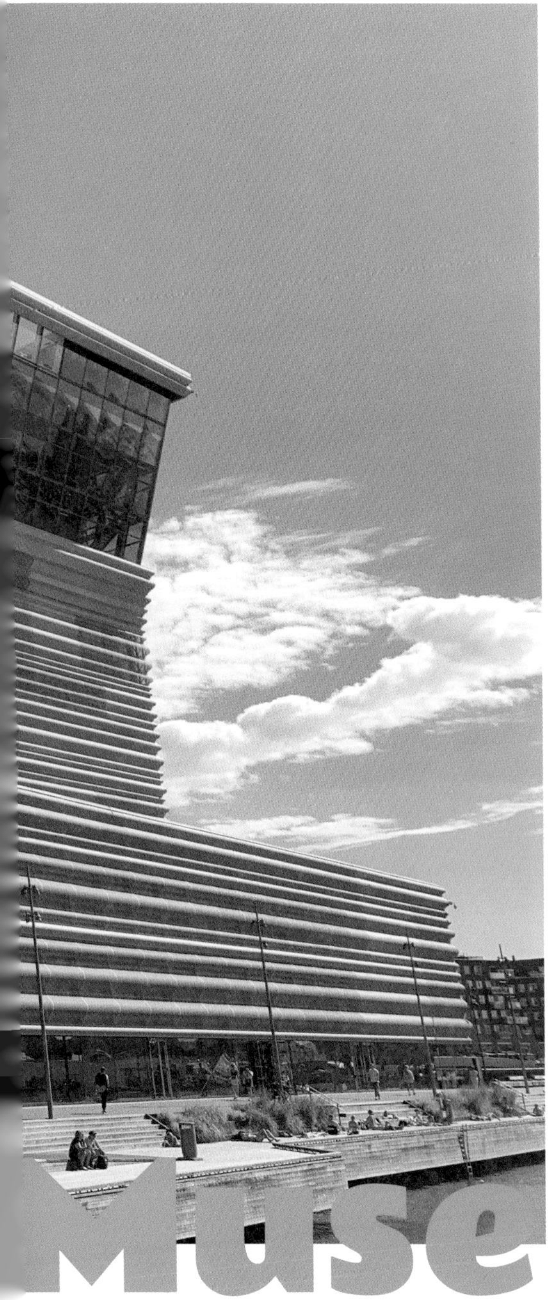

Museum

도시는 생물과 같다. 건설과 번영, 낙후와 쇠락, 재건이 거듭되기 마련이다. 번영하는 지역이 있으면 낙후된 곳도 자연히 생겨나는 법. 쇠퇴 지역의 경제를 살리고 경쟁력을 강화하는 건 모든 지역과 도시가 안고 있는 숙제다. 어느 나라 어느 도시에서나 도시 재생 사업이 이슈가 되는 이유다.

여느 스칸디나비아 국가들처럼 노르웨이도 척박한 자연환경을 딛고 세계 최고 수준의 복지국가를 이루어냈다. 현상 유지만 해도 될 것 같은 노르웨이가 최근 들어 도시 재생 사업으로 세계적 주목을 받고 있다. 특히 수도 오슬로에는 지금 북유럽에서 변화의 바람이 가장 크게 불고 있다. 피오르 수변을 중심으로 옛 부두와 선착장 지역에 새로운 문화시설들이 속속 들어서면서 오슬로의 문화 지형이 바뀌고 있다. 2007년 빙하 모양의 오페라하우스가 완공된 데 이어 2012년 렌조 피아노가 설계한 아스트루프 펀리 현대미술관이 새로 들어섰다. 오슬로를 대표하는 양대 미술관인 뭉크 미술관과 노르웨이 국립박물관도 최근에 새 건물을 지어 이전 개관했다. 오슬로가 북유럽의 새로운 문화예술 메카로 변신 중인 것이다.

미술애호가들에게 오슬로는 에드바르 뭉크의 도시다. 붉은 노을이 지는 황혼 녘, 해골 모습의 사람이 두 손으로 귀를 틀어막고 비명을 지르고 있는 명화, <절규>가 바로 이 도시에 있다.

인간의 고독과 불안을 뭉크만큼 절절하고 상징적으로 잘 표현한 화가가 있을까. 루브르의 <모나 리자>만큼이나 유명한 <절규>를 만나기 위해 해마다 수백만 명이 오슬로를 찾는다.

새 뭉크 미술관이 문을 연 건 2021년 10월 22일, 코로나19 팬데믹이 한창이던 때였다. 당시 해외여행은 엄두도 못 내던 시기였기에, 나는 이듬해 여름이 되어서야 비로소 북유럽으로 떠날 수 있었다.

2019년 오슬로를 찾았을 때만 해도 뭉크 미술관은 도심에서 조금 벗어난 퇴이엔Tøyen 지역에 있었다. 1963년, 뭉크 탄생 100주년을 기념해 처음 설립될 당시에도 국립미술관 옆에 짓자는 의견이 있었지만, 여느 대도시가 그러하듯 땅값 비싼 시내 중심부에는 미술관을 지을 만한 마땅한 부지가 없었다. 뭉크도 생전에 자신의 드로잉과 습작까지 다 전시할 수 있는 큰 규모의 공공미술관을 바랐고, 전쟁이 나도 화재나 폭탄 투하로부터 안전할 수 있는 한적한 장소를 원했다고 한다. 또 퇴이엔 지역은 원래 노동자나 이주자 등 사회적 소외 계층이 많이 모여 사는 동네였기에 도시의 균형 발전 측면까지 고려해 최종 부지로 선정됐다.

긴 유리 상자처럼 생긴 옛 뭉크 미술관은 지상 1층, 지하 1층으로 이루어진 아담한 규모였지만, 개관 첫해 17만 4,000명이 다녀가며 오슬로의 새로운 문화 명소로 자리매김했다. 하지만 허술한 경비 시스템과 보안에 취약한 건물 구조 때문에 1988년 <뱀파이어>가 도난당한 데 이어 2004년에는 대표 소장품인 <절규>와 <마돈나>까지 도난당했다. 2년 만에 어렵게 되찾긴 했지만 건물 노후화와 수장고 공간 부족 문제로 더 안전한 보안 시스템을 갖춘 현대적 건물의 필요성이 대두됐다. 결국 오슬로시는 2014년 뭉크 미술관을 다른 곳으로 이전 개관하기로 결정했고, 2019년 56년 퇴이엔 시대를 정리하는 고별전을 마지막으로 문을 닫았다.

새 뭉크 미술관은 오슬로시의 대규모 항만 재개발 프로젝트 '피오르뷔엔Fjordbyen'의 일환으로 건립됐다. 영어로 '피오르 시티Fjord City'로 불리는 이 도시 재생 사업은 낙후된 피오르 수변 지역을 개발해 시민들이 바다를 더 가까이서 즐길 수 있는 활력 넘치는 도시 환경을 만들고, 나아가 오슬로를 세계적인 문화도시로 만들겠다는 취지로 기획됐다. '피오르 시티' 사업이 오슬로 시의회의 승인을 받은 건 2000년 1월이었다. 이미 1980년대에 오슬로 서쪽 아케르 브뤼게Aker Brygge에서 재개발 사업이 시작됐음에도 2000년대 들어 본격화된 이유다. 2010년대 이후로는 비에르비카Bjørvika와 슈브홀멘Tjuvholmen

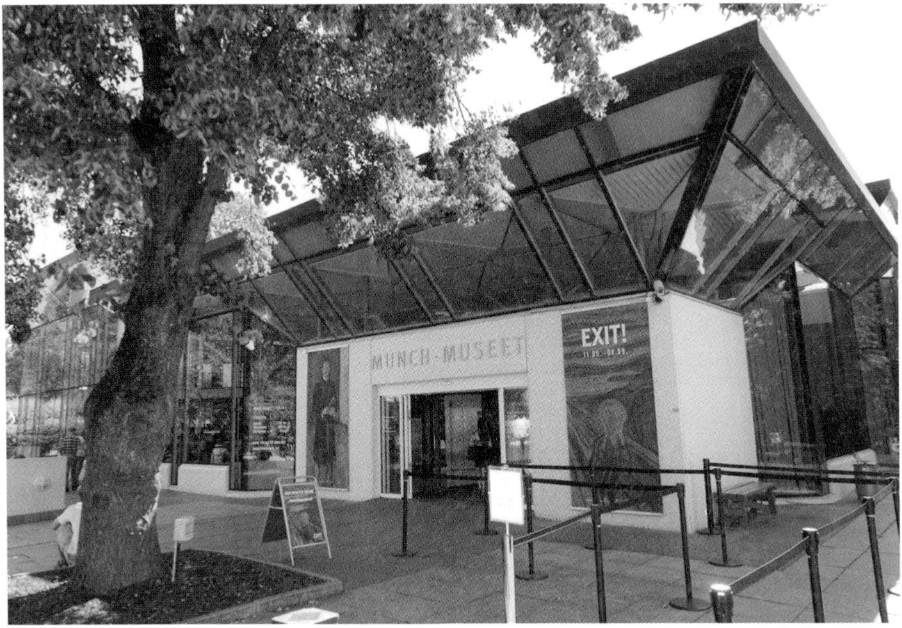

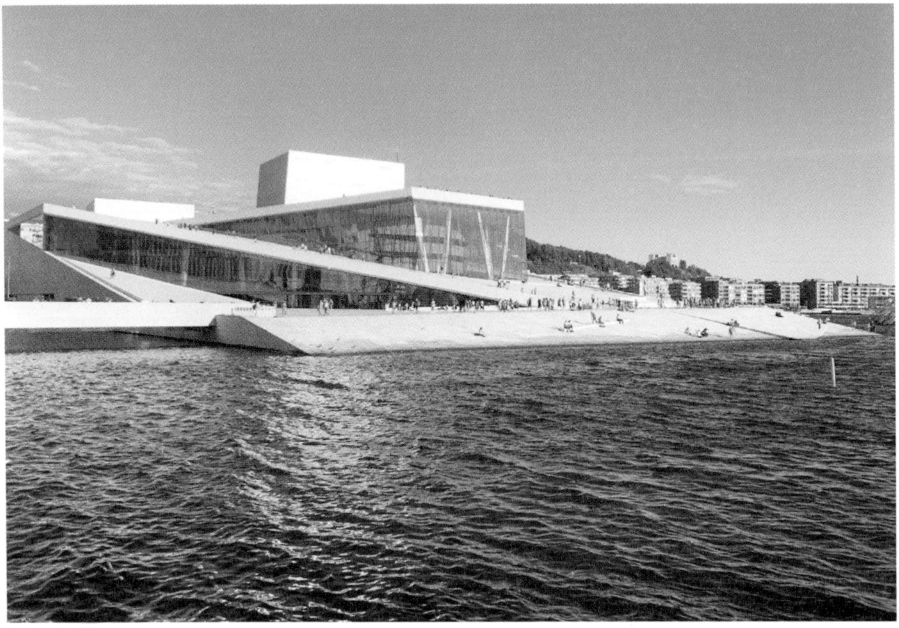

(위) 옛 뭉크 미술관 전경, (아래) 빙산 모양의 오페라하우스

을 중심으로 한 항구 지역 재개발이 이어졌고, 지금도 순차적으로 진행 중이다. 비에르비카에 가장 먼저 들어선 건 오페라하우스다. 노르웨이 건축회사 스뇌헤타가 설계한 빙산 모양의 오페라하우스는 4년의 공사 기간을 거쳐 2008년에 문을 열었다. 개관 첫해 130만 명이 다녀가며 단숨에 오슬로의 새로운 랜드마크로 떠올랐다. 컨테이너가 어지럽게 산적했던 구도심의 항만은 이제 뭉크 미술관까지 들어섰으니 오슬로의 새로운 문화 중심지이자 세계 도처에서 관광객이 찾아오는 세계적인 문화 명소가 됐다.

혁신으로 무장한 새 뭉크 미술관

새 뭉크 미술관은 13층짜리 고층빌딩 안에 들어섰다. 높은 건물이 드문 유럽에서 공공미술관을 이리 높게 짓는 건 상당히 이례적이다. 건평 2만 6,313m²를 자랑하는 새 미술관은 옛 뭉크 미술관보다 두 배 이상 클 뿐 아니라 작가 한 사람을 기념하는 미술관으로는 세계 최대 규모다. 미술관 외관은 알파벳 'T' 자를 거꾸로 세운 후 꼭대기를 살짝 구부린 것처럼 보인다. '람다Lambda'라고 불리는 이 건물은 스페인 건축가 후안 에레로스Juan Herreros가 설계했다. 람다는 그리스어의 열한 번째 알파벳으로, 새 미술관의 건물 모양이 직선으로 곧게 뻗어 올라가는 게 아니라 람다의 소문자 모양(λ)과 비슷해서 지어진 이름이다. 람다는 친환경적인 건물로도 주목받고 있다. 건축 재료로 친환경 강철과 콘크리트가 사용되었고, 마감재로 쓰인 알루미늄 패널은 재활용한 것이다. 실내 냉난방은 피오르 물을 끌어들여 해결했다. 에너지 효율은 높이고 재활용 자재를 이용하다 보니, 비슷한 규모의 다른 건축물에 비해 온실가스 배출량이 절반밖에 되지 않는다고 한다.

'MUNCH'라고 심플하게 적힌 미술관 안에 들어서면 매표소와 아트숍이 있는 환한 로비가 관람객을 가장 먼저 반긴다. 여기서 에스컬레이터를 타고 올라가면 층마다 특별한 테마로 꾸며진 전시장들이 있다. 도대체 뭉크의 작품을 얼마나 많이 가지고 있기에 고층빌딩 한 채를 다 채울 수 있었을까? 이곳에 들어서면서 가진 의문이다.

뭉크 미술관은 노르웨이가 낳은 세계적인 화가 뭉크의 작품과 아카이브 자료 약 4만 5,000점을 소장한 세계 최대 미술관이다. 이 방대한 소장품을 구축할 수 있었던 건 작가의 기증 덕분이다. 1940년 제2차 세계대전 당시 독일 나치가 노르웨이

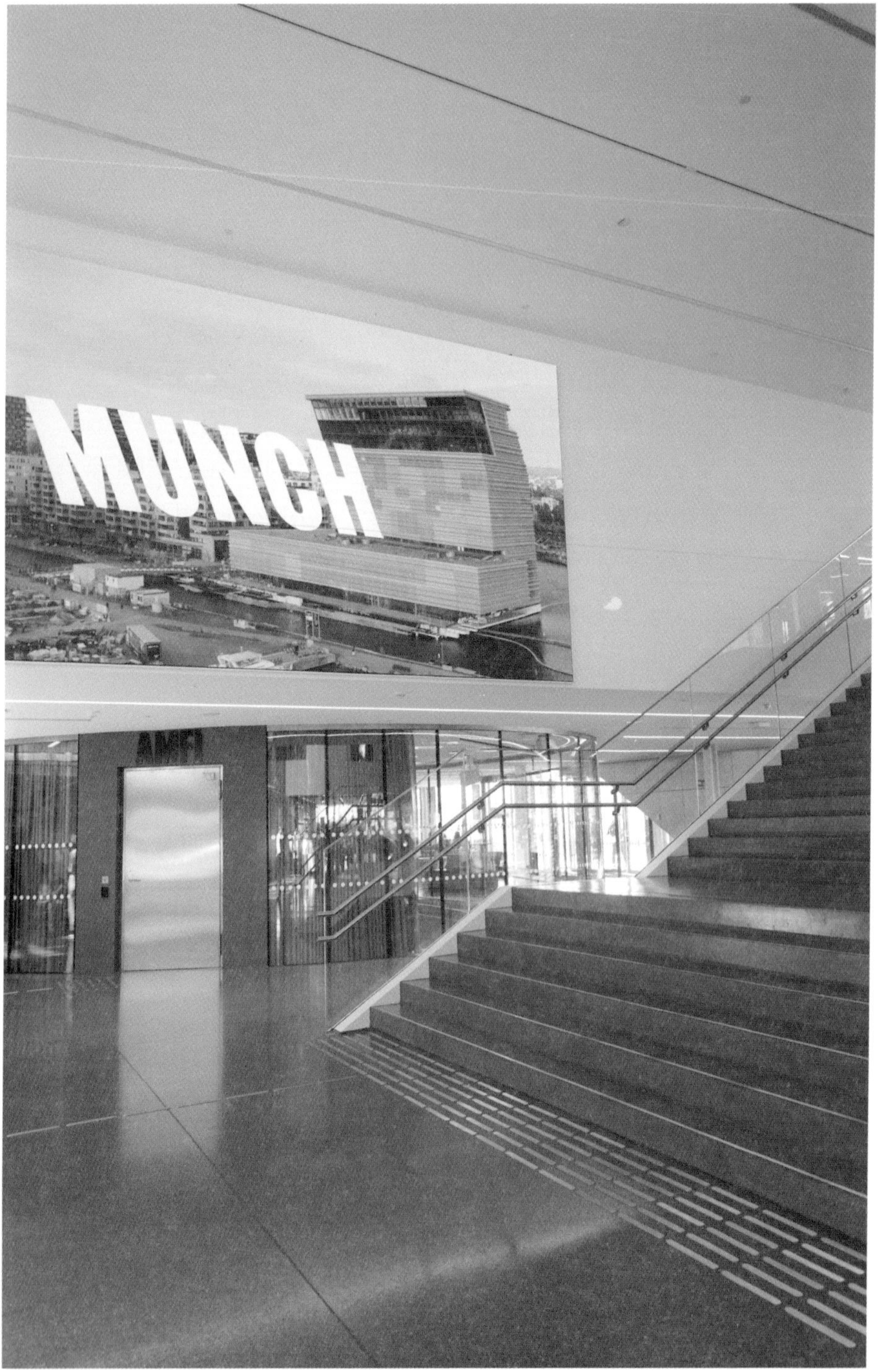
MUNCH
AMFI

를 점령하자 아내도 자식도 없던 뭉크는 오슬로시에 자신의 작품과 소유물을 다 기증했다. 그가 사망하기 4년 전이었다. 나치가 자신을 퇴폐미술가로 규정했던 터라 잘못하면 작품들이 몰수되거나 불살라질지도 모른다고 염려했기 때문이었다. 이때 기증품 수는 2만 8,000점이 넘었는데, 단일 작가가 기증한 양으로는 역대 최다였다. 그중 회화만 약 1,150점, 판화 약 1만 7,800점, 드로잉과 수채화가 4,500점, 조각이 13점이었다. 그 외 각종 자필 노트와 개인 서류, 편지, 도서, 가구, 작업 용품 등도 포함돼 있다. 뭉크 미술관 소장품은 작가의 기증 외에도 그의 막내 여동생 잉에르의 사후 기증과 개인 컬렉터들의 기증으로 더 탄탄하고 방대해졌다.

네 시간 기다려 본
<절규> 3종 세트

13층 빌딩 안에는 총 열한 개의 전시장이 일곱 개 층에 나뉘어 들어서 있었다. 네 개의 주제 전시실에서는 200점이 넘는 뭉크 작품이 상설전시돼 있고, 다양한 테마로 꾸민 기획전시실에서는 노르웨이 출신뿐 아니라 국제적인 작가들의 현대

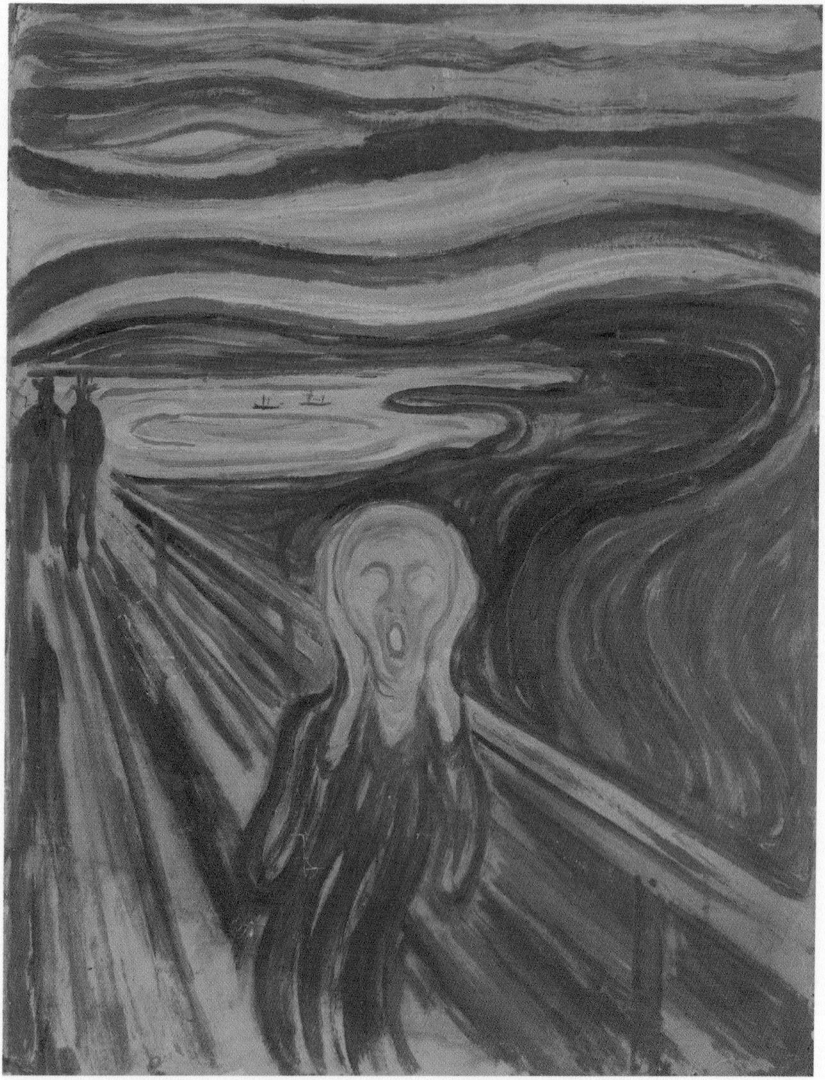

에드바르 뭉크, <절규>, 판지에 유채, 템페라, 83.5×66cm, 1910년경, 뭉크 미술관

미술 작품도 만날 수 있었다. 2023년 봄에는 '자유의 형태The Shape of Freedom'라는 주제로 마크 로스코, 잭슨 폴록, 리 크래스너 등 미국 추상표현주의와 유럽의 앵포르멜 미술을 대규모로 소개하는 기획전을 열어 주목받았다. 그래도 '뭉크' 하면 '절규'가 가장 먼저 떠오르기 마련이다. 미술관은 이 점을 감안해 4층에 '절규의 방'을 아예 따로 만들었다. 미술관 관람은 3층 기획전시실부터 시작되지만, <절규>를 보기 위해 곧장 에스컬레이터를 타고 4층으로 향했다. 유화, 판화, 드로잉 이렇게 세 개의 다른 매체로 제작된 <절규>를 동시에 만날 수 있는 장소다. '절규의 방'은 조도를 낮춘 무척 어두운 공간이었다. 한 공간 안에서 그 유명한 <절규> 그림들을 동시에 볼 수 있다는 기대감에 잔뜩 부풀었으나, 아뿔싸! 판화 버전 한 점만 벽에 걸려 있었다. 게다가 사람들이 너무 몰려 있어서 가까이 가서 보는 데까지 꽤 긴 시간을 기다려야 했다. 어렵게 만난 그림이라 그런지, 관람객들은 다들 그림 속 비명 지르는 사람을 흉내 내며 인증사진을 찍느라 여념이 없었다. 왜 유화 버전은 없는지 궁금해 주변을 둘러봤더니, 벽에 안내 문구가 적혀 있었다. 세 가지 버전의 <절규>는 작품 보호를 위해 한 시간 간격으로 돌아가면서 공개된다는 내용이었다. 그러니까 각 그림은 검은 벽장 뒤에 가려져 있다가 시간이 되면 벽장문이 자동으로 열리면서 딱 한 시간 동안만 관람객들에게 얼굴을 드러내는 거다. 순서는 랜덤이다. 뭉크는 모든 <절규> 시리즈를 판지나 종이에 그렸다. 캔버스보다 온도나 습도, 빛에 취약할 수밖에 없다. 미술관은 한 시간에 딱 한 점만 공개하는 이유를 '미래 세대를 위한 조처'라고 밝히고 있다. 운 좋으면 유화 버전을 볼 수 있지만, 판화나 드로잉 버전만 보고 갈 수도 있는 것이다. 세 버전을 다 보고 싶었던 나는 매시간 이 방을 다시 찾았고, 네 시간 만에 기어이 모두 감상할 수 있었다. 의지의 한국인이다.

뭉크는 노르웨이의 국민화가로 불릴 정도로 엄청난 성공을 거두었지만, 사실 그의 삶은 결핍과 불행의 연속이었다. 다섯 살 때 어머니를 여의고, 열세 살 때 누이를 잃었다. 강압적이었던 아버지는 기댈 존재가 못 되었고, 여동생과 자신은 어릴 때부터 정신 질환을 앓았다. 어느 날 뭉크는 친구들과 함께 에케베르그 언덕을 걷다가 붉은 저녁노을이 지르는 비명을 듣고 <절규>를 탄생시켰다. 그는 일기에 "나는 진짜 피 같은 구름이 있는 그림을 그렸다. 색채들이 비명을 질러댔다"라고 썼다. 그 에케베르그 언덕은 당시 여동생이 입원한 정신병원이 있던 곳이기도 했다. <절규> 배경 속에는 새 미술관이 들어선 비에르비카의 협만 풍경도 묘사돼 있다.

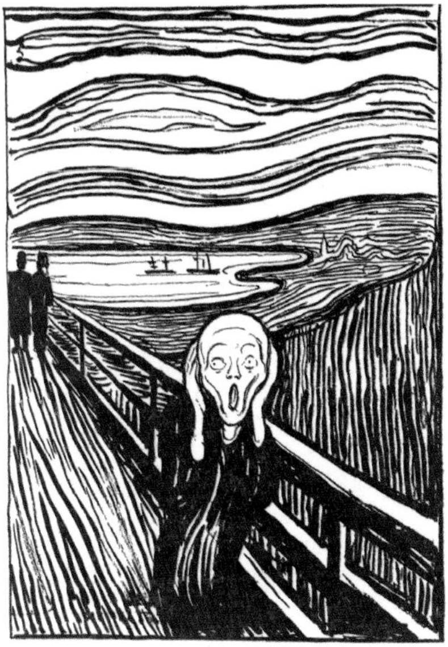

1895년 제작된 <절규>의 판화 버전

지금은 노르웨이의 국보 대우를 받고 있는 세계적인 명화지만, 처음 <절규>가 발표됐을 때 반응은 어땠을까? 기괴하고 불안정해 보이는 이 그림을 이해하는 사람은 드물었다. 평론가들은 '정신병자가 그린 그림'이라고 비난했다. 뭉크는 발끈하지 않고 그림 왼쪽 상단에 이렇게 썼다. "미친 사람만이 그릴 수 있는 것이다"라고. 자신의 광기를 인정한 것이다. 한때 미친 사람의 그림으로 불렸던 <절규> 앞에서 세계 도처에서 온 사람들이 열광하고 공감하는 모습은 참으로 아이러니하다. 우리가 사는 세상이 뭉크가 저 그림을 그렸던 19세기 말보다 더 미칠 것 같고, 더 어지럽고, 더 불안하기 때문은 아닐까 싶다.

4층에서는 <절규> 외에도 <마돈나>와 <뱀파이어> 같은 그의 유명한 대표작들을 만날 수 있다. 뭉크는 평생 독신으로 살면서 외롭고 고독한 삶을 보냈다. 젊은 시절, 세 번의 연애를 했지만 모두 실패했고, 끝이 좋지 않았다. 첫 번째 연인 밀리 탈로는 하필 유부녀라 서로에게 상처만 남긴 채 관계가 끝났고, 두 번째 연인 다그니 율은 친한 친구에게 빼앗겼다. 친구와 연인을 동시에 잃었으니 그 상실감과 배신감이 얼마나 컸을까? <절규>와 함께 뭉크의 양대 명작으로 손꼽히는 <마돈나>가 바로 율을 모델로 그린 것이다. 뭉크는 율을 매혹적이고 관능적이지만, 결국 남자를 파멸시키고 마는 팜 파탈의 이미지로 묘사했다. <뱀파이어>도 팜 파탈의 대표적 그림이다. 빨간 머리 여자가 남자의 목덜미를 물고 있는 것처럼 보이는데, 뭉크는 그저 여자가 남자의 목에 입맞춤하는 것일 뿐이라고 말한 바 있다. 특정한 연인을 모델로 그렸다기보다, 매춘부 여성이나 화가의 죽은 여동생 또는 과거의 연인을 떠올리며 그린 것으로

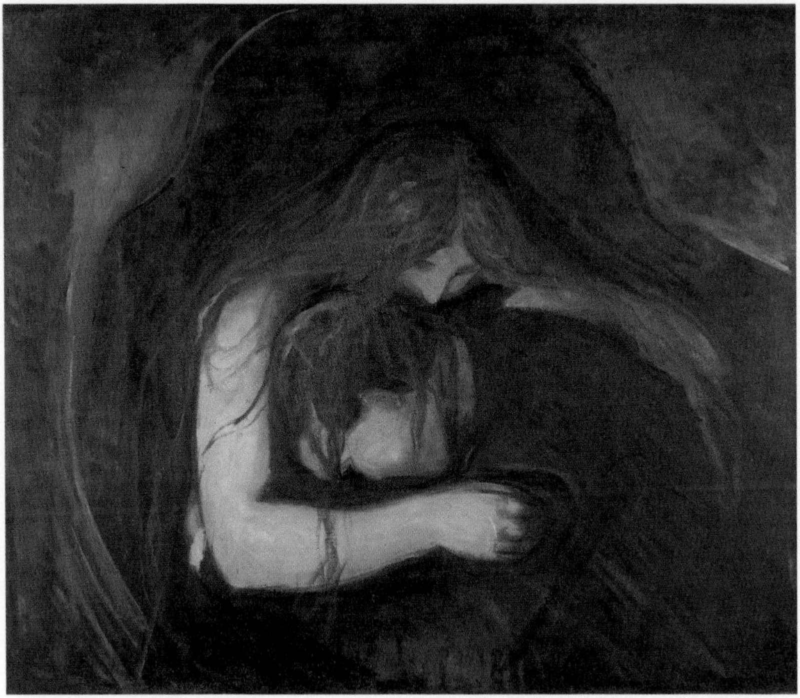

에드바르 뭉크, <뱀파이어>, 캔버스에 유채, 91×109cm, 1895년, 뭉크 미술관

추정된다. 뭉크가 붙인 원래 제목은 '사랑과 고통'이었다. 전시에서 이 그림을 본 친구가 흡혈귀에 목이 물린 남성이라는 해석을 내놓으면서 제목이 '뱀파이어'로 바뀌었다. 뭉크에겐 실연의 상처가 꽤 깊고 컸다. 30대 중반에 만난 세 번째 연인 툴라 라르센마저 새로운 남자와 함께 떠났기 때문이다. 여성에 대한 혐오감마저 들었을 테다. 그래선지 남자의 목을 무는 뱀파이어 그림을 1893년에서 1895년 사이 무려 여섯 점이나 그렸고, 그 중 석 점이 뭉크 미술관에 있다. 뭉크에겐 그림만이 평생의 벗이요, 연인이요, 살아가는 이유였다. 어릴 때 죽은 누이에 대한 기억으로 그린 <아픈 아이>도 같은 층에 전시돼 있다.

융합 전시와 놀이, 휴식, 외교 무대까지

6층 전시실에 들어서면 '와' 하고 탄성부터 나온다. 잘 알려지지 않은 뭉크의 대작들에 완전히 압도당하기 때문이다. 천장이 높은 공간에 뭉크가 1911년 오슬로 대학을 위해 제작했던 대형 벽화들이 전시돼 있다. 어떤 이들은 이 전시실이 뭉크 미술관의 하이라이트라 말한다. 공공미술가로서 뭉크의 회화적

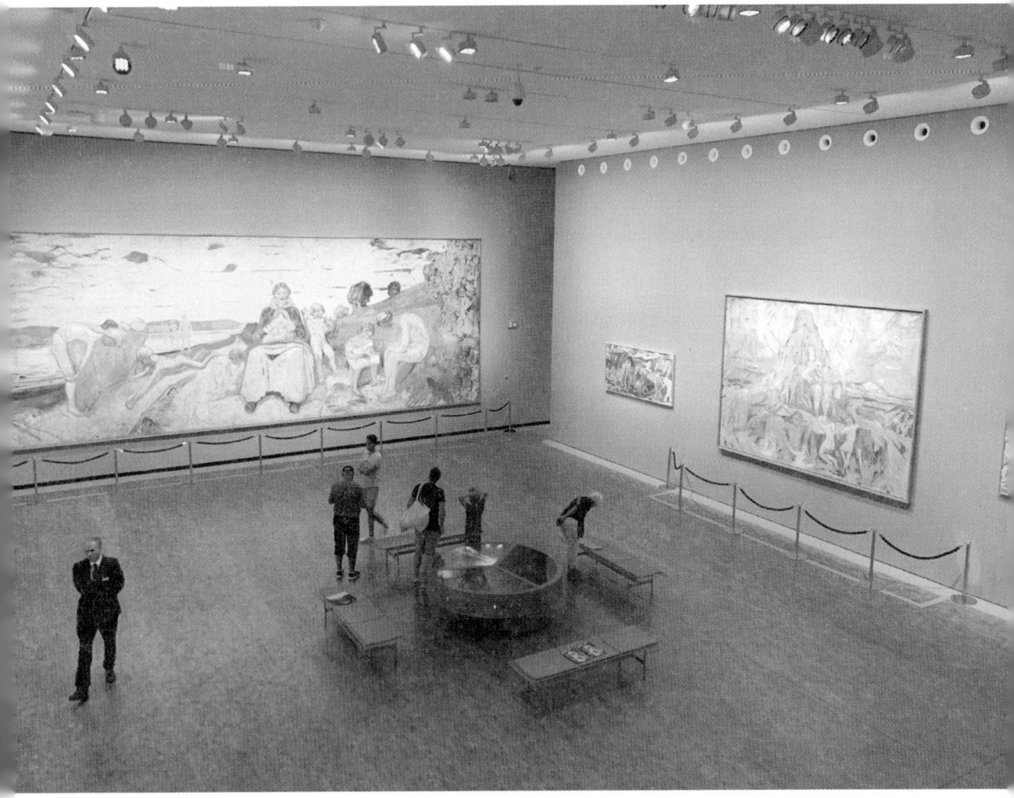

뭉크의 벽화 작품을 볼 수 있는 6층 전시실

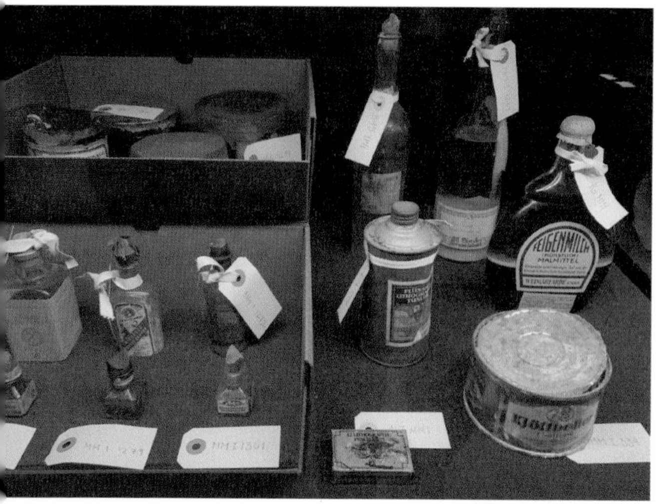
FEIGENMILCH
MALMITTEL

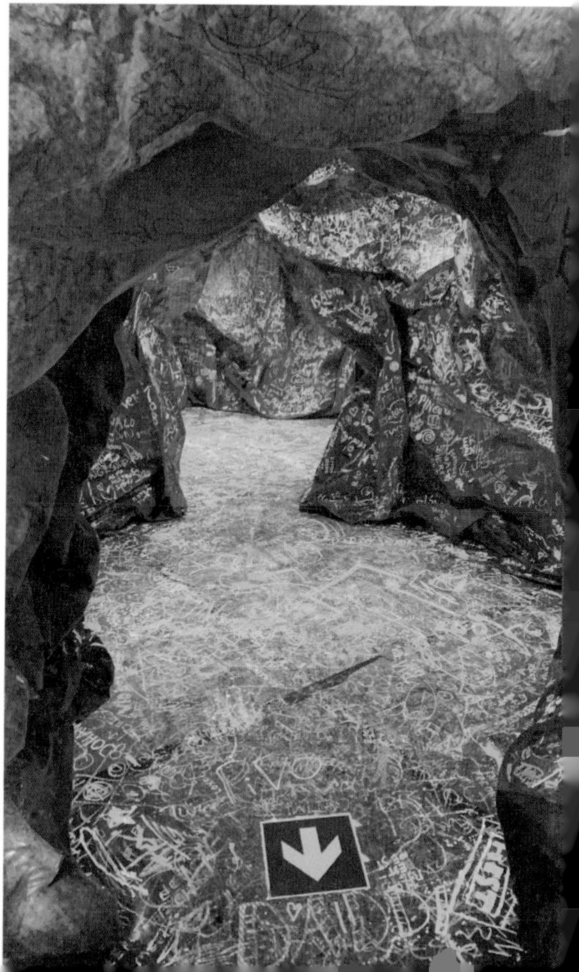

역량을 보여주는 전시장으로, 다른 미술관에서는 경험할 수 없는 큰 규모의 변화를 볼 수 있다. 7층에선 뭉크가 생애 마지막 30년을 살았던 에켈리의 별장을 재현한 멀티미디어 설치 작품을 만날 수 있다. 이곳에선 그가 생전에 사용하던 화구들과 수집품, 생활용품도 볼 수 있어 화가의 생애를 좀 더 깊이 들여다볼 수 있다. 9층은 다른 작가의 작품을 볼 수 있는 기획전시 공간이고, 10층은 음악과 시각예술의 융합을 경험해 보는 특별한 공간이다. 깜깜한 공간 안에서 흑인 메탈 밴드 사티리콘이 뭉크의 그림에서 영감을 받아 만든 메탈 음악을 작품과 함께 감상할 수 있다. 전시실 이름도 '사티리콘과 뭉크'다.

11층은 체험형 작품 전시 공간으로 어린이 관람객들에게 인기 만점이다. 2022년에는 오슬로를 기반으로 활동하는 제니 브링가케르Jennie Bringaker가 초대돼 뭉크의 어린 시절 바닥 낙서화에 영감을 받은 <브레인 미로Brain Maze>를 선보였다. 구겨진 판지로 만든 동굴 같은 미로인데, 관객들은 그 안에서 마음껏 낙서하고 게임하며 놀 수 있다. 뭉크가 평생 간직했던 창조의 충동 본능을 관객들도 발산하길 바라는 마음을 담은 작품이다.

미술관은 이렇게 각 층마다 독특하고 개성 있게 꾸며져 있어 감탄을 자아낸다. 어떻게 한 작가를 이토록 다양한 방법으

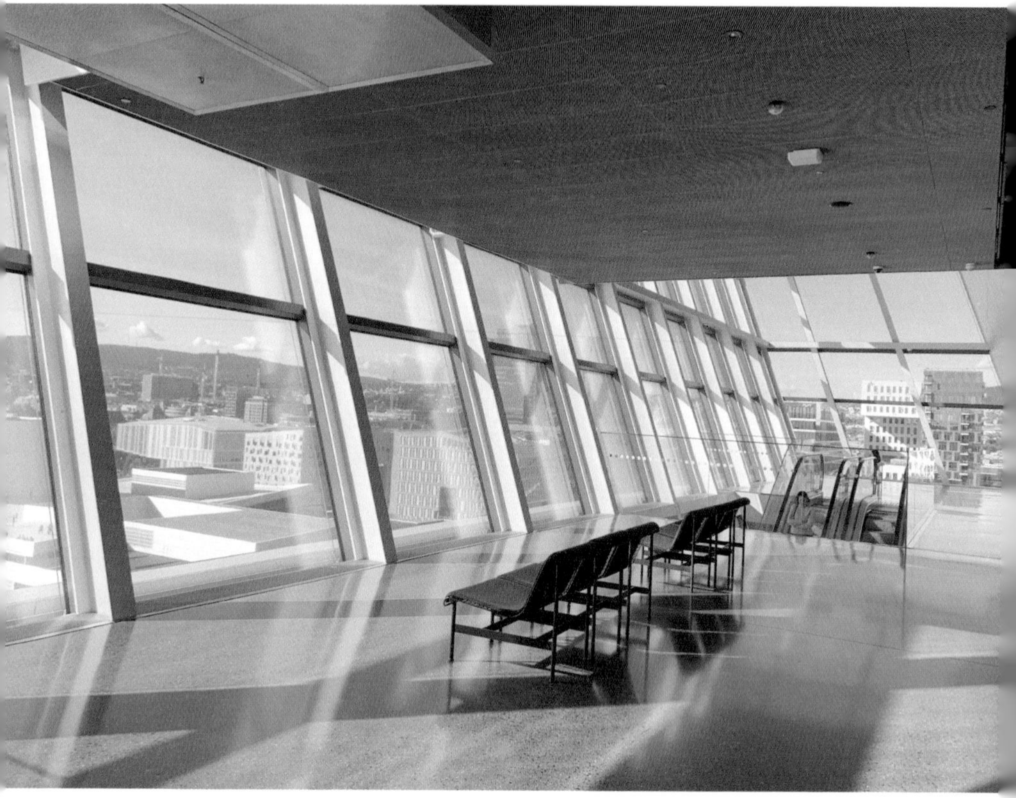

로 기리고 조명하는지 그 창의적 발상에 혀를 내두르게 된다. 사실 11층까지 다 관람하다 보면 눈과 마음은 즐거운 비명을 지르더라도 몸과 다리는 어느새 녹초가 된다. 해서 맨 꼭대기 두 개 층에는 전망 좋은 카페와 레스토랑을 배치해 휴게 공간으로 만들었다. 굳이 카페를 가지 않더라도 높은 층 복도들은 모두 공공의 스카이라운지다. 이곳 의자에 앉아 아름다운 오슬로 피오르 풍경을 조망하며 편안한 휴식을 취할 수 있다.

새 뭉크 미술관은 국제 외교 무대의 역할도 한다. 코로나 대유행이 한창이던 2022년 8월 15일, 노르딕 5개국 정상회의 장소로 활용되며 국제적인 주목을 받았다. 회의에 참석한 노르딕 정상들이 미술관 앞에서 기념 촬영을 하고 큐레이터의 안내로 미술관을 돌아보는 사진들이 기사화되면서 홍보 효과를 톡톡히 누렸다. 이렇게 새 뭉크 미술관은 노르웨이 문화의 새 아이콘이자 랜드마크가 되어 뭉크와 노르웨이를 세계에 알리고 있다.

Munch Museum
Add. Edvard Munchs Plass 1, 0194 Oslo, Norway
Web. www.munchmuseet.no

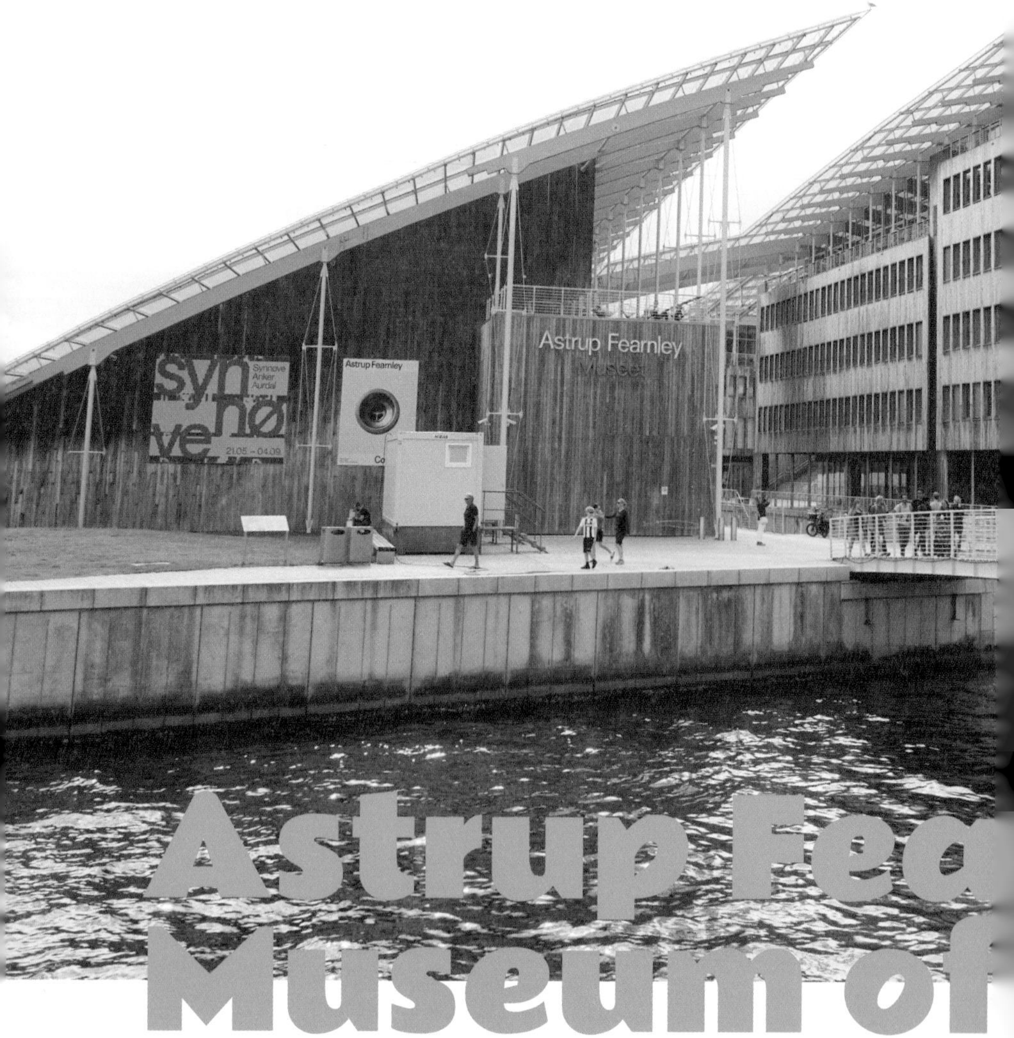

Astrup Fea
Museum of

혁신적인
미술을 품은
바닷가 옆
미술관

아스트루프 펀리 현대미술관

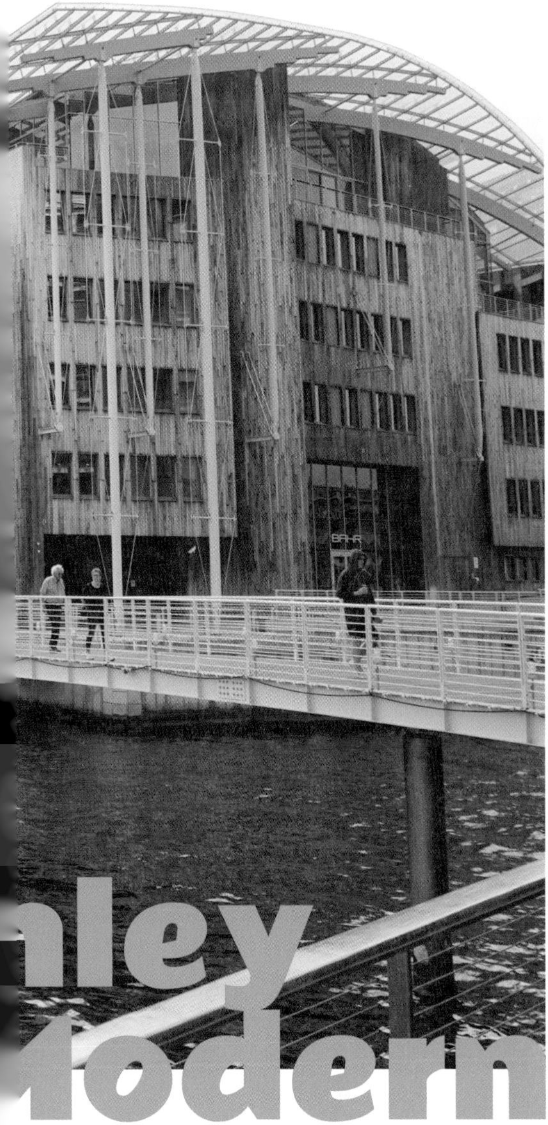

nley
Modern Art

뭉크의 벽화가 있는 오슬로 시청사에서부터 부두 방향으로 길게 뻗은 수변로에는 트렌디한 카페와 레스토랑, 상점과 문화 공간 들이 줄지어 서 있다. 아스트루프 펀리 현대미술관은 바로 이 수변로의 가장 끝, 슈브홀멘에 위치해 있다.

날렵하게 휘어진 유리 지붕을 얹은 대형 목조 건물은 멀리서도 눈에 띈다. 디자인은 밝고 경쾌하면서도 간결하다. 상공에서 보면 닻 모양을 닮았지만 측면에서 보면 반구형 건물을 세로로 분할해놓은 모습이다. 멀리서 보면 오슬로항에 정박한 선박처럼 보이기도 한다. 이 인상적인 건물은 이탈리아 출신의 건축 거장 렌조 피아노가 설계했다. 오슬로 건축회사 나루 스토케 비그Narud Stokke Wiig와 협업한 건축 프로젝트로 3년간의 공사 기간을 거쳐 2012년에 완공됐다. 7,000m² 부지 위에 9,000만 유로의 비용을 들여 지은 미술관은 배를 닮은 독특한 외관 덕에 개관 즉시 오슬로의 '핫플'로 떠올랐다.

해운왕 가문이 세운 미술관

그런데 미술관 이름이 왜 아스트루프 펀리일까? 설립자의

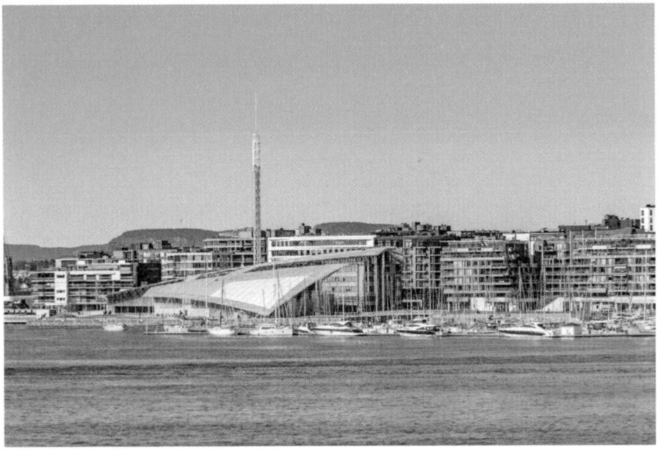

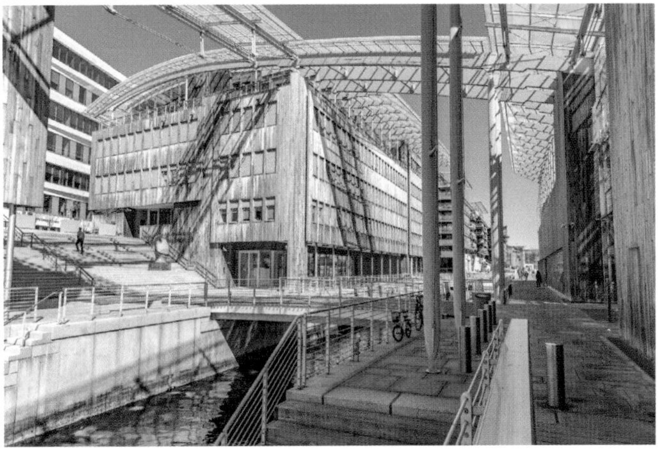

이름이라 생각한다면 반은 맞고 반은 틀리다. 규모만 보면 국가나 시에서 설립한 공공미술관 같지만 사실 이곳은 사립미술관이다. 1993년 '노르웨이의 해운왕'이라 불리는 토마스 펀리 가문에서 설립한 미술관으로 2012년 현재의 건물로 이전해왔다. 펀리 가문은 흥미롭게도 3대가 같은 이름을 쓴다. 1대 토마스 펀리는 노르웨이의 유명 화가였고, 2대는 해운 선박업으로 성공한 해운왕 토마스 펀리, 3대는 그 상속자 토마스 펀리다. 미술관을 설립한 건 3대 토마스 펀리와 해운왕의 외손자 한스 아스트루프다. 때문에 미술관 이름도 두 사람의 성을 따서 아스트루프 펀리가 됐다. 지금도 미술관은 해운 가문 후손들이 세운 자선 재단의 후원금으로 운영된다. 오슬로에서 기업 후원으로만 운영되는 유일한 사립미술관인 셈이다. 1990년까지만 해도 노르웨이에는 동시대 미술만 전문적으로 보여주는 미술관이 없었다. 아스트루프 펀리 미술관이 생기면서 노르웨이 국민들은 첨단의 현대미술을 대형 전시 스케일로 경험하게 됐다.

1관과 2관으로 나뉜 미술관은 총 열 개의 크고 작은 전시실로 구성돼 있었다. 2관은 다시 사무동과 전시동으로 나뉘는데, 원래는 독립적인 두 건물이지만 다리로 연결돼 있어 한 건물처럼 느껴진다. 매표소는 카페가 있는 1관 건물에 위치해 있다. 1관 내부로 들어서자 천장이 높은 대형 전시장이 눈앞에 펼쳐졌다. 공간 자체도 크지만, 곡선으로 휘어진 유리 지붕에서 은은하게 들어오는 자연광 덕분에 전체적으로 밝고 경쾌한 느낌을 주었다. 이곳이 기획전시장이다. 일부를 복층으로 만든 이 공간에서 해마다 예닐곱 개의 기획전이 열린다. 1960년대 이후의 동시대 미술을 주로 소개하는데, 그동안 무라카미 다카시를 비롯해 길버트 & 조지, 안젤름 키퍼, 니콜 아이젠만 등 국제 미술계에서 핫하게 주목받는 작가들이 초대돼 작품을 선보였다. 2019년 2월에는 브루클린을 기반으로 활동하는 조각가 프랭크 벤슨Frank Benson의 개인전이 열렸다. 사진과 조각, 3D 프린팅 작업까지 다양한 매체를 넘나들며 작업하는 벤슨은 최근 미국 주요 미술관 전시에 초대되며 국제적으로 주목받고 있다. 2019년 전시는 오슬로에서 가진 첫 개인전으로, 그의 대표작 중 하나인 <줄리아나>(2014, 2015)도 선보였다. 트렌스젠더 여성 미술가이자 시인 겸 디제이로도 활동하는 줄리아나 헉스터블을 모델로 제작한 청동 전신상인데, 전시 직후 이곳의 소장품이 되었다. 이렇게 아스트루프 펀리 현대미술관은 국제 무대에서 주목받는 작가들을 초대해 전시를 열고 대표작을 꾸준히 수집하면서 탄탄한 동시대 미술 컬렉션을 확장해 나가고 있다.

가장 혁신적인 미술을 만나는 문화 휴식처

소장품을 보여주는 상설전시실은 기획전시장 맞은편 건물에 위치해 있었다. 1층 운하를 건너거나 건물 상층부로 연결된 다리를 통해 갈 수 있다. 관람객들은 배 모양을 닮은 독특한 건축에 먼저 놀라고 감탄하지만, 막상 상설전시실 안으로 들어서면 소장품 때문에 더 놀라게 된다. 앤디 워홀, 제프 쿤스, 신디 셔먼, 프랜시스 베이컨, 데이미언 허스트, 안젤름 키퍼, 리처드 프린스, 매슈 바니, 올라푸르 엘리아손, 데이비드 호크니, 엘름그린 & 드라그셋 등 내로라하는 현대미술 거장들의 대표작을 한자리에서 만날 수 있기 때문이다. 상설전시실을 한 바퀴 돌다 보면, 어떻게 일개 사립미술관이 이렇게 유명한 작가들의 대표작을 대거 수집할 수 있었는지 의문이 들면서 감탄이 절로 나온다.

작품값 비싸기로 유명한 데이미언 허스트의 <점 회화> 뿐 아니라 악명 높은 '자연사' 연작에 속하는 <분리된 엄마와 아이>도 이곳에서 볼 수 있다. 잘 알려져 있듯, 데이미언 허스트는 찰스 사치를 위해 만든 방부액에 절인 죽은 상어로 20대의 나이에 세계적 스타 작가 반열에 올랐다. '살아있는 자의 마

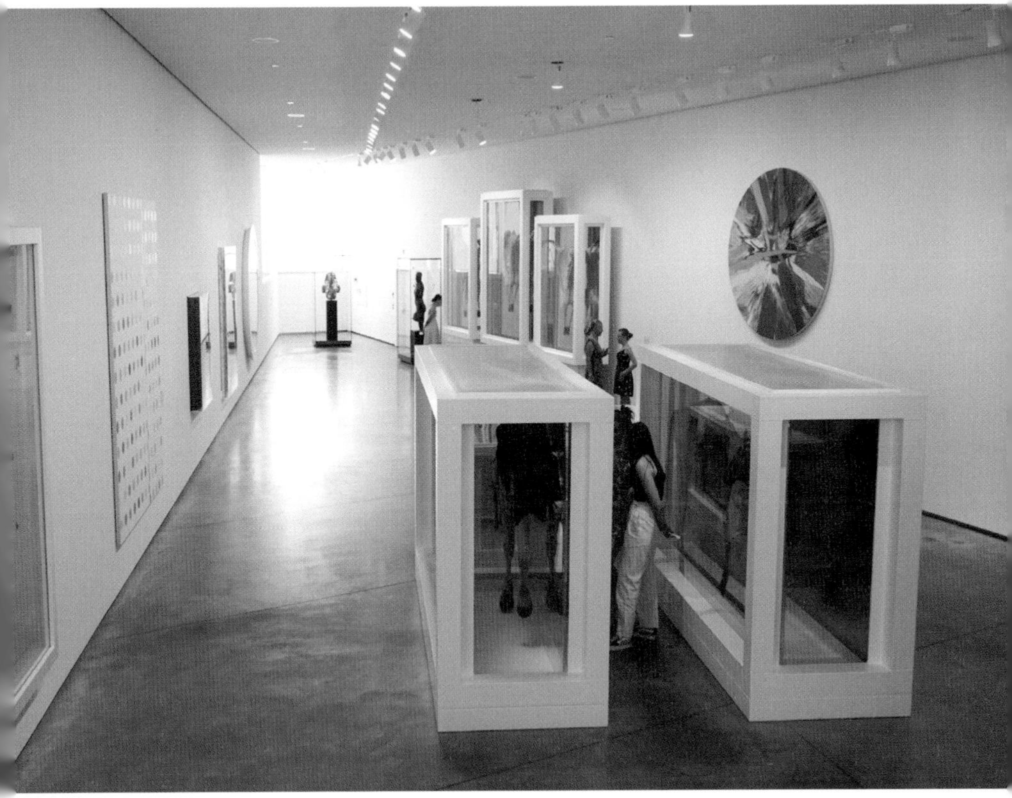

데이미언 허스트의 대표작들이 전시된 상설전시실

음속에 존재하는 죽음의 물리적 불가능성'이라는 긴 제목을 단 상어는 거물급 컬렉터 찰스 사치가 1억 원에 구입해 화제가 됐고, 14년 후 사치가 미국인 헤지펀드 매니저 스티븐 코헨에게 140억 원에 판매하는 데 성공하면서 '세상에서 가장 비싼 상어'가 됐다. 그 상어 작품에서 기인한 것이 분명한 <분리된 엄마와 아이>는 반으로 잘린 어미 소와 송아지의 사체가 네 개의 수조 안에 나뉘어 담겨 있는 작품이다. 사체 보존을 위해 각각의 수조들은 방부액으로 채워져 있다. 끔찍해 보이는 이 작품은 1993년 베니스 비엔날레 전시를 위해 제작된 것으로 허스트가 1995년 터너상Turner Prize을 수상하는 데 결정적인 역할을 했다. 테이트 미술관이 주는 터너상은 영국에서 가장 권위 있는 미술상이다. 한스 아스트루프는 이 작품이 제작된 바로 직후에 미술관 소장품으로 사들였다. 미술 비평가들의 평가가 있기도 전에 작품의 가치를 알아본 안목 있는 컬렉터였다. 허스트는 2007년 런던 테이트 브리튼에서 열린 '터너상 회고전'을 위해 이 작품의 복제본을 만들어 전시했다. 그러니까 현재 영국 테이트 미술관이 소장한 똑같은 제목의 작품은 복제본이고 원본은 오슬로에 와야 비로소 만날 수 있는 것이다.

마이클 잭슨에서 남자 인어, 루프 테라스까지

관람객들에게 가장 인기 있는 소장품은 제프 쿤스의 1988년 작 <마이클 잭슨과 버블스>다. 팝스타 마이클 잭슨이 그의 반려동물 침팬지 버블스와 커플룩 차림으로 함께 있는 금색 도자기 조각상이다. 2001년 뉴욕 소더비 경매에서 한스 아스트루프가 이전 판매가보다 세 배나 더 비싼 560만 달러에 구입해 화제가 됐던 작품으로, 큰손 컬렉터로서의 그의 존재감을 널리 알린 공신이다. 아스트루프 펀리라는 미술관 이름도 이때부터 국제미술계에 회자되기 시작했다.

베를린을 거점으로 활동하는 우리 시대 가장 강력한 듀오 아티스트, 엘름그린 & 드라그셋의 <그 (골드)>도 이곳에 소장돼 있다. <그 (골드)>는 덴마크 코펜하겐의 명물 인어공주 동상의 남성 버전이다. 덴마크 조각가 에르바르드 에릭센이 1913년에 제작한 인어공주상은 세계적인 관광명소지만, 80cm 높이의 작은 동상이라 막상 보면 실망스럽다는 평이 많다. 엘름그린 & 드라그셋은 인어공주상과 똑같은 포즈를 취한 남자 인어상을 2m 높이로 크게 확대해 만든 뒤, 화려한 황금색을 입혔다. 인어공주상처럼 남자 인어 역시 몽환적인 시선으로 바위 위에 앉아 있다. 하지만 그에게 물고기 꼬리는 없다. 두 다리가 생긴 걸 보니, 왕자와의 사랑에 성공했나 보다. 어쩌면 100년 이상 물속에 들어가지 않는 인어공주상을 보며 작가가 꼬리를 없앤 건지도 모른다. 그리스 조각상을 연상케하는 매끈하고 관능적인 남자 인어의 몸은 엄숙한 고전주의를 패러디한 것으로 보인다. 두 다리를 얌전히 모으고 앉은 벌거벗은 남자는 전통적인 남성성 표현과도 완전히 배치된다. 미술에서 나체의 남자는 항상 건장한 몸매를 드러내며 영웅적인 자세를 취하기 마련인데 말이다. 친근하면서도 낯선, 그러면서도 재미와 상상의 나래를 펼치게 만드는 인어상이다. 그래서인지 이 작품 앞에서 이야기꽃을 피우는 관람객들이 유난히 많았다.

사실 오슬로 시민들이 전시만 보려고 이곳을 찾는 건 아니다. 독특한 건축과 뛰어난 소장품만으로도 명소가 되기 충분하지만, 아스트루프 펀리 현대미술관의 진짜 매력은 따로 있다. 바로 미술관 앞 야외 조각 공원과 피오르 전경을 한눈에 감상할 수 있는 뮤지엄 카페, 그리고 루프 테라스다. 특히 기획전시실 건물 꼭대기 층에 위치한 루프 테라스에는 의자들이 놓여 있어 시원한 바다를 바라보며 휴식을 취하는 관람객들이 많다. 어디 그뿐인가. 수영이 가능한 미술관 앞 바닷가 역시 여름

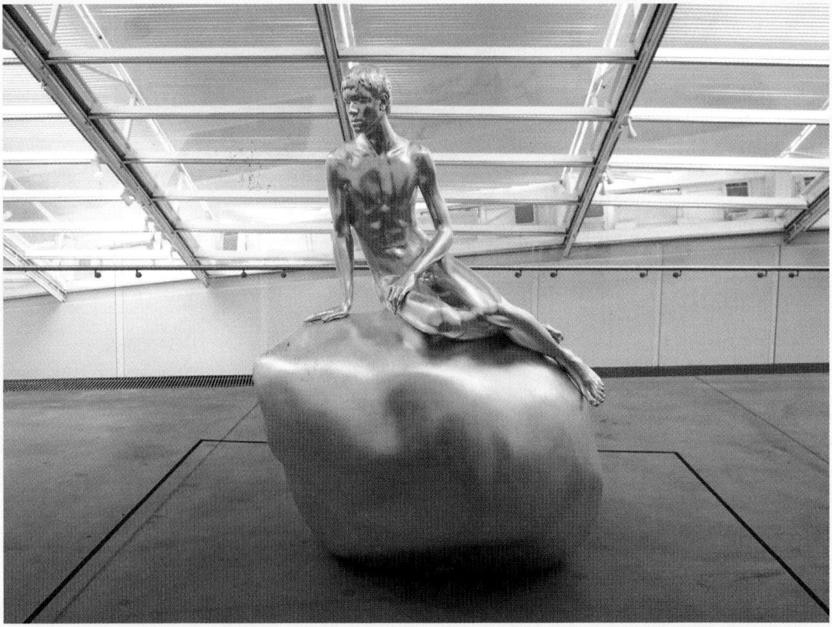

엘름그린 & 드라그셋, <그 (골드)>, 에폭시 레진, 금박, 180×120×100cm, 2012년, 아스트루프 펀리 현대미술관

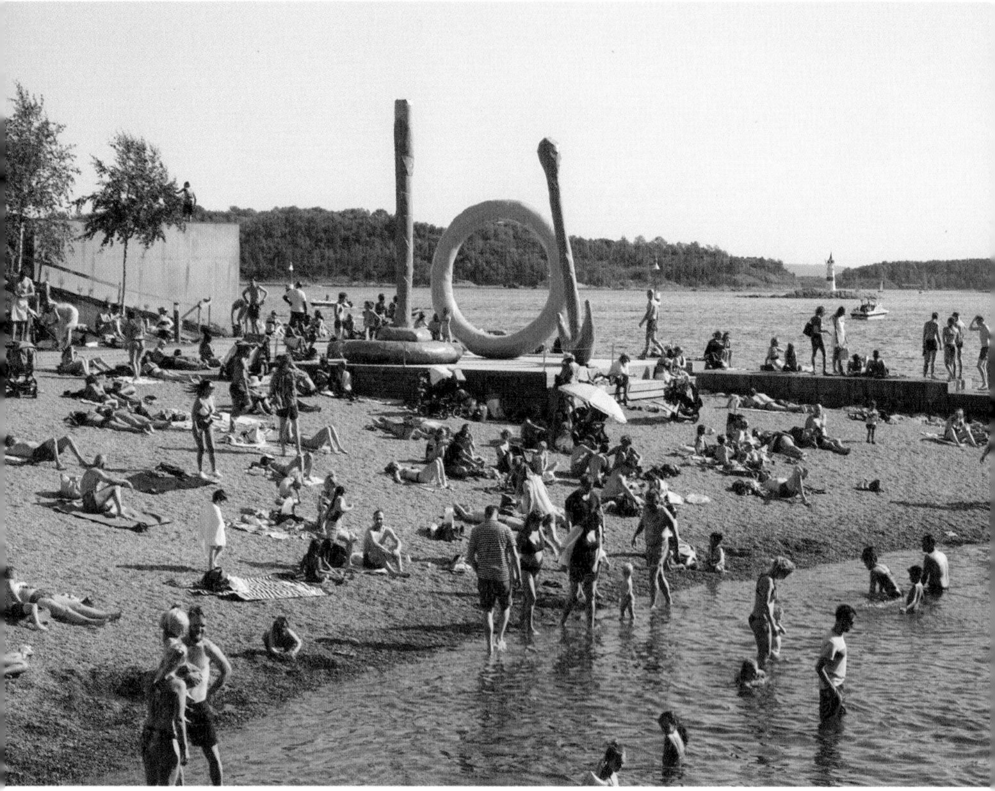

철 오슬로 최고의 휴식처로 인기다. 우리 시대 가장 핫한 미술을 만나는 장소이면서 동시에 느긋하게 커피와 수영을 즐기고, 휴식과 해변 산책도 할 수 있는 곳. 아스트루프 펀리 현대미술관이 개관 직후 오슬로의 핫플레이스가 된 건 당연한 일이었다. 오슬로 시민뿐 아니라 전 세계에서 온 방문객이 계속 찾게 되는 오슬로의 문화 오아시스인 것이다. 레저와 휴식을 결합한 21세기형 도심 속 미술관의 롤 모델이 되기에 충분해 보였다.

Astrup Fearnley Museum of Modern Art
Add. Strandpromenaden 2, 0252 Oslo, Norway
Web. www.afmuseet.no

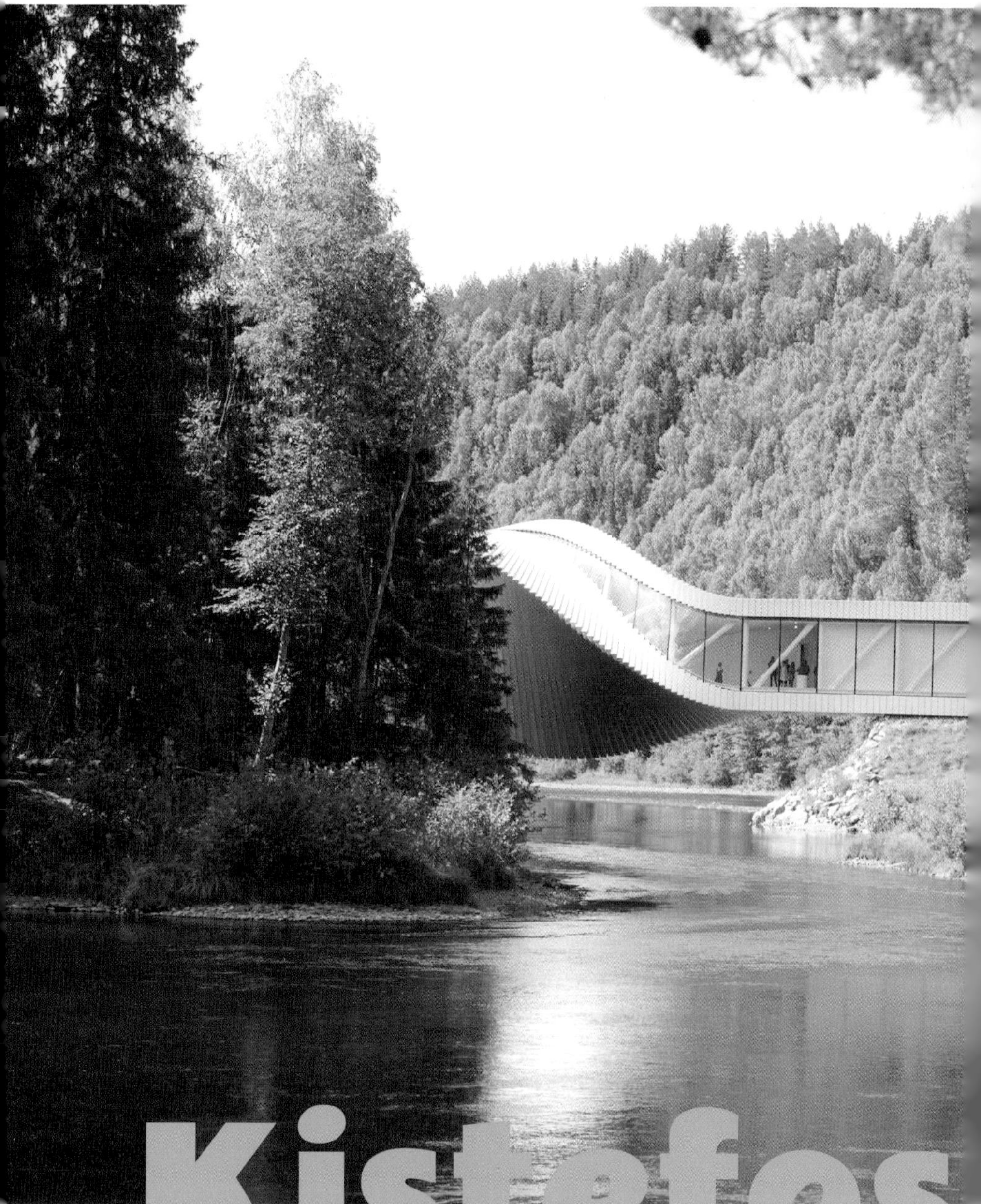

Kistefos

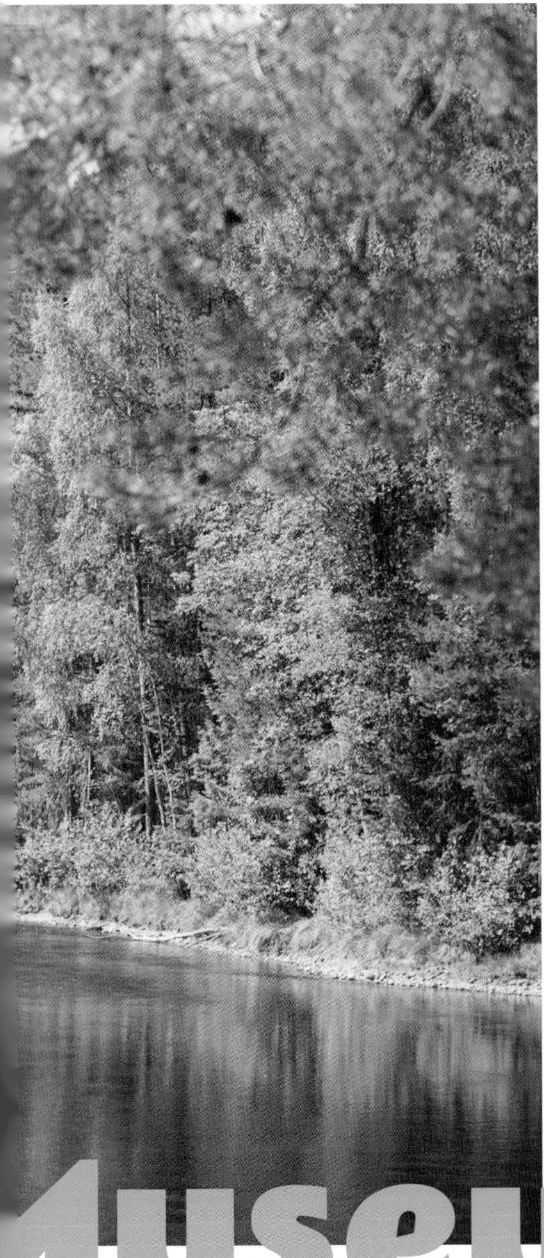

노르웨이의
극적인 풍경을
담은

키스테포스
뮤지엄

Museum

숲속 강 위에 지어진 뒤틀린 다리가 미술관이라고? 초현실적으로 보이는 사진 한 장만 아니었어도 엄중한 팬데믹 시국에 노르웨이의 시골까지 찾아갈 엄두를 못 냈을 테다. 노르웨이의 울창한 숲속에 키스테포스 뮤지엄이 처음 들어선 건 1996년이지만, 세계적 주목을 받은 건 2019년 9월 파격적인 외관의 트위스트 갤러리가 개관했을 때였다. 노르웨이의 사업가이자 미술품 컬렉터인 크리스텐 스베오스가 설립한 키스테포스는 옛 산업시설을 재활용한 자연 속 미술관 단지다. 문 닫은 펄프 공장 건물을 개조한 산업박물관과, 두 개의 현대미술 갤러리, 50여 점의 조각으로 꾸며진 야외 조각 공원과 카페와 숍 등으로 구성돼 있다. 특히 다리이자 갤러리이자 그 자체가 예술작품인 '더 트위스트The Twist'는 최첨단 디자인으로 여러 건축상을 받았고, 2020년에는 《뉴욕타임스》가 뽑은 '꼭 가봐야 할 문화 목적지'로 선정됐다. 이렇게 키스테포스는 너무도 매력적인 곳이지만 일반 관광객이 찾아가기는 쉽지 않다. 오슬로에서 북쪽으로 80km 정도 떨어진 예브나케르Jevnaker라는 시골 마을에 위치해 있는 데다, 직행 기차 노선이 없기 때문이다.

오슬로에 도착한 이튿날 아침, 서둘러 버스터미널로 향했다. 하루 단 한 번 운행하는 키스테포스행 직행 버스를 타기 위해서였다. 키스포테스 뮤지엄은 4월에서 10월까지만 문을 열기 때문에 이 기간에 맞춰 한시적으로 익스프레스 버스가 운행된다.

뮤지엄이 위치한 곳은 오슬로에서 북쪽으로 80km 정도 떨어진 예브나케르라는 마을의 남쪽 숲이다. 인구 4,300명 정도가 사는 예브나케르는 예로부터 유리 공예가 유명해 지금도 유리 제품을 사기 위해 찾아가는 관광객이 많다.

오전 10시 15분. 오슬로 버스터미널을 출발한 버스는 한 시간 남짓 한적한 교외를 달리더니, 11시 30분경 키스테포스 뮤지엄 앞에 도착했다.

"16시 50분입니다. 지금 내린 데서 다시 탑니다. 되돌아가는 버스가 하나밖에 없으니 시간 꼭 지키세요."

버스 기사는 영어와 노르웨이어로 번갈아 가며 두 번씩 강조해 말했다. 다섯 시간 정도의 관람 시간이 주어졌다. 너무 긴 시간 아닌가 싶었는데, 지도를 보니 뮤지엄 단지가 상당히 컸다. 조각 공원까지 다 둘러보려면 반나절은 족히 걸릴 듯했다.

입구는 미니멀리즘 조각처럼 심플하게 생겼다. 초입에 세워진 회색 벽의 구멍을 통해 공원 내부를 엿보는 하얀 남자가 보였다. 엘름그린 & 드라그셋의 <관점 1>(2019)이라는 작품이었다. 덴마크 출신의 미카엘 엘름그린과 노르웨이 출신의 잉가

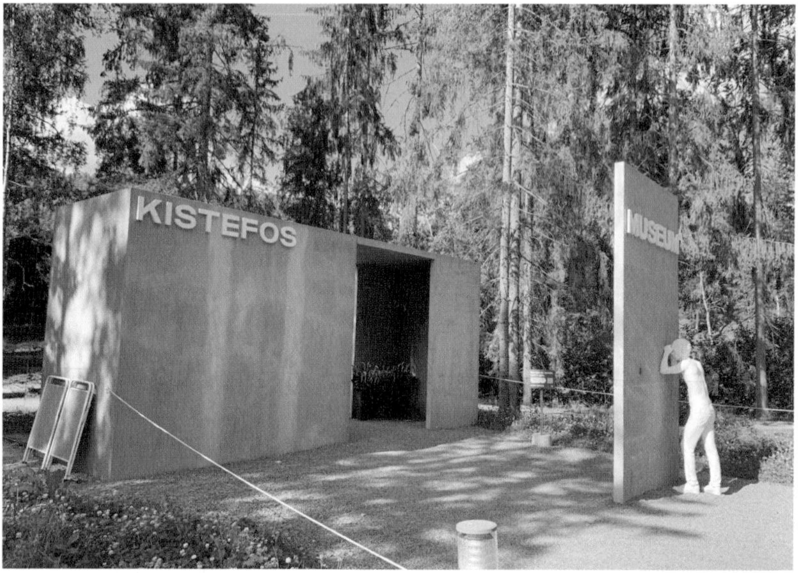
KISTEFOS

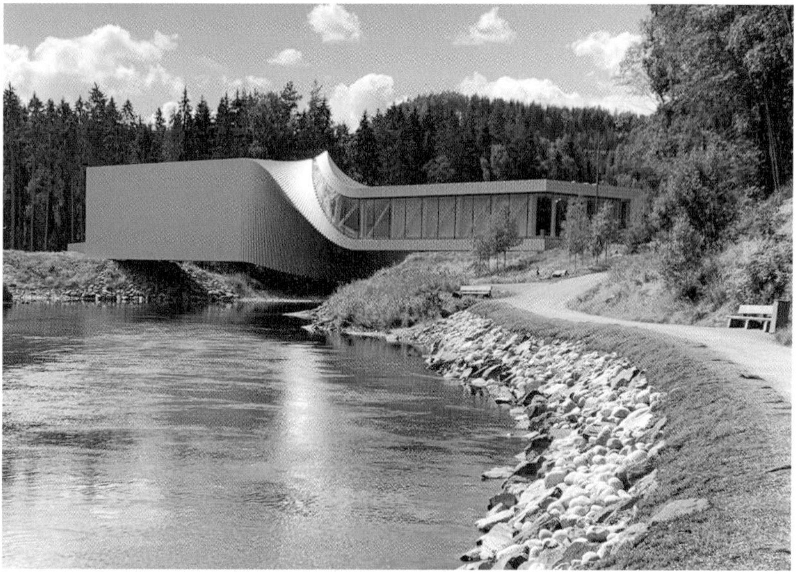

르 드라그셋은 1995년부터 줄곧 함께 작업해오면서 일상 속 고착화된 관념에 도전하는 해학적인 작품들을 많이 발표했다. 반나체의 남자가 미술관 안을 훔쳐보는 이번 작품에서도 교양 있는 공공장소로 여겨지는 미술관에 대한 고정 관념을 전복시키려는 작가의 의도가 바로 읽혔다. 함께 버스를 타고 온 사람들은 입장권을 끊은 후 각자 원하는 동선에 따라 숲속 곳곳으로 흩어졌다. 나는 가장 궁금했던 트위스트 갤러리로 향했다.

90도 뒤틀린 다리 갤러리 '더 트위스트'

키스테포스 공원 안에는 란셀바강이 길게 흐른다. 강 위에 새 다리가 필요했다. 다리가 갤러리 역할도 하면 좋겠다고 생각했다. 이왕이면 건축 자체가 예술작품처럼 아름다우면서도 혁신적이기를 바랐다. 평범한 건 싫었다. 해서 건축가는 강의 남북을 이어주는 기다란 직육면체 다리를 만든 후 가운데를 확 비틀어버렸다. 바닥이 벽이 되고 벽이 천장이 되었다가 다시 벽이 되었다. 어디서도 본 적 없는 파격적인 디자인의 다리 겸 갤러리가 탄생했다. 알루미늄 패널로 마감한 외부는 책을 빼곡히 꽂은 책장을 형상화했다는데, 멀리서 보면 물 위에 떠 있는 환상적인 조각작품 같다. 온통 하얀색으로 마감된 내부는 더 환상적이다. 마치 카메라 조리개처럼 생겼다. 이 멋진 다리 갤러리를 설계한 비야케 잉겔스는 덴마크의 스타 건축가다. 우리 시대 가장 핫한 건축가 중 한 명으로 주목받는 그는 건축그룹 BIGBjarke Ingels Group를 이끌며 세계 도처에 영감을 불어넣는 독특한 건축 프로젝트를 선보이고 있다. 원래 만화가를 꿈꿔서일까. 만화적 상상력으로 만들어낸 파격적인 건축 작품들이 정말 많다. 그의 건축 철학을 한마디로 요약하면 '유쾌한 지속가능성'이다. 친환경적일 뿐 아니라 시민들에게 즐거움과 기쁨을 주는 건물을 짓겠다는 거다. 열병합발전소 옥상을 사계절 이용 가능한 녹색의 친환경 스키장으로 변신시킨 코펜하겐의 코펜힐이 가장 대표적이다. 주민 기피 시설인 쓰레기 소각장을 도심 한복판에 세워 시민들이 자발적으로 찾는 여가 시설로 만들어버린 것이다. 코펜하겐시는 도심에서 나온 쓰레기를 이곳에서 소각해 필요한 전력을 자체 생산함으로써 2025년까지 코펜하겐을 탄소 제로 도시로 만들겠다는 포부를 밝히고 있다. 이러한 친환경 최첨단 디자인으로 잉겔스는 베니스 비엔날레 황금사자상을 비롯해 건축계의 여러 상을 수상하며 세계적인 스타 건축가로 떠올랐다.

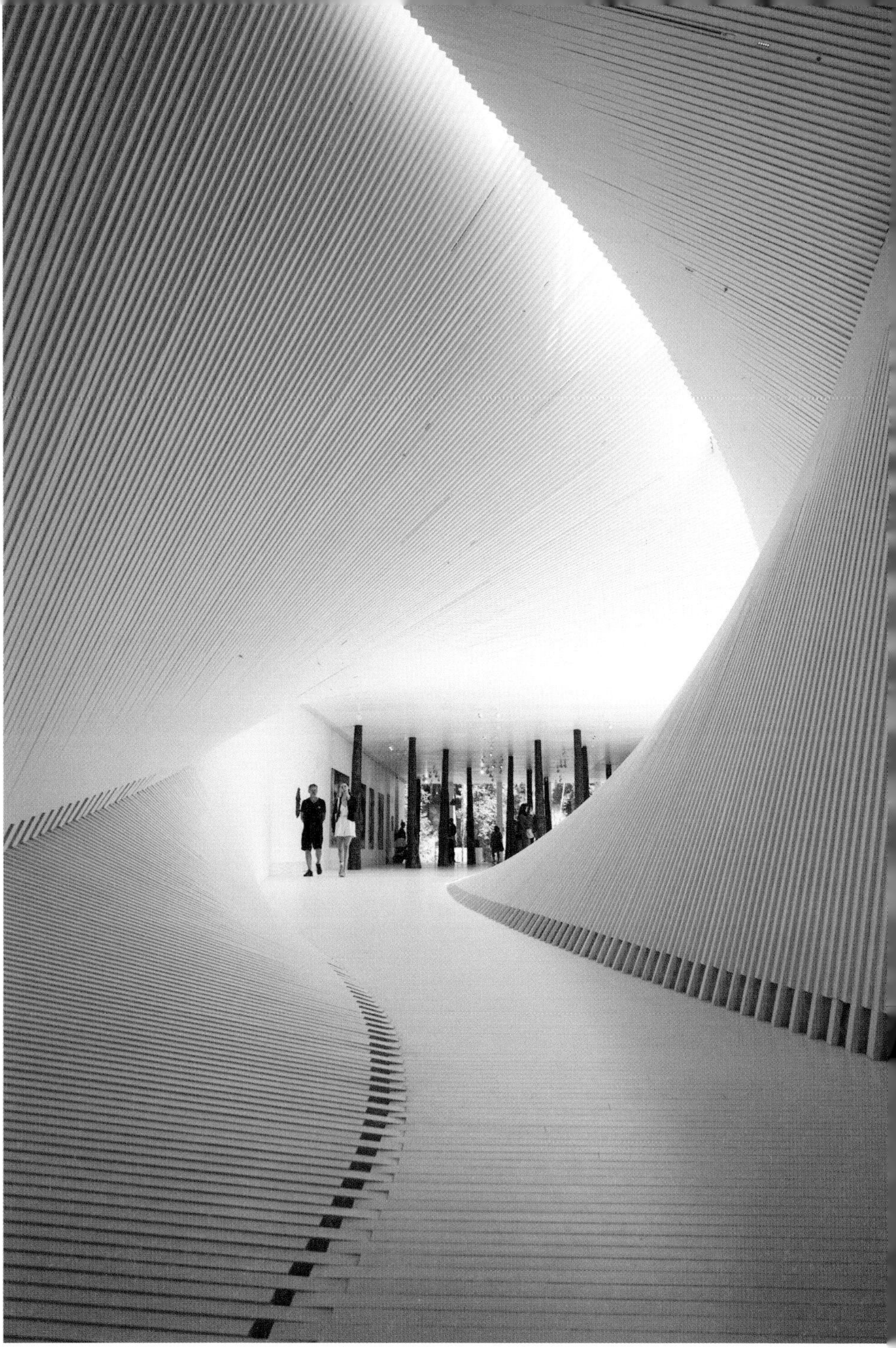

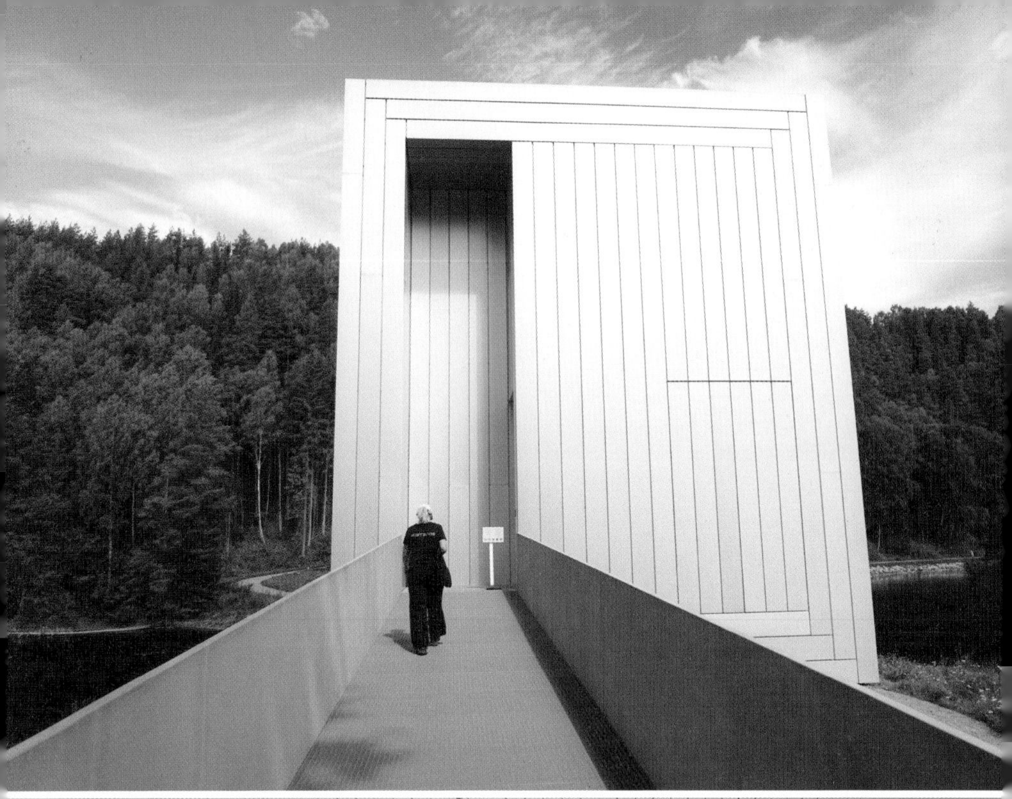

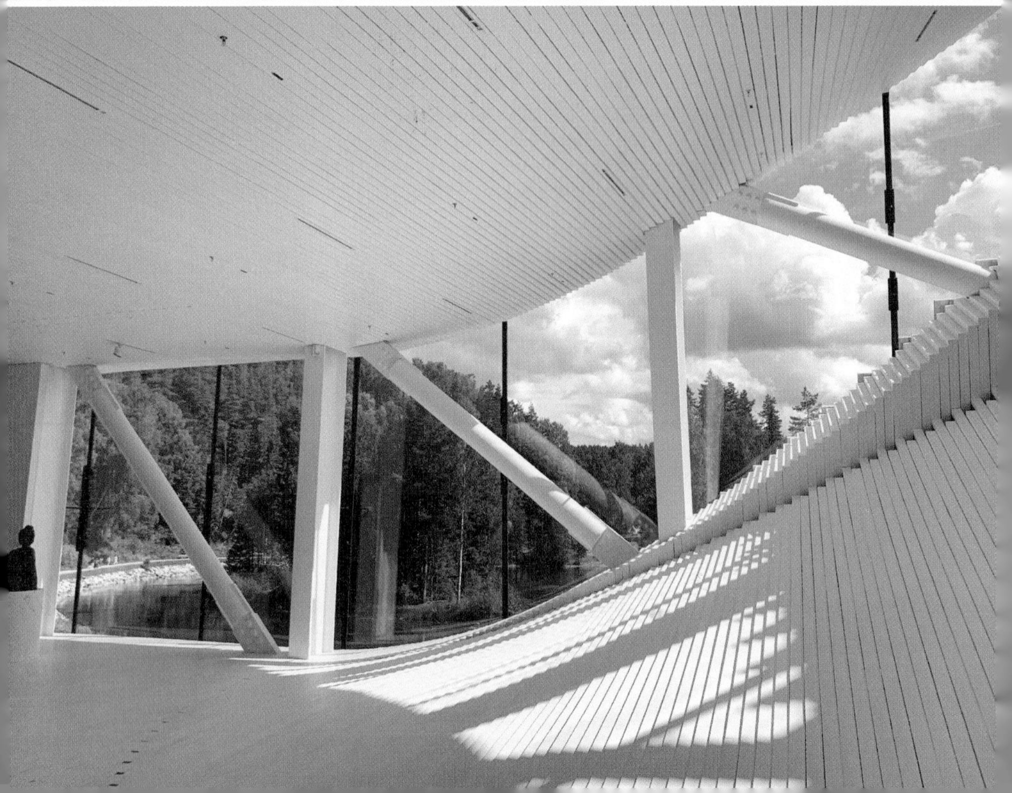

잉겔스는 트위스트 갤러리의 궁극적 목표가 “강으로 분리된 두 육지를 연결해 공원 생태계 순환을 개선하는 데 있다”라고 설명한 바 있다. 외형을 꼬아놓은 이유도 단순히 디자인적인 목적이 아니라 강 남쪽과 북쪽 강둑의 높이가 달랐기 때문이었다. 땅을 깎아내는 대신 발상을 달리한 혁신적인 디자인으로 자연과 어우러진 건축을 완성한 것이다.

트위스트는 60m 길이의 한 공간이지만 내부는 세 개의 전시장으로 나뉜다. 층고가 높은 강남 쪽 공간은 ‘닫힌 갤러리’, 가운데 90도로 꼬인 부분은 ‘트위스트 갤러리’, 층고가 낮은 강북 쪽 공간은 유리창이 많아서 ‘파노라마 갤러리’라 불린다. 터널을 닮은 닫힌 갤러리와 달리, 파노라마 갤러리에는 큰 창문들이 있어 강과 주변 풍경을 감상할 수 있다.

동시대 미술을 품은 숲속 갤러리들

독특한 트위스트 내부는 매해 새로운 현대미술로 채워진다. 2022년 여름에는 폴란드 작가 파울리나 올로프스카Paulina Olowska의 개인전이 스칸디나비아 최초로 열렸다. 회화, 조각,

설치, 퍼포먼스 등 매체를 자유롭게 넘나들며 작업하는 그는 동유럽 사회주의와 미국 대중문화에서 차용한 이미지를 페미니즘 맥락 안에서 탐구한 30여 점의 회화와 콜라주, 설치 작품들을 선보였다. 노르웨이의 울창한 숲을 재현한 듯한 나무 설치 작품과 전시 디자인이 압권이었다. 유리창이 많은 파노라마 갤러리에는 지하로 이어지는 계단이 있다. 호기심에 유리 계단을 따라 내려가 봤더니 바깥 풍경이 훤히 보이는 계단식 휴게 공간과 화장실이 있었다. 공원 입구에서 봤던 엘름그린 & 드라그셋의 남자 조각상을 여기서 또 한 번 만났다. 반나체로 서서 미술관 안을 엿보던 남자가 이번에는 유리 벽 바깥에서 화장실 안을 훔쳐보고 있었다. 너무 공개적으로 대놓고 보고 있으니 피식 웃음이 나올 뿐이다. 북유럽 작가 듀오의 유머 코드가 이런 건가 싶기도 했다. 화장실 내부도 예술적이었다. 칸마다 미디어 아티스트 토니 아워슬러의 작품으로 꾸며져 있었다. 입술 모양을 크게 클로즈업한 영상이 변기 뒤나 옆에 나타나 관람객들에게 쉴 새 없이 말을 건넨다.

옛 펄프 공장을 개조한 뉘브루케트Nybruket 갤러리도 현대미술을 위한 공간이다. 트위스트와 마찬가지로 해마다 국제적으로 활동하는 명성 있는 작가들을 초대해 전시를 연다. 2022

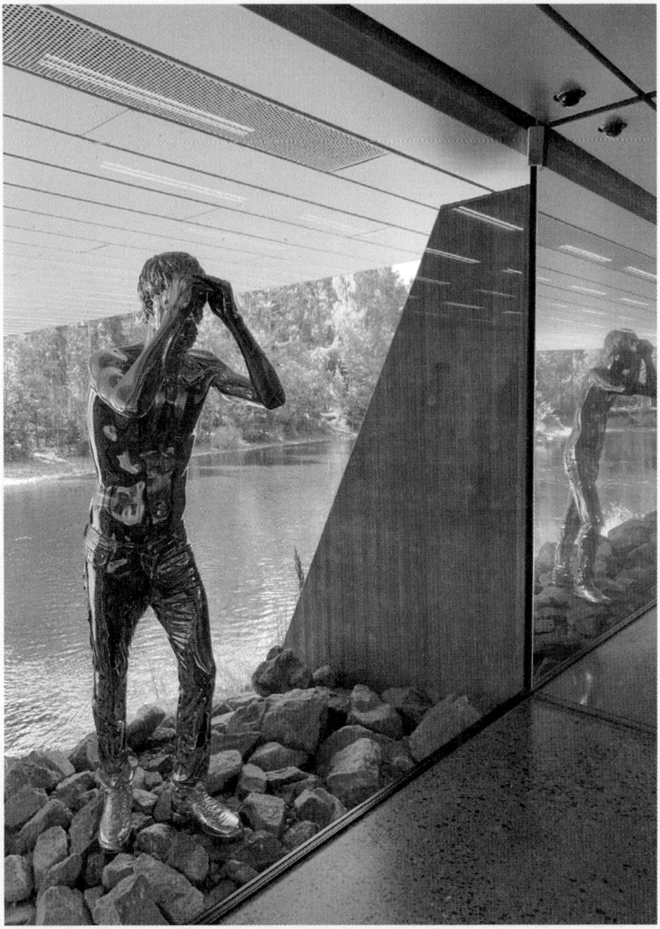

엘름그린 & 드라그셋, <관점 2>, 미러 폴리싱 스테인리스강, 높이 180cm, 2019년, 키스테포스 뮤지엄

년에는 서도호가 초대돼 그의 트레이드마크인 천으로 된 집을 선보였다. 개인적 경험의 산물이자 물리적 구조로서 집을 오랫동안 탐구해온 서도호는 어린 시절 살던 부모님 집과 해외에서 자신이 거주하던 집들을 실물 크기의 천으로 재현하는 작업을 해왔다. 뉘브루케트 갤러리에 선보인 작품은 베를린에서 거주했던 아파트의 복도를 초록색 반투명 직물로 재현한 것이다.

사실 해외여행 중 한국 작가의 작품을 만나면 그렇게 반가울 수가 없다. 뉘브루케트 전시실을 빠져나오는데, 노르웨이 여성이 혹시 한국에서 왔냐고 물었다. 그렇다고 하니 자신이 서도호 작가의 팬이라고 했다. 그러면서 오슬로 시내의 그라스루츠 광장에 있는 서도호의 공공미술을 꼭 보라고 했다. 2013년 광장 바닥에 설치된 작품으로, 5만 개의 인간 피규어로 이루어진 청동 조형물을 말하는 것이었다. 한국에서야 서도호 작가의 작품을 여러 번 봤지만, 노르웨이 숲속에서 그의 개인전과 팬까지 만나는 건 상상하지 못한 일이었다. 한국 현대미술이 북유럽에서도 인정받고 있는 것 같아 자랑스럽고 뿌듯했다.

그런데 어떻게 노르웨이 숲속에 이토록 멋진 미술관이 들어설 수 있었던 걸까? 사실 키스테포스의 역사는 19세기 말로 거슬러 올라간다. 1889년 기업가였던 아네르스 스베오스

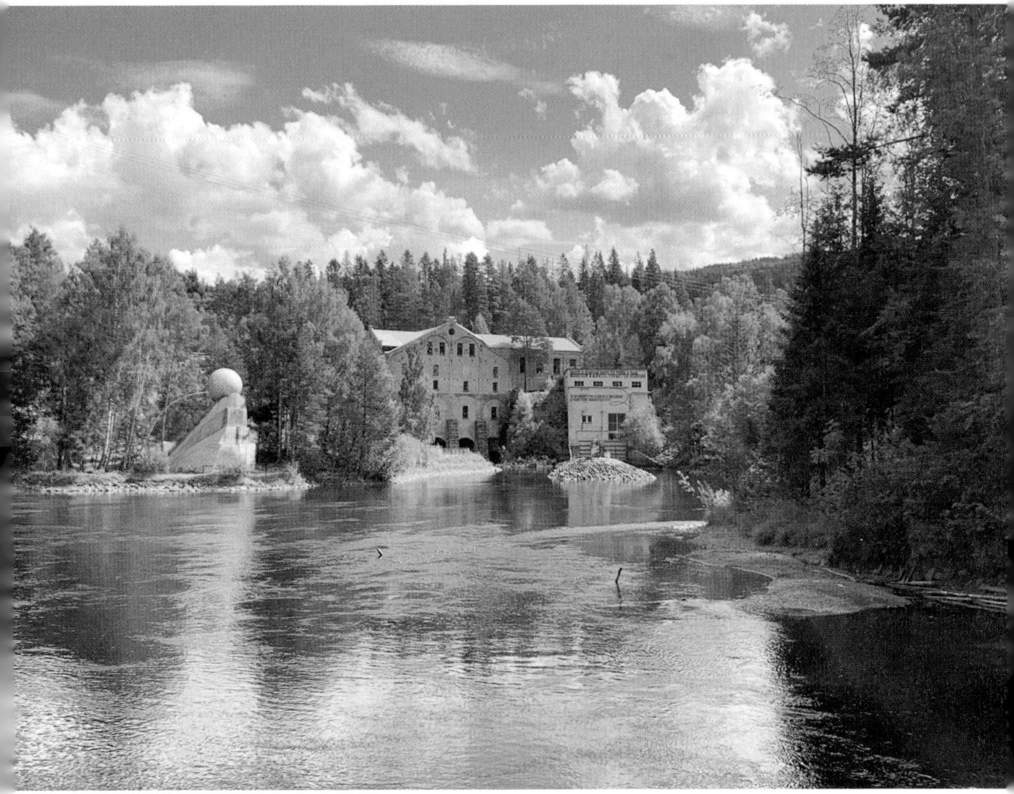

숲속에 지어진 옛 펄프 공장을 재활용한 키스테포스 뮤지엄

Anders Sveaas는 폭포가 있는 이 숲속 부지를 사들여 키스테포스 트레슬리베리A/S Kistefos Træsliberi라는 이름의 제지 공장을 설립했다. 이듬해부터 목재 펄프를 생산하기 시작한 공장은 1955년까지 운영됐다. 목재 펄프는 값싼 종이를 만드는 데 중요한 기초 제품이었다.

1955년부터는 폴룸 파브리케르Follum Fabrikker라는 회사가 스베오스의 회사와 30년 임대 계약을 맺은 후 목재 펄프를 생산했다. 그러다 스베오스 가문의 내부 갈등으로 제지 공장이 다른 사람 손에 넘어갔고, 폭포를 이용한 수력발전소도 1991년 시가 운영하는 에너지 회사에 매각됐다. 키스테포스 트레슬리베리 설립자의 손자인 크리스텐 스베오스가 회사를 되찾기 위해 나선 건 2년 후인 1993년이었다. 회사 지분의 83%를 매수한 후 시로부터 수력발전소 소유권도 되찾아왔는데, 매수 조건이 펄프 공장의 역사를 보여주는 산업박물관 설립이었다. 스베오스는 대단히 열정적이고 헌신적인 사람이었다. 19세기 말부터 펄프를 생산하던 공장은 설립자의 후손 덕에 철거되는 대신 이곳의 역사를 보여주는 산업박물관으로 새롭게 거듭났다. 노르웨이에는 약 100개의 펄프 공장이 있었지만, 건물 외관과 생산 설비까지 거의 그대로 보존한 곳은 키스테포스 산업박물관이 유일하다. 산업박물관뿐 아니라 현대미술과 건축, 조각이

어우러진 독특하면서도 아름다운 키스테포스 뮤지엄이 노르웨이 숲속에 탄생한 것이다.

세계적 명성의 집합, 키스테포스 조각 공원

더 트위스트와 뉘브루케트 같은 동시대 미술을 보여주는 갤러리, 130년 이상의 역사를 간직한 산업박물관도 볼거리지만, 세계적인 작가들의 작품으로 꾸며진 조각 공원은 키스테포스의 자부심이다. 쿠사마 야요이, 클라스 올든버그, 토니 크래그, 애니시 커푸어, 마크 퀸 등 유명 미술가들의 작품 50여 점이 숲속 곳곳에 상설전시돼 있다. 기념비적인 스케일에서부터 눈에 띄지 않는 작은 조각까지 크기도 다양하고, 심오한 철학부터 장난스러운 것까지 형식이나 내용도 다채롭다.

개관 초기만 해도 조각 공원은 노르웨이 출신 작가들의 작품들로 채워졌다. 그러다 2000년 이후 토니 크래그와 같은 이름 있는 외국 작가들의 작품이 추가되기 시작했고, 2005년부터는 아예 세계적 명성의 작가들을 초대해 장소 특정적인 작품을 의뢰했다. 따라서 이곳에 설치된 대부분의 조각은 키스테포

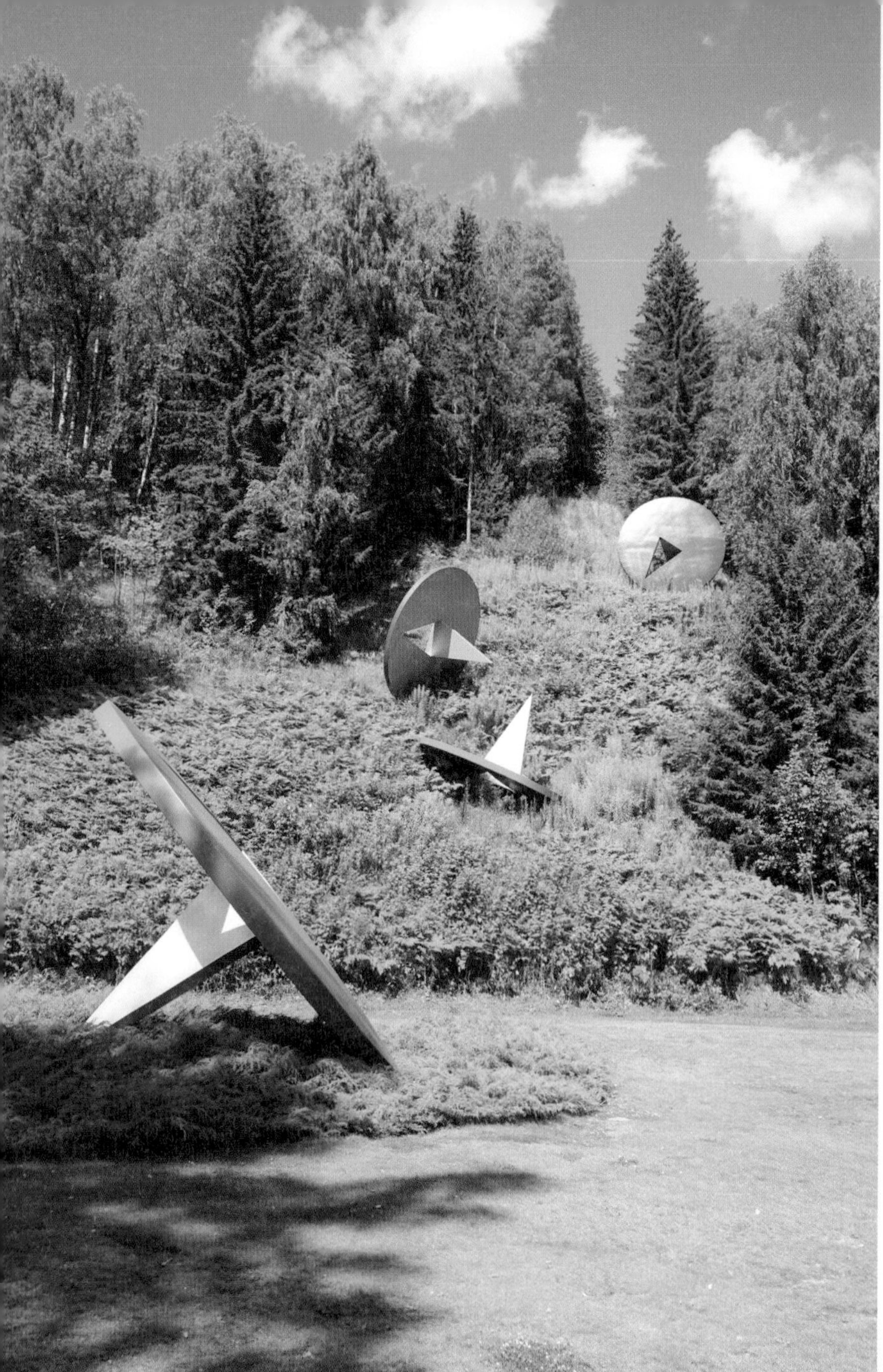

클라스 올든버그 & 코셔 판 브뤼헌, <텀블링 압정>, 강철, 유리섬유, 수지, 폴리우레탄 폼, 젤코트 및 투명 새틴 유리코팅, 지름 500cm, 2009년, 키스테포스 뮤지엄

스의 산업과 역사, 자연에 영감을 받아 제작된 것들이다.

설립자 크리스텐 스베오스 역시 “내가 의뢰한 모든 작품은 장소 특정적이어야 한다”라고 강조한다. 명성의 반복이 아니라 키스테포스에서만 볼 수 있는, 이곳을 위한 작품이어야 한다는 것이다. 2009년 초대된 클라스 올든버그는 종이와 관련된 압정을 형상화한 대형 조각들을 언덕에서 굴러떨어지는 모습으로 연출했다. 작가는 펄프 목재 공장에서 현대미술관으로 변신한 키스테포스의 역사에 감명을 받고 이를 압정 모양의 대형 꽃으로 표현했다고 한다.

2016년에 초대된 덴마크 작가 예페 헤인은 옛 펄프 공장 앞에 거대한 <침묵의 길>을 만들었다. 곡선으로 심어진 거울 삼각봉들을 따라 명상과 사색을 하며 걸어보라는 의도였겠지만, 제목과 달리 이곳에서 가장 시끄럽고 활기찬 작품이다. 가운데 설치된 분수 때문에 여름철이면 어린이 관람객들에게 인기 절정이다.

물론 아이들이 가장 좋아하는 작품은 테디 베어 조각이다. 1902년 시어도어 루스벨트 전 미국 대통령의 애칭에서 유래한 테디 베어는 지난 120여 년간 푸근하고 귀여운 외모로 전 세계 어린이들의 마음을 사로잡았을 뿐 아니라, 만화, 동화, 소설, 영화, 미술 등 다양한 분야에 영감을 주었다. 노르웨이 미술가 프레드릭 라둠도 테디 베어를 만들었는데 키가 3m에 가까운 청동 조각이다. 육중하면서도 귀여운 테디 베어는 키스테포스 조각 공원 안에 설치되자마자 어린이 관람객들의 인기를 독차지했다. 뉘브루케트 갤러리 바로 앞에 자리 잡은 곰은 포토존 역할을 톡톡히 한다. 한데 세상 다정해 보이는 곰의 뒷면을 보면 '뜨악' 하고 놀라게 된다. 곰 엉덩이 아래로 사람의 두 다리가 삐져나와 있기 때문이다. 곰한테 짓눌려 압사한 사람이다. 육중한 몸집을 가진 테디는 주변을 살피지도 않고 자기 편한 곳에 앉아버린 것이다. 누가 깔려 죽든 말든 상관도 안 하고 그저 눈앞에서 반기며 좋아해 주는 이들만 바라보고 있다. 라둠은 이 테디에게 '쾌락 적응의 야수Beast of the Hedonic Treadmill'라는 이름을 지어주었다. '쾌락 적응'은 아무리 행복한 상태라도 금세 적응해 더 많은 것을 원하게 되는 심리를 말한다. 마약중독처럼 쾌락도 내성이 있어 점점 더 크고 센 것을 찾게 된다. 그렇다면 저 곰이 천진한 표정을 유지하며 계속 행복하기 위해선 더 많은 희생양을 필요로 할 것이다.

아마도 작가는 테디 베어를 소비 자본주의의 상징으로 표현한 듯하다. 세상에 테디 베어 인형은 이미 차고 넘치지만 세계 도처의 공장에서 여전히 생산되며 인기리에 팔려나간다. 가

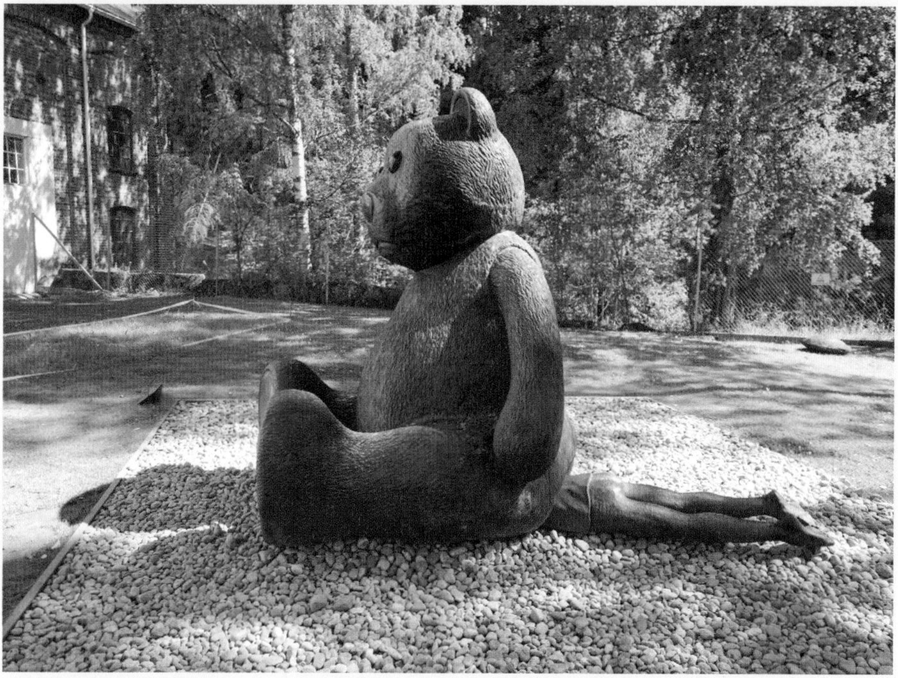

프레드릭 라둠, <테디 - 쾌락 적응의 야수>, 청동, 230×290×200cm, 2013년, 키스테포스 뮤지엄

족이나 연인, 아이들에게 위안과 행복감을 줄 것이라 부추기면서 공항 면세점이나 기념품 판매점 등에서 관광객들의 지갑을 열게 만든다. 작가는 행복으로 위장된 소비주의의 이면을, 질식사 위기에 빠진 불행에 적응한 이들의 삶도 보라고 권하는 것 같다.

쿠사마 야요이가 키스테포스의 산업과 자연환경에 영감을 받아 제작한 <삶의 빛>도 인기가 많다. 촉수를 가진 빨간 생명체가 물 위로 솟아오르는 듯한 이 작품은 북유럽에 설치된 쿠사마의 가장 큰 조각이다. 작가에게 긴 인내의 시간을 요한 작품이기도 한데, 7년의 제작 과정을 거쳐 2019년에야 완성돼 공장 앞 물 위에 자리를 잡았다.

같은 해에 엘름그린 & 드라그셋의 엿보는 남자 조각상들도 입구와 화장실 공간에 설치됐다. 내가 방문했던 2022년 여름에는 프랑스 설치미술가 피에르 위그Pierre Huyghe의 멀티미디어 작품 <변종>이 새로 추가됐다. 이렇게 조각 공원은 매년 새로운 작품들이 추가되면서 계속 확장 중이다.

노르웨이의 겨울은 혹독하지만 노르웨이 사람들은 추운 자연을 기꺼이 즐긴다. 그래서일까. 여름 시즌에만 운영되는 실내 뮤지엄이나 갤러리들과 달리, 조각 공원은 1년 내내 개방된다. 한겨울에도 조각 공원을 찾는 관람객들이 꽤 있다고 한다.

19세기 펄프 공장에서 동시대 미술을 품은 21세기 혁신적인 뮤지엄 단지로 재탄생한 키스테포스는 이제 스칸디나비아를 넘어 세계인들을 유혹하고 있다. 펜데믹 이후 더 많은 이들이 이 특별한 뮤지엄을 경험하기 위해 그해 여름의 나처럼 노르웨이 숲을 향해 떠나지 않을까 싶다.

Kistefos Museum
Add. Samsmoveien 41, 3520 Jevnaker, Norway
Web. www.kistefosmuseum.no

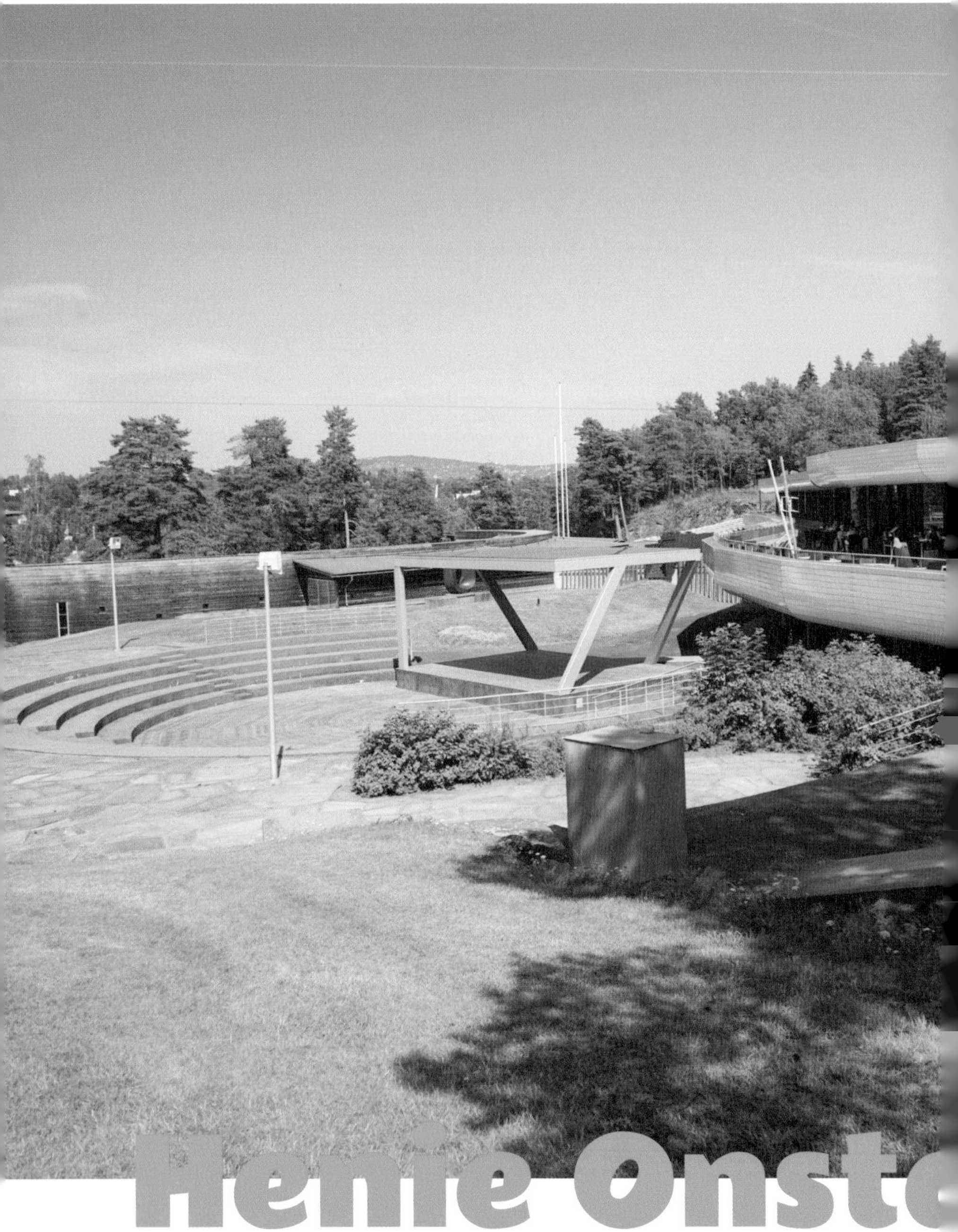

Henie Onst

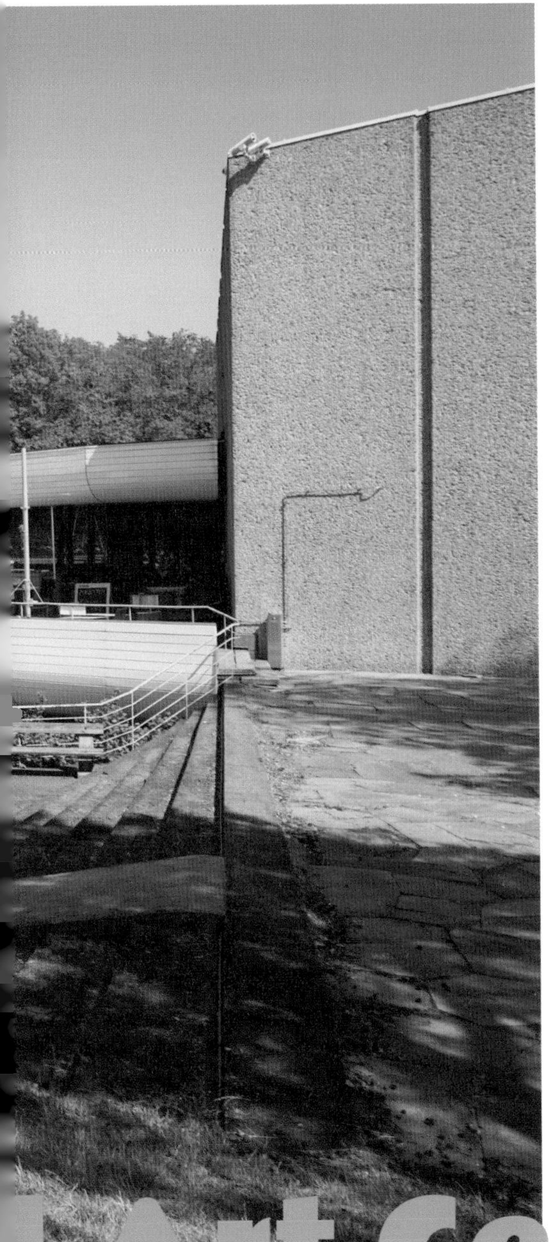

피겨 여왕이
만든
아름다운
미술관

헤니
온스타드
아트센터

Art Center

노르웨이가 자랑하는 또 하나의 미술관은 헤니 온스타드 아트센터다. 오슬로 외곽 베룸 지역에 있는 작은 해변마을 회비코덴Høvikodden에 위치해 있다. 오슬로 도심에서 차로 15분 정도면 갈 수 있기 때문에 여름철마다 관광객으로 붐비는 인기 휴양지다.

그런데 미술관 이름이 왜 '헤니 온스타드' 아트센터일까? 운동선수 출신의 설립자 이름을 땄다고 알려져 있지만, 그런 이름을 가진 노르웨이 선수는 없다. 사실 미술관 이름은 두 사람의 성을 결합해서 만들어졌다. 이곳의 설립자인 소냐 헤니Sonja Henie와 그의 남편 닐스 온스타드Niels Onstad가 바로 그 주인공이다.

그렇다면 소냐 헤니는 누굴까? 우리나라 사람들은 잘 모를 수 있지만 노르웨이에선 너무도 유명한 전설적인 스포츠 스타다. 노르웨이 출신의 세계적인 피겨스케이팅 선수로 동계올림픽 역사상 유일하게 피겨 3연패를 기록한 피겨 여왕이다. 한마디로 '노르웨이의 김연아'라고 할 수 있다. 사실 김연아 선수는 각종 대회의 우승을 휩쓸었지만 올림픽 금메달을 딴 건 2010년 밴쿠버동계올림픽 때 한 번이다. 판정 논란이 있던 2014년 소치동계올림픽 때는 안타깝게 은메달에 머물렀다. 그런데 소냐 헤니는 1927년 열네 살 때 세계선수권 대회에서 처음으로 1등을 한 이후 올림픽에 출전해 금메달을 세 번이나 땄다. 뿐만 아니라 국내 선수권 대회에서 총 다섯 번이나 우승했고, 유럽 선수권은 여섯 번, 세계선수권에선 무려 10회 우승이라는 믿을 수 없는 기록을 가지고 있다. 처음으로 출전한 올림픽에서 금메달을 땄을 때 헤니는 겨우 열다섯 살이었다. 지금도 이렇게 어린 선수가 금메달을 딴다면 세계가 놀랄 일이다. 김연아 선수가 올림픽 금메달을 목에 건 게 스무 살 때였으니까. 1912년생인 헤니는 1920년대 중반부터 1936년까지 선수 생활을 했다. 당시 여성 스케이터들은 대부분 검은색 긴 치마를 입고 경기했지만, 헤니는 실크 소재의 흰색 미니스커트를 입고 나와서 선풍을 일으켰다. 원래 남성 중심이었던 피겨스케이팅을 여성 중심으로 만든 주역이자 피겨스케이팅을 예술의 경지로 끌어올리는 데 일조한 인물이다.

스포츠 스타에서 미술관 설립자로

문득 궁금해진다. 당대 최고의 스포츠 스타였던 헤니는 어떻게 미술관을 설립하게 됐을까? 1936년 24세의 헤니는 선수 생활 은퇴를 선언한 후 가족과 함께 미국으로 건너갔다. 할리우드 유명 영화사와 계약을 맺어 영화도 찍고 아이스쇼도 하고 광고 모델로도 활동하면서 제2의 전성기를 맞았다. 마치 오늘날의 김연아를 보는 듯하다. 헤니는 미국에서 15년 동안 거주하며 아이스쇼와 영화 출연으로 돈을 벌어 당대 최고의 여성 부호가 됐지만, 이후 사업이 어려워져 접게 되고 슬럼프도 겪는다. 그사이 결혼도 두 번이나 했다가 이혼했다. 그러다 젊은 날 연인이었던 노르웨이 선박 사업가 온스타드를 만나 세 번째 결혼을 한 후 고향으로 돌아왔다. 이미 50대에 접어든 나이였다. 젊은 날 축구선수였던 온스타드는 선박 사업으로 크게 성공한 기업인이자 미술품 컬렉터였다. 결혼 후 두 사람은 자연스럽게 현대미술에 심취하게 됐고, 작품 수집에 전념했다. 소장품 수가 늘어나자 부부는 수집품을 보여줄 수 있는 미술관을 설립하고 싶었다. 그렇게 해서 오슬로 외곽 바닷가 마을에 헤니 온스타드 아트센터가 들어서게 됐다.

미술관이 문을 연 건 1968년이었다. 개관식 날, 노르웨이 왕족을 비롯해 세계 도처에서 온 650여 명의 손님이 참석해 축하해 주었다. 안타깝게도 같은 해 말에 헤니는 백혈병 진단을 받았다. 투병 생활 중이던 1969년 파리에 갔다가 오슬로로 돌

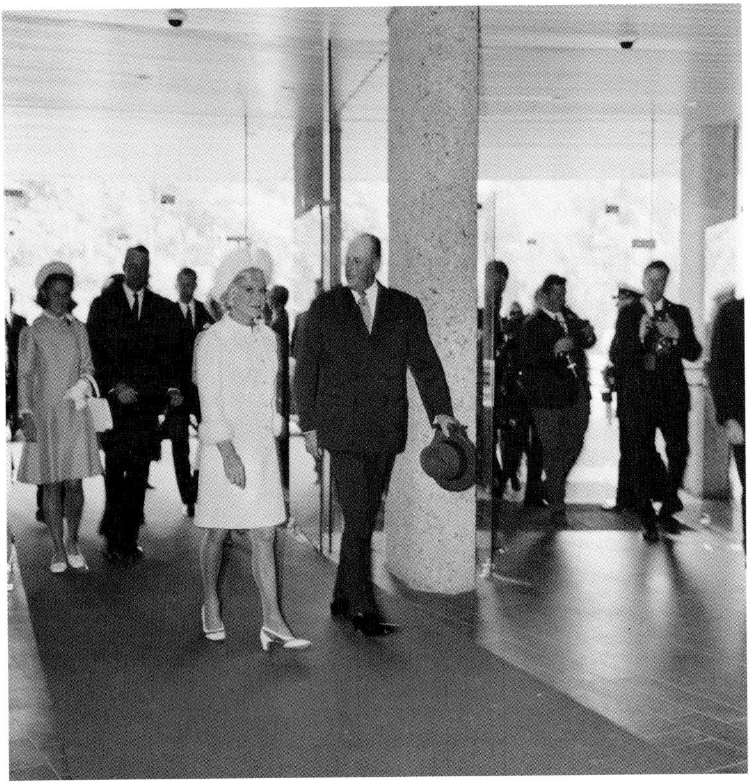

아트센터 개관식 당시 소냐 헤니와 노르웨이 국왕 올라브 5세

아오는 응급 항공기 안에서 쓰러진 후 영원히 눈을 감았다. 향년 57세였다. 정말 연극 같은 삶이었다. 헤니 사후에 부부가 수집했던 작품들은 고국 노르웨이 정부에 기증됐고, 헤니와 온스타드는 아트센터가 보이는 언덕에 묻혔다.

복합문화센터를 지향한 미술관

헤니 온스타드 아트센터는 바다가 바로 내려다보이는 언덕 위에 자리하고 있다. 외관은 긴 손잡이가 달린 부채를 쫙 펴놓은 듯한 곡선 형태다. 미술관은 1968년에 지어진 본관, 1994년에 증축된 신관, 2003년에 추가된 별관 이렇게 시기가 다르게 지어진 세 동의 건물들이 서로 유기적으로 이어진 구조다. 건물 형태도 비정형 곡선이고, 건축 재료도 유리, 돌, 콘크리트, 알루미늄, 구리, 목재 등 이질적인 재료들을 혼합해서 썼기 때문에 개관 당시에는 실험적인 건축으로 국제적 관심을 받았다고 한다. 본관 설계는 노르웨이의 젊은 건축가 욘 에이크바르 Jon Eikvar와 스베인 에리크 엥에브레트센Svein Erik Engebretsen이 맡았는데, 1962년에 있었던 미술관 설계 현상 공모 당선작

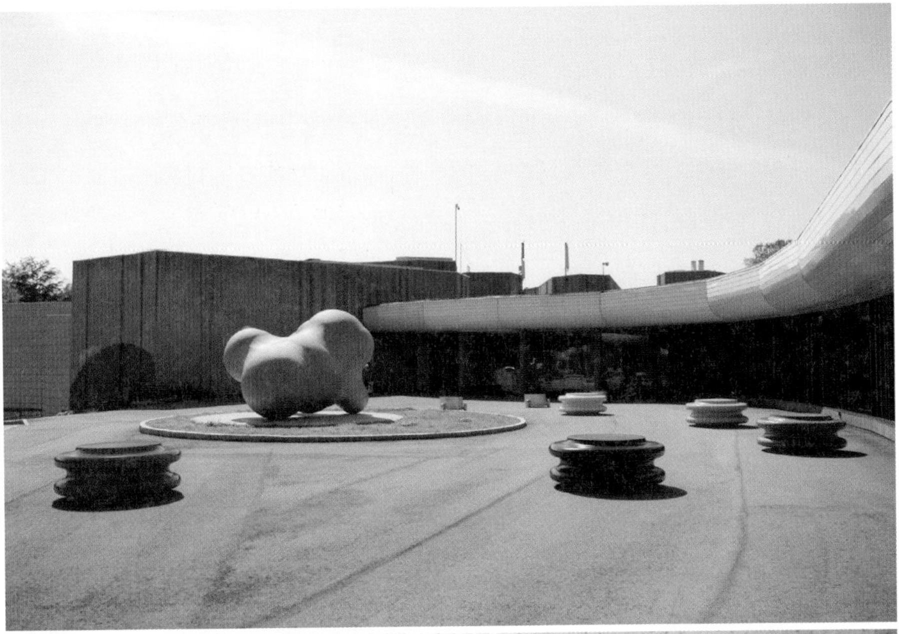

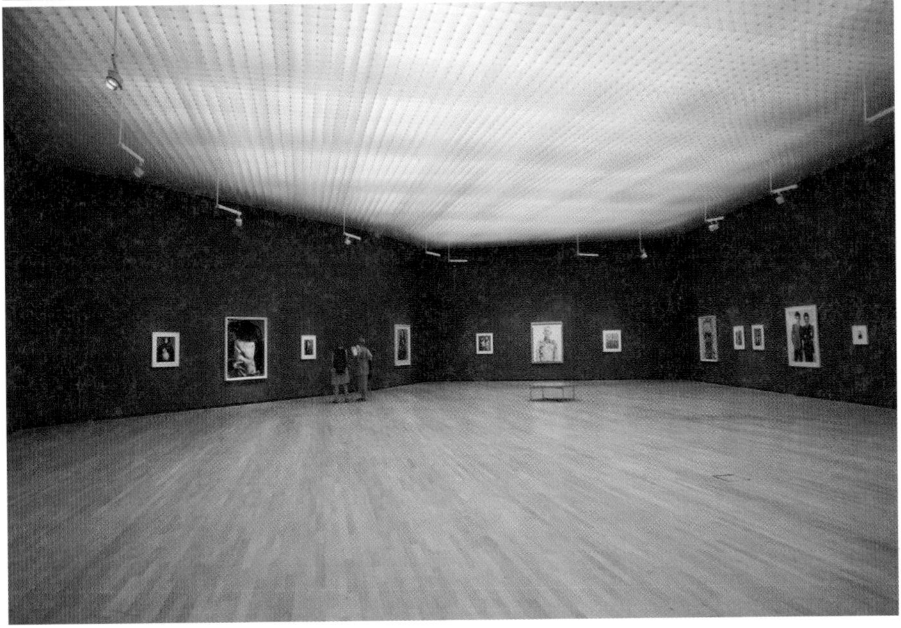

이다. 헤니 온스타드 아트센터는 그 이름에서 짐작할 수 있듯, 처음부터 시각예술뿐 아니라 음악이나 공연을 할 수 있는 다목적용 아트센터로 디자인됐다. 또 아름다운 조각 공원과 야외공연장, 강당, 도서관, 아트숍, 레스토랑 등의 부대시설도 함께 조성되어 1968년에 개관했지만 21세기 미술관의 기능을 다 수용한, 어떻게 보면 시대를 앞선 미술관이었다고 할 수 있다.

미술관은 소냐 헤니의 수집품들을 기획전시를 통해 다양한 방식으로 보여준다. 개관 당시에는 소장품 수가 300여 점 정도였는데 지금은 8,000점 이상으로 늘어났다. 주로 20세기 이후 현대미술 작품들이다. 파블로 피카소, 앙리 마티스, 요제프 보이스, 쿠르트 슈비터스, 아스거 욘 등 국제적인 작가들부터 북유럽 출신 작가들까지 아우르고 있다. 그중 덴마크 작가 아스거 욘은 2019년 국립현대미술관 서울관에서 개인전이 열린 적 있다. '코브라'라고 불리는 북유럽을 대표하는 아방가르드 미술 그룹을 이끌면서 사회 참여적인 작품을 많이 한 작가다. 서울관 전시 때 제목도 '아스거 욘: 사회운동가로서의 예술가'였다. 우리나라에서는 그렇게 많이 알려져 있지 않지만, 자국에서는 명성이 대단한 작가다. 서울 개인전 개막식 때는 덴마크 왕세자 부부까지 참석해서 화제가 됐었다.

명성을 만드는 양질의 기획전

2016년에는 일본 출신의 세계적인 작가 쿠사마 야요이의 대규모 초대전이 열렸다. 그때 이곳을 위해 특별히 제작한 <삶의 찬가>라는 작품은 전시 이후 그대로 남아 상설전시실이 되었다. 거울로 된 깜깜한 방 안을 알록달록한 점무늬 조명등으로 가득 메운 대형 설치 작품이다. 쿠사마 야요이 작품은 워낙 화려하고 마니아들도 많아서 이 미술관 내에서도 가장 인기 있는 작품에 속한다.

전시실은 총 여섯 개인데 그중 하나는 소냐 헤니를 기억하는 방으로 꾸며져 있다. 헤니 관련 여러 자료와 함께 그가 받았던 수많은 트로피가 전시되어 있다. 각종 대회에서 1등만 해서 그런지 메달과 트로피가 죄다 번쩍번쩍 금빛이 난다.

상설전시장은 소냐 헤니 부부의 소장품으로 꾸며져 있지만, 기획전시장에서는 다양한 작가들의 현대미술 작품을 만날 수 있다. 2019년에는 미국의 유명 사진가 리처드 애버던의 회고전이 열려 그의 트레이드마크인 유명 인사들의 인물 사진이 노르웨이에 대거 소개됐다.

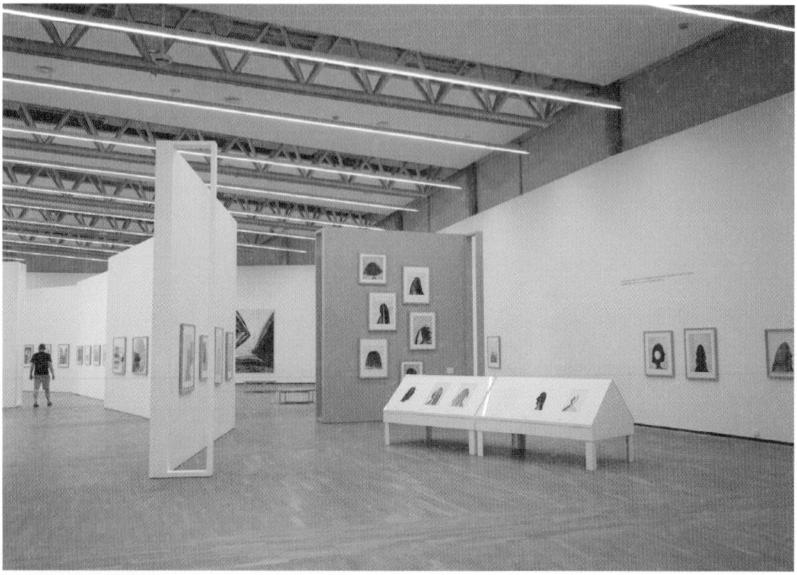

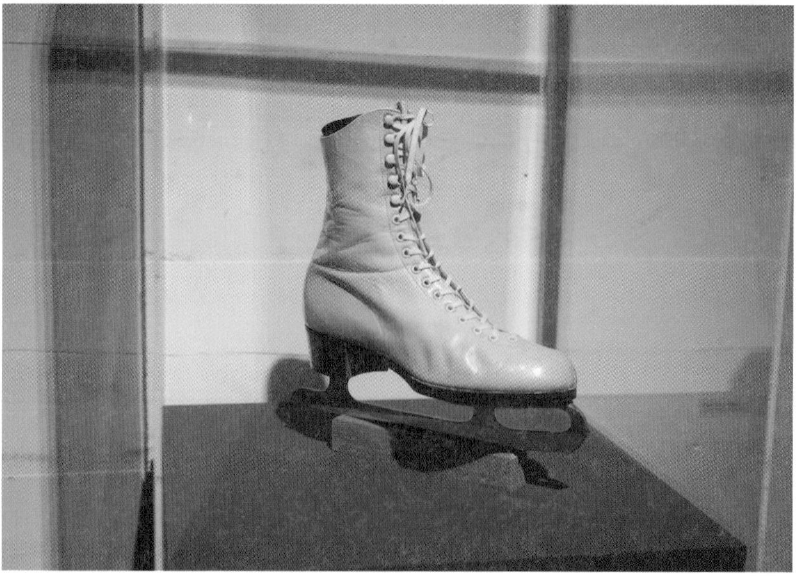

(위) 기획전시실 전경, (아래) 소냐 헤니가 신었던 스케이트화

전시장을 둘러보는데 할머니부터 어린아이까지 3대 가족이 보였다. 옛 세대 어르신들은 20세기 노르웨이의 아이콘이었던 소냐 헤니를 추억하며 오겠지만, 지금 세대들은 거의 모를 게다. 가족 단위 관람객이 많이 찾아오는 미술관이다 보니 교육 공간도 재밌게 꾸며져 있다. 부모나 조부모와 함께 나무 블록으로 자신만의 작품을 만들며 즐거워하는 아이들이 미래의 관객들일 테다.

처음에는 스포츠 선수 출신의 설립자가 세운 미술관으로 주목을 받았지만 지금의 헤니 온스타드 아트센터는 좋은 기획전과 이벤트가 많이 열리는 곳으로 정평이 나 있다. 연간 여섯 일곱 개 정도의 기획전시가 열리고, 전시뿐 아니라 음악이나 공연 프로그램, 교육 프로그램도 다채롭다. 무엇보다 바다 전망의 조각 공원이 예쁘게 잘 꾸며져 있어서 지역민뿐 아니라 오슬로 시민들에게도 많은 사랑을 받고 있다.

Henie Onstad Art Center
Add. Sonja Henies v. 31, 1311 Høvikodden, Norway
Web. www.hok.no

⊕ Plus Page

북유럽에서 가장 큰
노르웨이 국립박물관

Add. Brynjulf Bulls plass 3, 0250 Oslo, Norway
Web. www.nasjonalmuseet.no

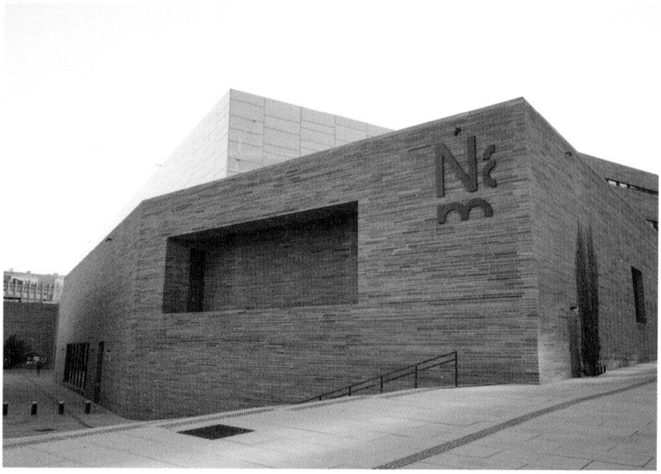

National Museum of Norway

2022년 6월 11일, 노르웨이의 새 국립박물관이 개관했다. 5만 4,600m² 대지 위에 7억 2,300만 달러(약 9,500억 원)의 비용을 들여 7년간 공사한 결과였다. 박물관 규모로 보면 노르웨이뿐 아니라 북유럽에서 가장 크다. 새 박물관이 들어선 곳은 오슬로 서쪽 아케르 브뤼게 지역으로, 옛날 오슬로 서부 기차역이 있던 곳이다.

노르웨이에 국립박물관이 처음 설립된 건 1837년, 처음에는 노르웨이 국립중앙미술관The Norwegian State Central Museum of Fine Art으로 불리다가 이후 국립갤러리The National Gallery로 명명되었다.

2003년 국립갤러리, 건축 박물관, 장식예술 디자인 박물관, 현대미술관이 하나로 통합되어 국립 미술 건축 디자인 박물관The National Museum of Art, Architecture and Design이 되었고, 이름이 너무 복잡하니 결국 '국립박물관'으로 결정됐다. 2005년 노르웨이 국립관광전시관까지 합병돼 한 지붕 아래 다섯 개 뮤지엄이 공존하는 셈이다. 박물관 홈페이지에서도 "고미술, 모던 아트, 현대미술, 건축과 디자인 모든 것을 한 지붕 아래서 완전히 새로운 방식으로 경험하세요"라고 홍보하고 있다.

새 국립박물관은 90개의 전시실, 강당, 카페, 아트숍, 도서관 등으로 구성돼 있는데, 특히 도서관은 북유럽에서 가장 큰 예술 전문

⊕ Plus Page

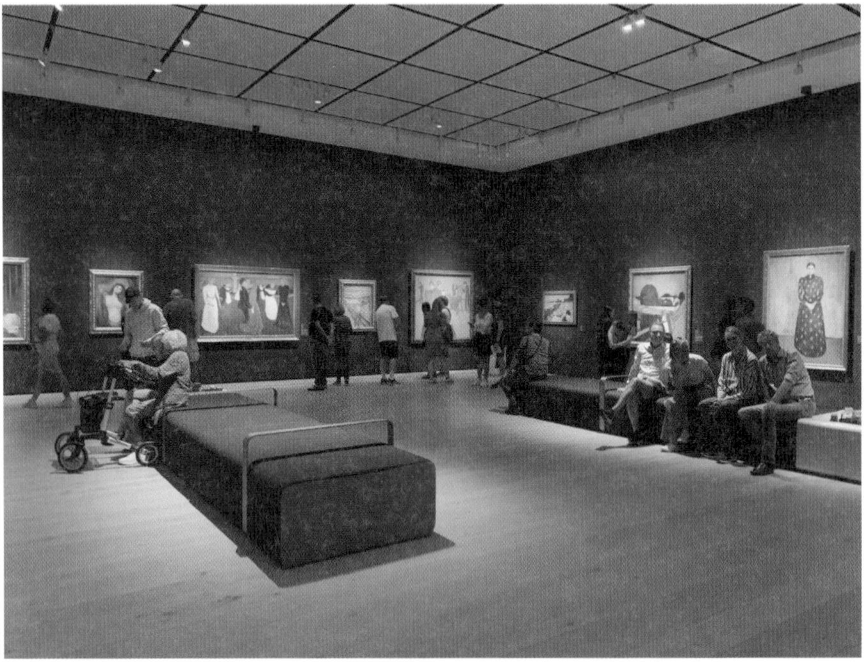

도서관으로 유명하다. 건물은 독일 건축가 클라우스 슈베르크Klaus Schuwerk와 얀 클라이후에스Jan Kleihues가 공동 설계했다. 오크, 브론즈, 대리석, 슬레이트 등 자연적이면서도 견고한 건축 자재를 사용했고, 이전 건물과 비교해 온실가스 배출량을 50% 이상 줄일 수 있도록 친환경과 지속가능성에 중점을 두고 지어졌다.

국립박물관이 소장한 미술품은 40만 점에 달하고 이 중 6,500점이 상설전시돼 있다. 이는 과거보다 전시품이 두 배 이상 늘어났다는 걸 의미한다. 이곳의 대표 소장품은 에드바르 뭉크의 <절규>다. 노르웨이 국립박물관은 뭉크의 작품 58점을 소장하고 있는데, 그의 대표작 <절규>도 이곳에 있다. 뭉크 미술관에서 시간차를 두고 개봉하는 탓에 <절규>의 유화 버전을 보지 못했다면 국립박물관으로 가면 된다. 1893년 제작된 <절규>의 첫 번째 버전을 볼 수 있다.

뭉크 외에도 크리스티안 크로그, 테오도르 키텔센, 아돌프 티데만, 한스 구데, 토마스 펀리 등의 노르웨이 화가들 작품을 대거 소장하고 있다. 파블로 피카소, 빈센트 반고흐, 폴 고갱, 앙리 마티스, 에바 헤세, 시몬 리 등 국제적인 근현대 유명 작가들의 작품도 만날 수 있다. 박물관 지붕 테라스에서 내려다보는 오슬로 항구와 피오르 풍경도 예술이니 꼭대기 층까지 꼭 올라가 봐야 한다.

⊕ Plus Page

100년의 기다림을 품은
데이크만 비에르비카

Add. Anne-Cath, Vestlys plass 1, 0150 Oslo, Norway
Web. deichman.no/bjørvika

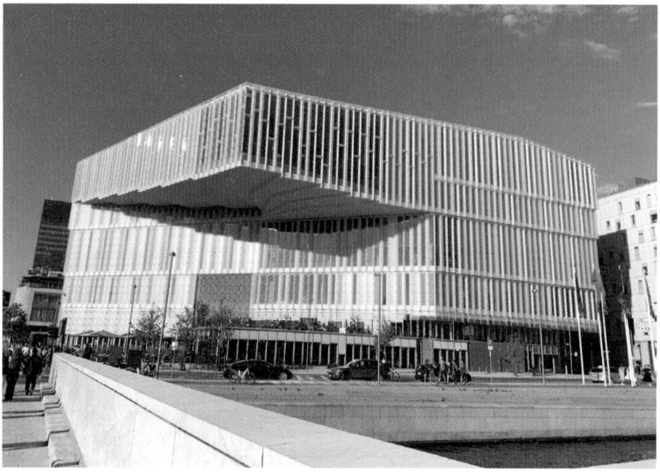

Deichman Bjørvika

오슬로 중앙도서관 데이크만 비에르비카는 2020년 개관하자마자 도시의 랜드마크가 되었다. 18세기에 노르웨이 최초의 공공도서관을 설립한 칼 데이크만의 이름을 따서 지은 도서관으로 극장, 강당, 카페, 녹음실, 게임방 등을 갖춘 21세기형 공공도서관의 롤 모델이다. 한데 이곳에서 가장 주목받는 곳은 의외로 꼭대기 층에 있는 '미래 도서관'이다. 미로처럼 생긴 곡선형 복도를 따라 들어가면 나오는 작고 조용한 방인데, 스코틀랜드의 젊은 작가 케이티 패터슨이 기획하고 디자인했다. 나무로 된 실내 곳곳에 박힌 투명한 서랍들은 문필가들의 미발표 원고를 위한 타임캡슐들이다.

사실 미래 도서관은 하나의 공공예술 프로젝트다. 오슬로 근교 숲에 1,000그루의 묘목을 심고 100년을 기다린 후 그 나무로 작가 100인의 책 100권을 만드는 계획이다. 이 프로젝트를 위해 2014년부터 매해 작가 한 명이 초대됐고, 그들의 원고는 봉인됐다가 2114년에 출간될 예정이다.

가장 처음 초대된 이는 캐나다의 유명 소설가 마거릿 애트우드였고, 2019년에는 소설가 한강이 아시아 작가 최초로 선정됐다. 한강은 오슬로 숲에서 진행된 기증식에 직접 참석해 '사랑하는 아들에게'라는 제목의 미발표 소설을 전달했다. 글을 쓴 소설가도 현재의 독자들

⊕ Plus Page

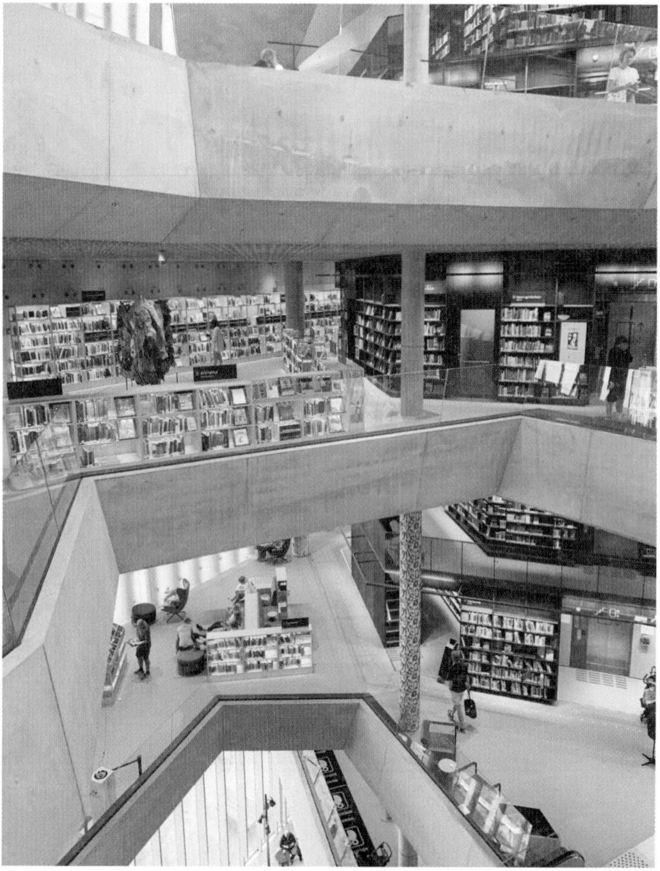

도 책 출간까지 살지는 못할 게다. 이렇게 아직 태어나지도 않은 미래의 독자들을 위해 세계의 작가들과 자원봉사자들이 기꺼이 이 프로젝트에 동참하고 있다.

100년 후까지 숲이나 도서관이 온전히 존재할지는 아무도 모르지만, 작가 패터슨은 100년의 기다림을 강조한다. 속도와 무한 경쟁의 시대에, 느리지만 행복한 동행에 관객을 초대하는 특별한 공공예술 프로젝트를 품은 도서관이다.

2

덴마크
Denmark

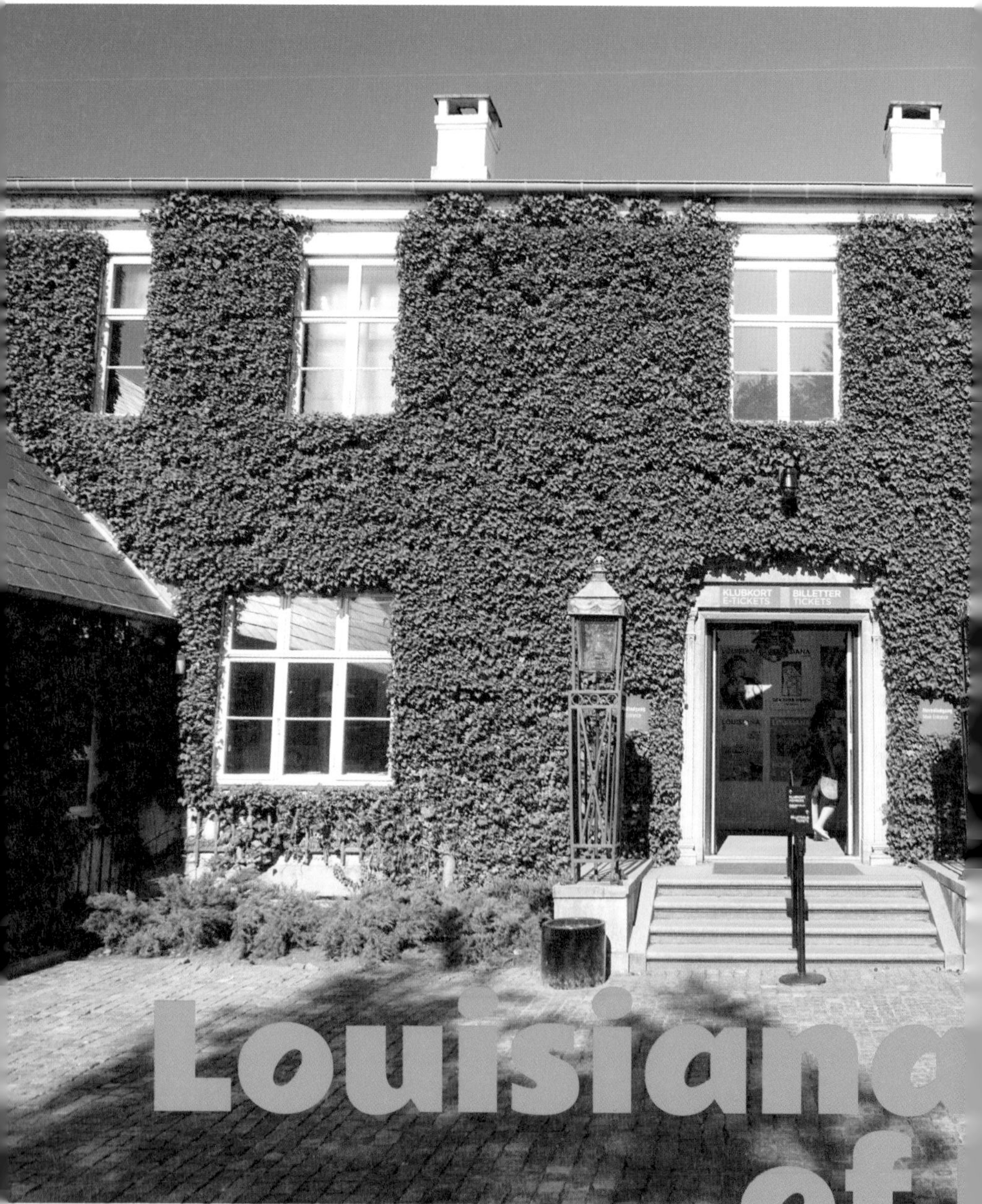

Louisiana
of

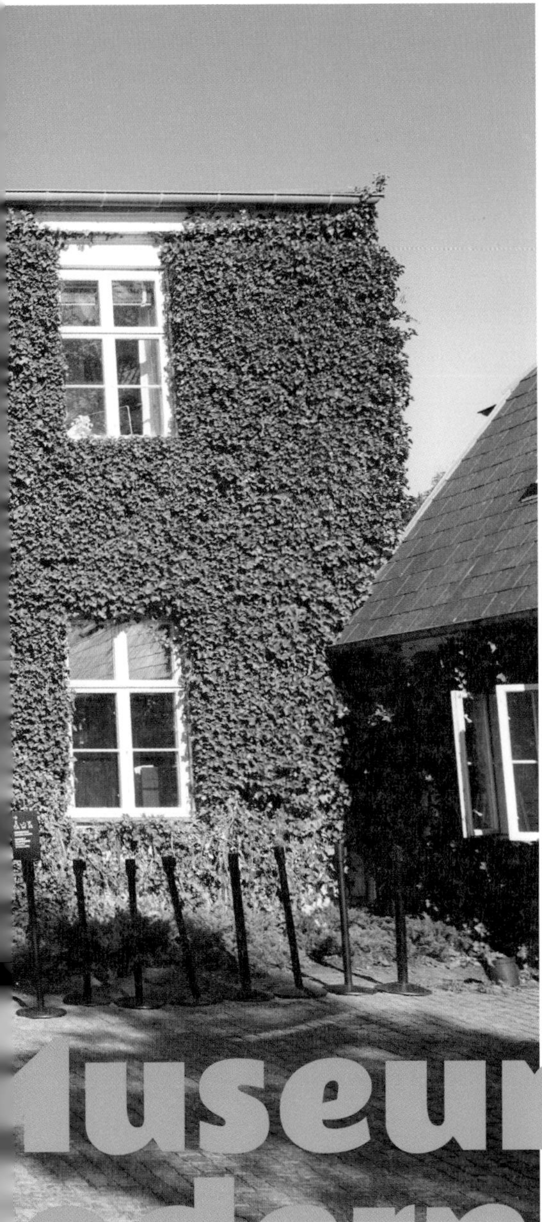

지상에서
가장
아름다운
미술관

루이지애나
현대미술관

useum
odern Art

행복지수 세계 1위, 낙농의 나라, 안데르센의 고향, 레고의 본고장, 복지 천국, 휘게 라이프 등 덴마크 하면 떠오르는 단어들은 모두 행복, 복지, 동심과 관련되어 있다. 디자인에 관심 있는 이들이라면 로열 코펜하겐 같은 도자기 브랜드나 프리츠한센, 헤이 같은 감각적이고 실용적인 덴마크산 가구 브랜드를 떠올릴 것이다. 그런데 사실 덴마크가 컨템포러리 아트 애호가들의 순례지라는 사실을 아는 이는 그리 많지 않은 것 같다. 지상에서 가장 아름다운 미술관으로 불리는 루이지애나 현대미술관도 덴마크에 있다.

루이지애나 현대미술관은 덴마크 최고의 미술관으로 손꼽힌다. 도심도 아니고 훔레베크Humlebæk라는 작은 시골 마을에 위치해 있는데도 '지상에서 가장 아름다운 미술관'으로 불린다. 지상에서 가장 아름답다니! 무슨 근거로?

사실 수도인 코펜하겐에도 유명 미술관은 많다. 1807년에 설립된 유서 깊은 코펜하겐 국립미술관, 칼스버그 재단이 설립한 뉘 칼스버그 글립토테크, 고성 안에 들어선 쿤스탈 샤를로텐보르 등 덴마크를 대표하는 대형 국공립미술관들은 접근성 좋은 도심 곳곳에 위치해 있다. 그런데도 막상 코펜하겐에 가보면 현지인들은 모두 루이지애나 현대미술관을 제일 먼저 추천한다. 그만큼 이곳은 덴마크인들이 가장 자부심을 느끼는 미술관이다. 또 퍼트리샤 슐츠Patricia Schultz가 쓴 베스트셀러 『죽기 전에 가봐야 할 1000곳』에 소개된 세계적인 관광명소이기도 하다.

대학 시절부터 수많은 유럽 미술관들을 다녔고, 덴마크 여행을 떠나는 지인들에게 수없이 추천했던 미술관인데도, 정작 나는 2017년 여름이 되어서야 처음으로 이곳을 찾았다.

시골 미술관의 놀라운 광경

코펜하겐 중앙역에서 훔레베크역까지는 기차로 한 시간 남짓 걸렸다. 그마저도 직통으로 가지 못하고 중간에 버스를 갈아타고 이동한 후 다시 기차를 갈아탔다. 하필이면 내가 가는 시기에 철로 수리 구간이 있어서였다. 훔레베크역에 도착하니 승객 대부분이 하차했다. 역을 나서자 여러 갈래로 나뉜 찻길이 나왔다. 대형 건물은 하나도 없고 상점이나 식당도 눈에 띄지 않았다. 번화한 코펜하겐과는 확실히 다른 느낌의 한적한 시골 분위기였다. 분위기만 그런 게 아니라 실제로도 훔레베크

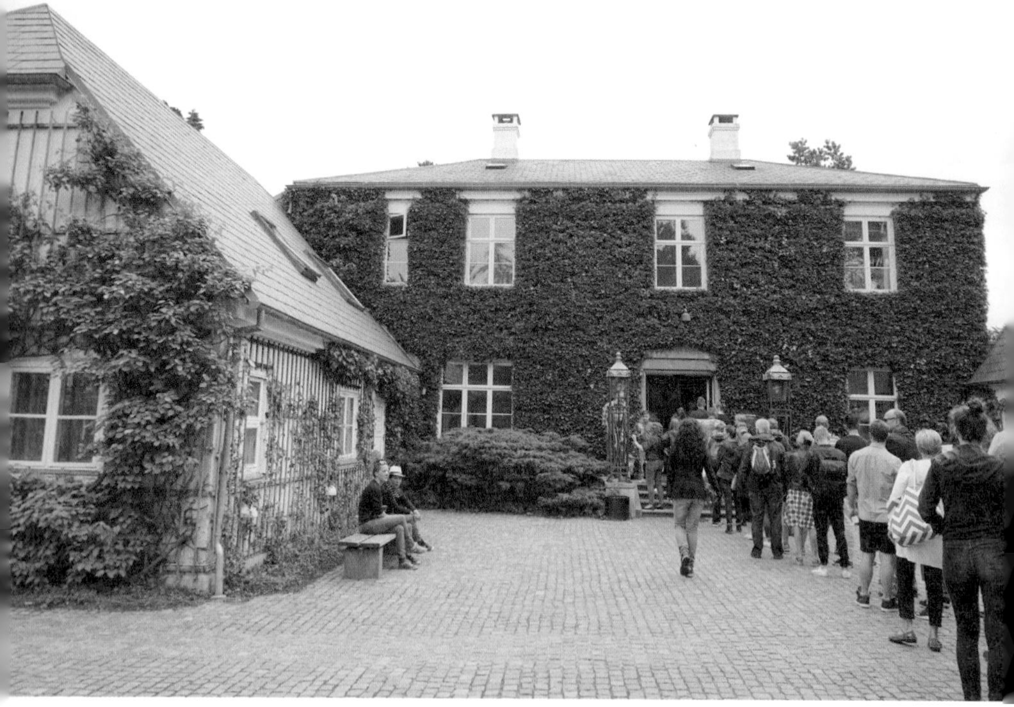

는 인구 1만 명이 안 되는 정말 작은 시골이다. 미술관이 아니었다면 나는 이 마을의 이름을 평생 알지도 못했을 것이다. 미술관 가는 길은 한적하고 조용했다. 길가의 집들은 하나같이 정갈하게 꾸며져 있어 마치 북유럽 풍경화 속 장면 같았다.

미술관 근처에 도착하자 눈앞에 깜짝 놀랄 광경이 펼쳐졌다. 사람들이 길게 줄을 서서 입장을 기다리고 있는 게 아닌가. 대충 봐도 30m는 족히 넘는 줄이었다. 여기가 루브르도 아닌데 웬 줄? 연간 600만 명이 찾는 런던 테이트 모던에서도 줄을 서서 입장해 본 적은 없다. 시골 미술관에 와서 이렇게 줄을 선다는 건 상상도 못한 일이었다. 게다가 평일 오전이고 미술관 개관 시간 전인데도 말이다. 미술관 입구 쪽을 갔더니 안마당에도 20m 정도의 줄이 더 있었다. 세상에나! 다행히 매표가 시작되자 그리 오래 기다리지 않고 입장할 수 있었다.

'루이지애나'라는 이름에 얽힌 사연

매표소가 있는 본관 건물 안으로 들어서자 입구 벽에 걸린 초상 사진 하나가 눈길을 끌었다. 푸른 눈을 가진 슈트 차림의 멋진 할아버지다. 참 지적이면서도 댄디해 보인다. 바로 루이지애나 현대미술관의 설립자 크누드 옌센Knud W. Jensen이었다. 미술품 컬렉터이자 성공한 사업가였던 그가 이곳에 미술관을 지은 건 1958년, 그의 나이 마흔둘이던 해다. 1960년대 덴마크 문화부와 덴마크 예술 재단 설립에도 큰 공을 세운 인물이다. 그런데 옌센은 왜 미술관 이름을 '루이지애나'로 지은 걸까? 혹시 그의 어머니나 아내 이름일까? 아니면 미국 루이지애나주 출신일까? 이런저런 질문이 머릿속에 떠올랐다. 나중에 확인해 보니 꽤 흥미로운 사연이 있었다.

미술관 이름의 기원은 19세기로 거슬러 올라간다. 알렉산데르 브룬Alexander Brun이라는 귀족이 있었다. 덴마크와 스웨덴 사이의 외레순Øresund 해협이 내려다보이는 천혜의 자연환경을 품은 땅의 소유주였다. 지금의 루이지애나 미술관이 들어선 부지 말이다. 브룬에게는 루이즈Louise라는 아름다운 부인이 있었다. 1855년 그는 이 경치 좋은 땅에 사랑하는 아내를 위한 시골 저택을 지어 '루이지애나'라고 이름 붙였다. 부인 사후에 두 번째 부인을 얻었는데, 그의 이름도 루이즈였다. 마지막에 얻은 세 번째 부인 이름 역시 또 루이즈였다. 브룬은 루이즈만 좋아했던 건지, 좋아한 여인들이 우연히 다 같은 이름이었던 건지 알 수 없지만, 그 덕에 부인은 바뀌어도 저택의 이름은 바꾸지 않아도 되었다. 이 재밌고도 기막힌 스토리를 살려낸 건 옌센이었다. 그는 1950년대에 그 집과 땅을 매입해 미술관으로 개조하면서 루이지애나라는 이름을 그대로 사용했다. 매표소가 있는 하얀색 본관 건물이 바로 그 루이지애나 하우스다.

30년 동안 지은 미술관

미술관은 본관과 분관, 조각 공원과 카페 구역으로 나뉜다. 19세기에 지어진 2층짜리 하얀 빌라를 확장해 만든 본관을 중심으로 세 개의 작은 분관들이 'C' 자형으로 연결된 구조다. 각 전시실을 잇는 긴 아치형 복도는 양면 또는 한 면이 통유리로 마감되어 있어 실내를 걸으면서도 바깥의 풍경과 조각 작품들을 자연스럽게 감상할 수 있다. 어느 건물도 튀는 법 없이, 자연 속에 원래 있던 것처럼 하나같이 단정하고 소박했다.

유명 건축가의 작품일까 싶지만, 빌헬름 보레르트Vilhelm Wohlert와 예르겐 보Jørgen Bo라는 당시 30대였던 젊은 두 건축가가 설계했다. 이들은 미술관 설계에 앞서 몇 달 동안 부지 위를 걷고 또 걸으며 이곳에 어울릴 건축을 생각했다고 한다. 현재의 건물도 한 번에 완공된 게 아니라 30년이란 긴 시간을 두고 조금씩 증축하는 방식으로 지어졌다. 주변 자연을 훼손하지 않고 가장 조화롭게 짓기 위해서였다. 그러니까 지금의 건물은 건축가와 건축주의 신중하고도 사려 깊은 30년 고민의 결과다.

아무리 건축이 의미 있거나 멋지다 해도, 미술관의 수준은 결국 소장품의 질이 좌우한다. 루이지애나 미술관의 소장품 수는 약 4,000여 점에 이른다. 소장품 리스트는 더욱 놀랍다. 파블로 피카소, 바실리 칸딘스키, 앤디 워홀, 알베르토 자코메티, 이브 클랭, 바젤리츠, 프랜시스 베이컨, 데이비드 호크니, 루이즈 부르주아, 쿠사마 야요이, 폴 매카시, 게리 힐, 빌 비올라, 피필로티 리스트 등 1945년 이후의 국제적인 현대미술을 총망라한다. 아울러 아스거 욘, 탈 알 등 덴마크 현대미술을 대표하는 작가들의 작품도 대거 선보이고 있다.

모마 부럽지 않은
시골 미술관의 전시

이곳에서 가장 인기 있는 전시실은 북관North Wing에 위치한 알베르토 자코메티 갤러리다. 전시장 한 면 전체가 통유리

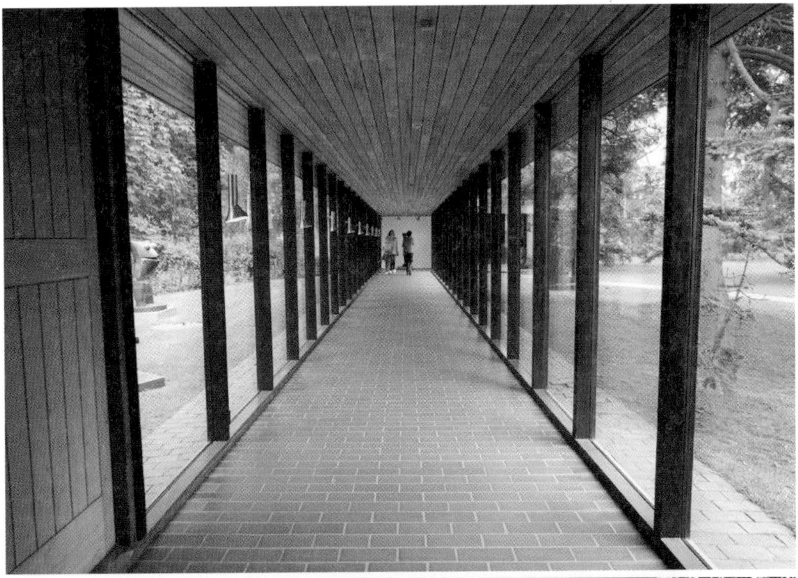

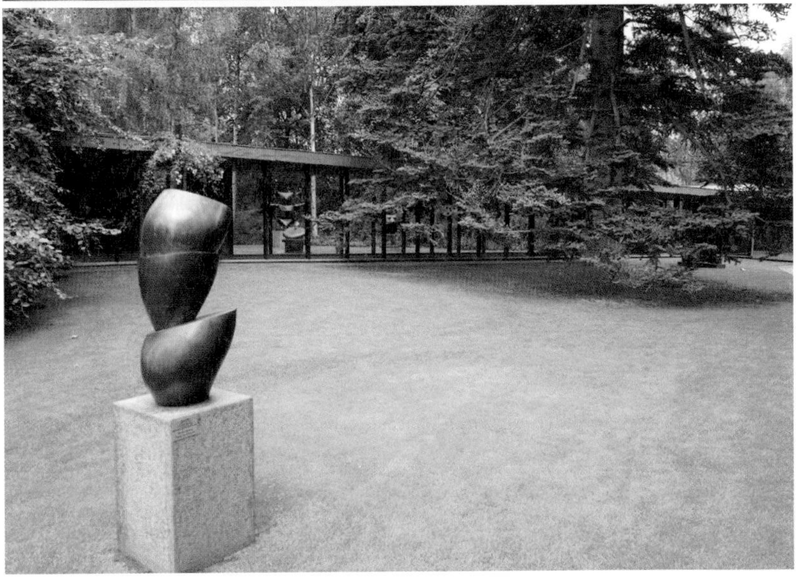

로 되어 있어 연못이 있는 바깥 풍경이 한눈에 들어온다. 자코메티는 <걸어가는 남자>로 가장 유명하다. 앙상하게 뼈대만 남은 채 길게 늘어난 인간을 형상화한 그 청동 조각상 말이다. 제2차 세계대전 이후의 정신적 공황과 고독한 인간상을 표현한 이 작품은 사르트르의 실존주의 철학을 예술로 승화시켰다는 평가를 받고 있다. 스위스 출신으로 프랑스에서 주로 활동했던 자코메티는 명성만큼이나 작품값도 어마어마하다. <걸어가는 남자>는 총 여섯 점의 에디션이 있는데, 그중 하나가 2010년 1,600억 원에 팔려 크게 화제가 된 바 있다. 루이지애나 현대미술관은 이런 몸값 높은 작가의 작품을 한두 점이 아니라 시대별로 여러 점 소장하고 있다. <걸어가는 남자>뿐 아니라 <걸어가는 여자> <서 있는 여자> <서 있는 남자> 등 다양한 자코메티 조각들이 대거 상설전시돼 있다. 덴마크의 시골 미술관에서 이렇게 많은 자코메티의 걸작들을 한꺼번에 볼 수 있다는 사실이 놀라울 따름이었다. 자코메티 갤러리에는 딱 두세 점의 걸작만 설치해 명상의 방 같은 분위기를 연출한다. 그래서인지 관람객들이 가장 좋아하고 오래 머무는 장소다.

일본 미술가 쿠사마 야요이의 <반짝이는 영혼의 빛Gleaming Lights of the Souls>이라는 작품 방도 인기 만점이다. 가로, 세로 각각 4m 크기의 깜깜한 방 안에 거울과 조명을 이용해 환상적

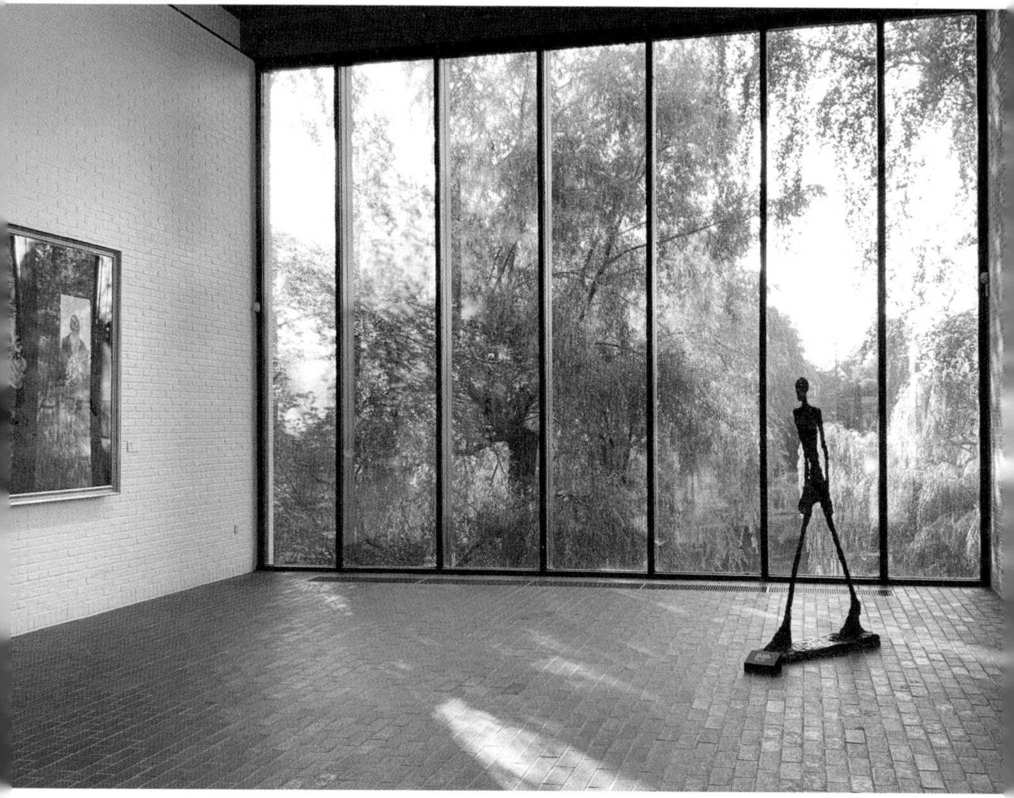

바깥 풍경과 어우러진 자코메티 갤러리

인 세계를 연출해놓았는데 정말 신비로운 공간이다. 붐비는 오후 시간이면 줄을 서서 기다려야 이 방에 들어갈 수 있다.

덴마크가 자랑하는 아스거 욘의 전시실에도 관람객이 붐볐다. 욘은 파리에서 활동하며 바실리 칸딘스키와 호안 미로 등의 추상미술에 영향을 받았다. 제2차 세계대전 이후에는 고국으로 돌아가 20세기 북유럽의 대표적인 아방가르드 미술운동 단체 '코브라'의 창립 멤버로 활동했다. 코브라CoBrA는 1948년부터 1951년까지 활동했던 전위예술그룹으로 멤버들의 고향, 즉 Copenhagen, Brussels, Amsterdam의 앞글자를 따서 지은 이름이다. 아스거 욘, 카럴 아펄Karel Appel, 콘스탄트Constant 등이 포함된 여섯 명의 예술가들은 과거의 모든 미술 전통과 관습을 거부하고 어린아이나 정신질환자, 원시 부족의 순수한 예술을 자신들의 미술 원형으로 삼았다.

덴마크 시골에서 만난 퍼포먼스의 대모

이렇게 세계적인 현대미술가들의 작품들을 감상하는 것만으로도 눈이 호사한다는 생각이 들지만, 루이지애나 미술관의 진짜 저력은 알찬 기획전이다. 그동안 길버트 & 조지, 데이비드 호크니, 쿠사마 야요이 등 세계적인 미술가들이 이곳에 초대돼 개인전을 열었다. 내가 방문했던 2017년에는 '퍼포먼스의 대모'로 불리는 마리나 아브라모비치가 대규모 회고전을 열어 큰 호응을 얻었다. 2010년 뉴욕 모마MoMA에서 퍼포먼스 작가 최초의 회고전을 열었던 아브라모비치는 자신의 대표작들을 이곳 홈레베크에서도 재현해 선보였다. 세르비아 출신의 아브라모비치는 자신의 신체를 극단적으로 이용해 고통과 죽음에 대한 두려움을 표현하는 퍼포먼스로 세계적 명성을 얻었다. 뉴욕 전시를 못 봤던 나로선 완전 횡재한 기분이었다.

전시는 그의 대표작 중 하나인 <측정할 수 없는 것>이라는 퍼포먼스로 시작되었다. 문제는 작가를 대리한 누드 퍼포머 두 명이 서 있는 좁은 입구를 통과해야 관객들이 비로소 전시장 내부로 들어설 수 있다는 점이었다. 통로를 지키고 선 벌거벗은 남녀 사이를 비집고 지나갈 때 머리부터 발끝까지 온 신경이 곤두서는 것 같았다. 공공의 장소에서 타인의 알몸을 보는 것만으로도 불편한데 불가피하게 접촉까지 해야 한다니. 관객들을 이런 불편한 상황에 직면하게 하고 우리의 몸과 감각에 대해 인식하게 하는 게 작가의 의도인 듯했다. 어른들은 망설이며 주저하는 사이, 어린아이들은 아무렇지도 않게 입구를 드

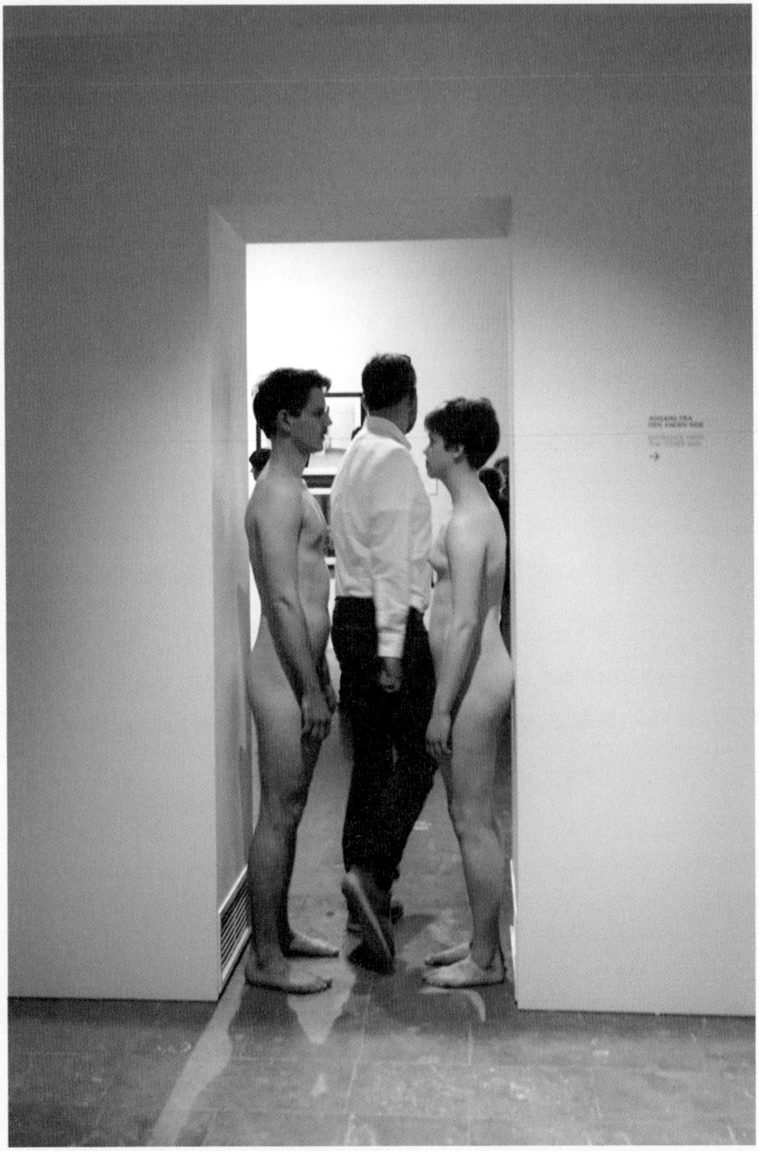

마리나 아브라모비치, <측정할 수 없는 것>, 1977/2017년, 루이지애나 현대미술관

나들었다. 이 퍼포먼스는 작가가 1977년 처음 선보인 후 모마 전시 때도 재현해 화제가 됐었다.

1석 4조의 이상적인 미술관

루이지애나 미술관에서 가장 사랑받는 장소는 사실 따로 있다. 60여 점의 조각이 설치된 야외 조각 공원이다. 바다가 한눈에 들어오는 아름다운 조각 공원은 저절로 카메라 셔터를 누르게 한다. 경사진 초록의 잔디 마당에선 아이들이 깔깔거리며 뛰어놀고, 멀리 스웨덴 땅이 보이는 바다에선 요트가 한가롭게 떠다닌다. 여름에는 미술관 앞바다에서 수영하는 이들도 있다. 그야말로 그림 같은 풍경이다. 게다가 세계적 명성의 조각가들 작품도 야외 곳곳에 세심하게 설치돼 있다. 알렉산더 콜더, 헨리 무어, 장 뒤뷔페, 리처드 세라 등 20세기 조각 거장들의 작품을 죄다 만날 수 있다. 때때로 야외 음악회나 공연도 펼쳐진다.

미술관 카페도 지역 맛집으로 유명해서 점심시간이면 문전성시를 이룬다. 다양한 덴마크 가정식 요리를 합리적인 가격으로 먹을 수 있는 뷔페가 제공된다. 평일에는 저녁 9시 반까지

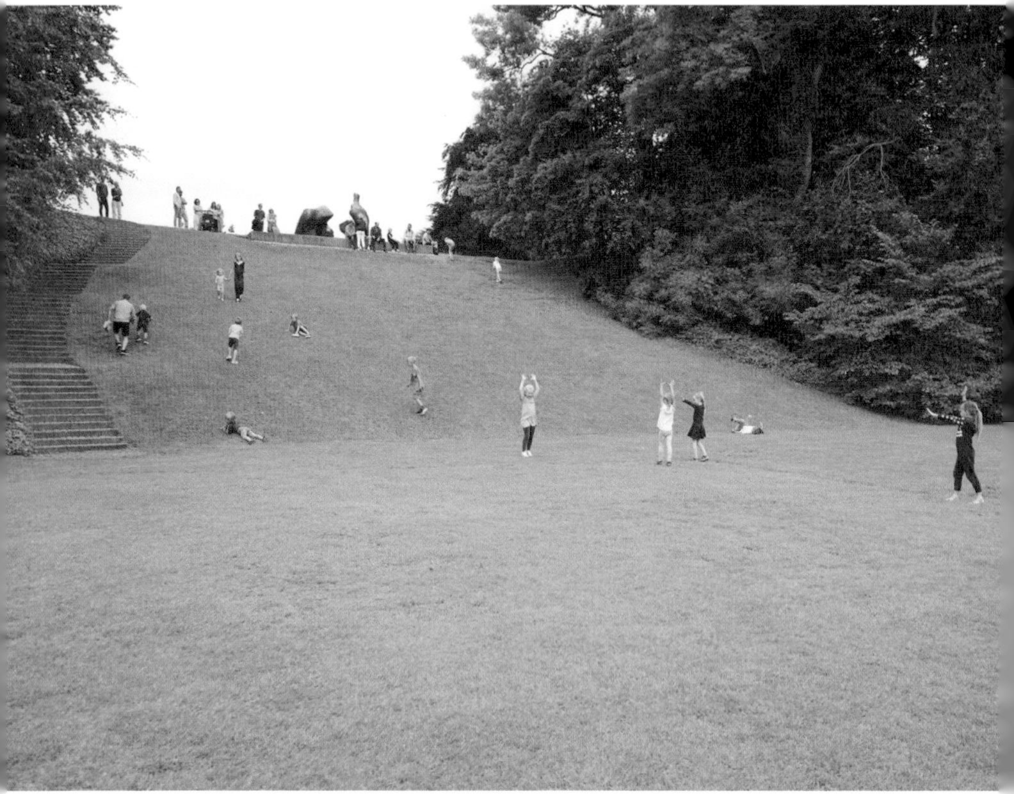

운영하기 때문에 디너 모임 장소로 애용하는 이들도 많다고 한다. 이곳의 명물은 또 하나 있다. 바로 세계적으로 유명한 '루이지애나 부티크'다. 매표소 건물 1층과 지하 1층 두 개 층이 전부 매장이다. 스칸디나비아 출신 디자이너의 옷부터 가방, 시계, 인테리어 소품까지 북유럽 디자인이 무엇인지를 한눈에 보여주는 아트숍이다. 여행자 신분만 아니라면 싹쓸이하고픈 욕구가 생길 정도다.

루이지애나 현대미술관은 세계적 미술 거장들의 작품 감상과 함께 경치 좋은 곳에서 휴식도 하고, 덴마크식 식사와 쇼핑까지 가능하다. 아름다운 대자연 속에서 예술과 건축이 완벽한 조화를 이루는, 어디에도 없는 이상적인 미술관이다. 직접 가보고서야 왜 덴마크 사람들이 입을 모아 최고의 미술관이라고 자랑하는지, 왜 이곳을 '지상에서 가장 아름다운 미술관'이라고 부르는지 비로소 실감할 수 있었다.

Louisiana Museum of Modern Art
Add. Gl Strandvej 13, 3050 Humlebæk, Denmark
Web. louisiana.dk

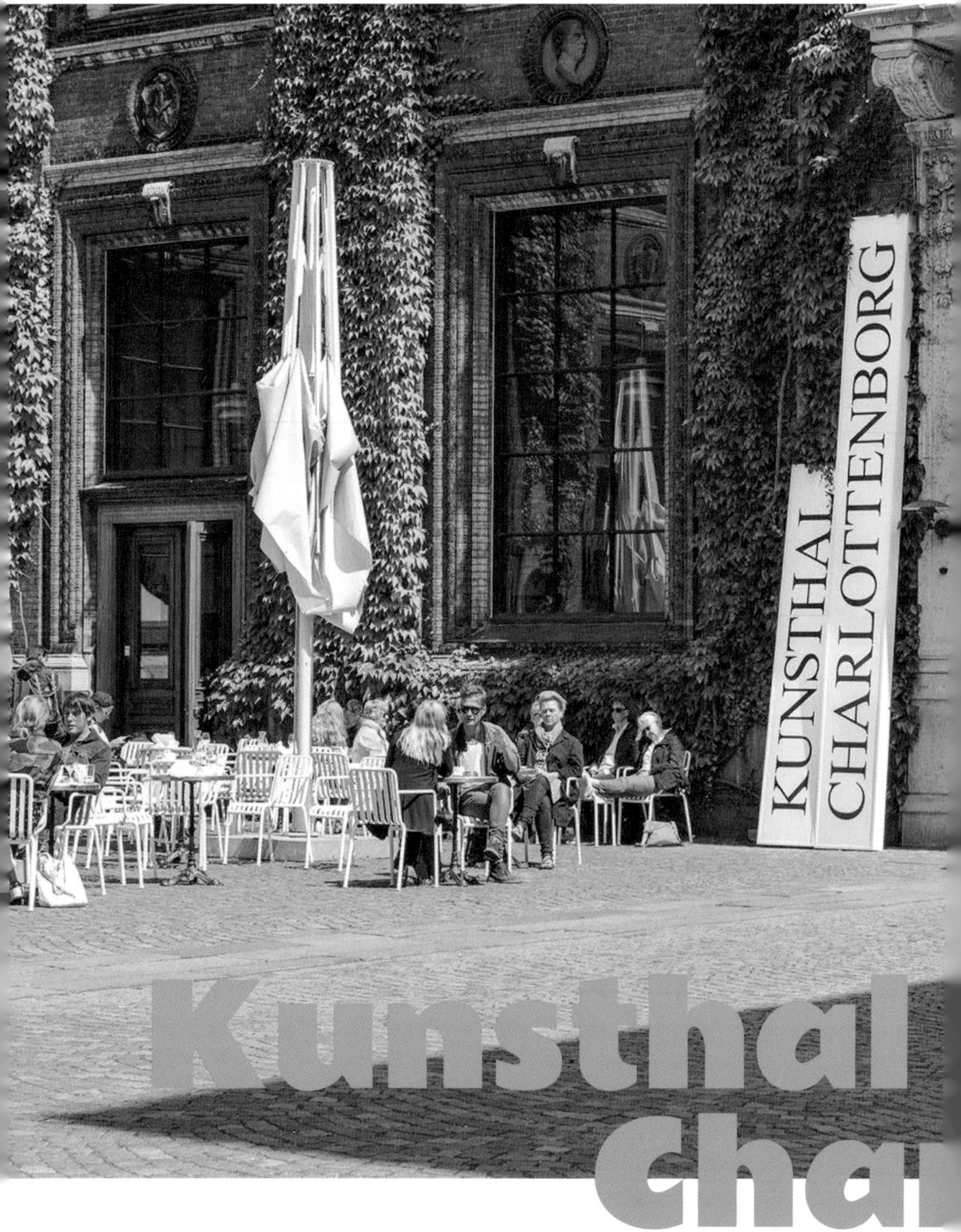

Kunsthal Cha

고성에서 만나는 미술의 시대정신

쿤스탈 샤를로텐보르

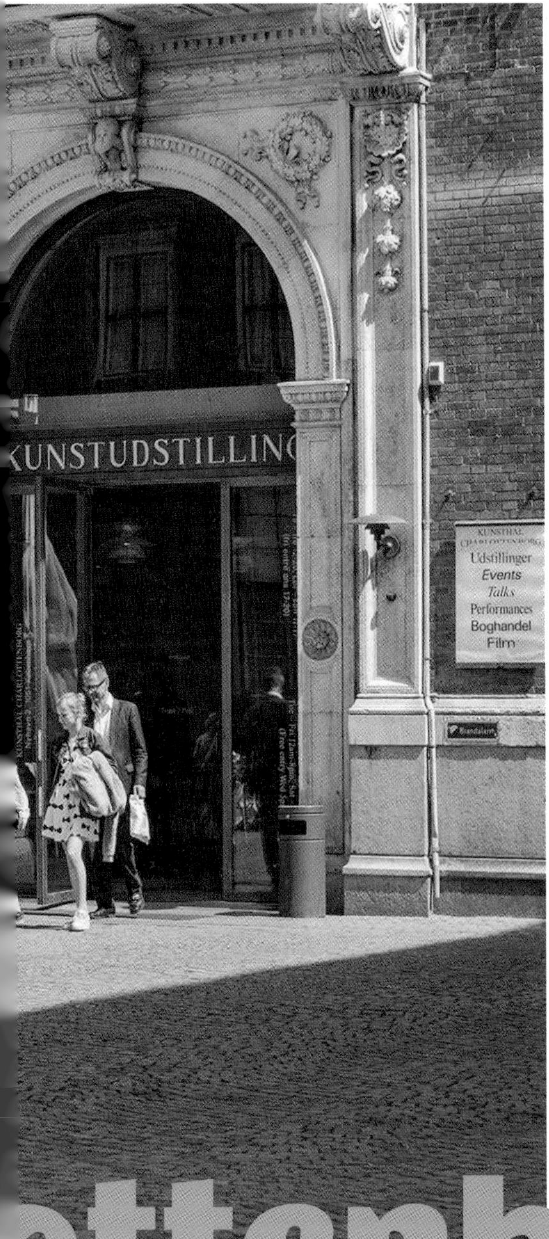

ottenborg

코펜하겐 여행자라면 누구나 꼭 들러서 '인생 사진'을 찍는 포토존이 있다. 바로 그림엽서 같은 풍경을 자랑하는 뉘하운 Nyhavn 운하다. '새로운 항구'라는 이름을 가졌지만, 사실 1673년 개통한 유서 깊은 운하다. 세계적인 동화작가 안데르센이 살았던 곳이라 안데르센 거리로 불리기도 한다. 운하를 따라 늘어선 알록달록한 건물들은 보는 이의 시선을 단숨에 사로잡는다. 과거 선원들이 휴식을 취했던 장소였지만 지금은 트렌디한 레스토랑과 카페로 가득해 사계절 내내 관광객의 발길이 끊이질 않는 코펜하겐을 대표하는 관광명소다.

코펜하겐에서 가장 핫한 컨템포러리 아트를 만날 수 있는 쿤스탈 샤를로텐보르(이하 쿤스탈)도 니하운 운하에 위치한다. 기획전 위주로 열리는 쿤스탈은 17세기 바로크 양식으로 지어진 샤를로텐보르 궁전 안에 자리 잡고 있다. 이 궁전 부지의 역사는 크리스티안 4세Christian IV of Denmark가 그의 정부였던 비베케 크루세Vibeke Kruse에게 선물한 것에서 기원하지만, 정작 이곳에 처음으로 건물을 지은 건 울리크 프레데릭 귈덴뢰베 Ulrik Frederik Gyldenløve였다. 그는 프리드리히 3세의 서자이자 크리스티안 5세의 배다른 형제였고, 군을 이끄는 장군이었다. 1672년부터 짓기 시작한 그의 궁전은 1683년에 완공되었다. 1699년 크리스티안 5세가 사망한 뒤 그의 아내 샤를로테 아말

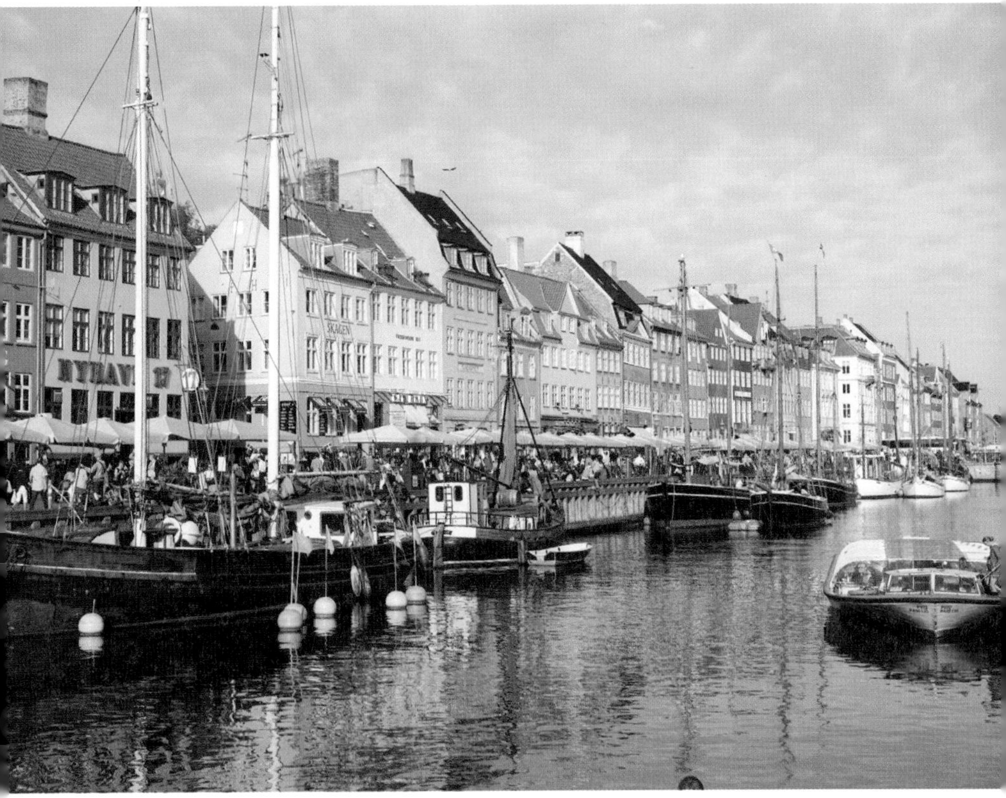

그림 같은 풍경의 뉘하운 운하

리에Charlotte Amalie of Hess-Kassel가 이 궁전을 주거지로 매입하면서부터 샤를로텐보르 궁전으로 불리게 되었다.

오늘날 샤를로텐보르 건물 안에는 쿤스탈 미술관뿐 아니라 1754년 설립된 덴마크 왕립미술아카데미를 비롯해 덴마크 예술도서관, 왕립미술도서관 등도 함께 위치해 있다. 그러니까 과거 덴마크 왕실의 사적인 주거지가 이제는 덴마크 최고의 미술학교와 미술관, 도서관이 함께 있는 공공의 문화교육기관이 된 것이다. 쿤스탈은 1883년부터 현대미술에 초점을 둔 전시 프로그램을 운영해왔다. 코펜하겐의 컨템포러리 아트센터가 되겠다는 미션을 안고 국내외에서 이슈를 일으키는 스타 작가뿐 아니라 차세대를 이끌 젊고 실험적인 작가들도 소개하고 있다.

세계적인 설치미술가 아이 웨이웨이를 만나다

유럽 대륙이 '그랜드 투어' 열기로 뜨거웠던 2017년 여름에는 중국 작가 아이 웨이웨이艾未未를 초대해 특별한 전시를 선보였다. 그리스 레스보스섬에서 수집한 난민들이 입었던 구명조끼 3,500개를 이용해 옛 궁전의 창문들을 빼곡히 메운 거대한 설치미술이었다. 레스보스섬은 지중해를 건너 유럽으로 향하는 난민들의 주요 경유지다. '해돋이'라는 작품 제목은 프랑스 인상파 화가 클로드 모네의 그림 <인상: 해돋이>(1872)에서 따왔다. 이 그림은 항구의 일출 모습을 담은 풍경화지만 프로이센-프랑스 전쟁이 종결된 당시의 사회 정치적 현실을 담고 있다. 그림 속에 등장하는 크레인, 증기선 등은 전후 프랑스의 재생과 산업화의 모습을 상징한다. 아이 웨이웨이의 <해돋이> 역시 오늘날 세계가 직면한 난민 문제라는 사회 정치적 현실을 담고 있다. 유엔난민기구 조사에 따르면 2015년에서 2016년 사이 137만 7,349명의 난민이 바다를 통해 유럽 대륙에 도착했고, 이 과정에서 8,000명 이상이 실종되거나 목숨을 잃었다. 2017년 6월 20일 '세계난민의 날'을 기념해 설치된 <해돋이>는 그해 10월 1일까지 선보였다.

"난민 위기는 없고, 인간의 위기만 있다"라고 말하는 아이 웨이웨이는 유럽 난민 문제에 대한 국제적 관심을 촉구하기 위해 이 작품을 제작했다고 밝히고 있다. 세계적인 예술가일 뿐 아니라 인권운동가로도 잘 알려진 그는 가장 행복한 나라에서 가장 불행한 이들의 문제를 끄집어내 이슈화하면서 미술의 시대정신을 일깨우고 있었다.

같은 기간 쿤스탈 내부에서는 덴마크 최고의 현대미술 작

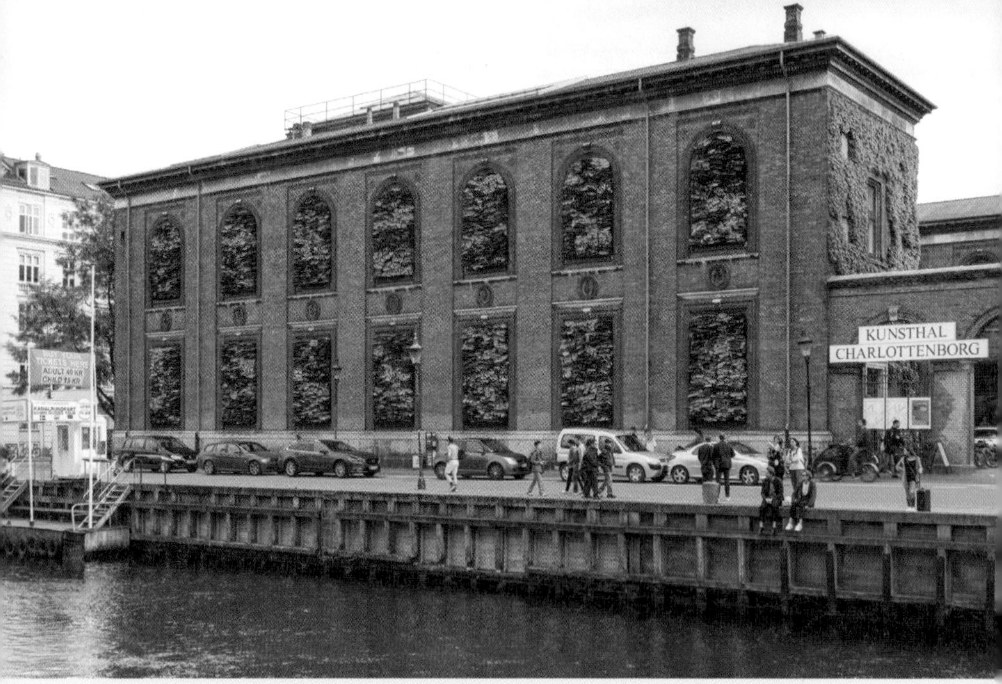

아이 웨이웨이, <해돋이>, 건물 창문 앞면에 구명조끼 설치, 2017년 6월 20일-2017년 10월 1일, 쿤스탈 샤를로텐보르

가 중 일인으로 손꼽히는 욘 쾨르너John Kørner의 개인전이 열렸다. 현대 사회가 맞닥뜨린 사회적 이슈에 관심이 많은 쾨르너 역시 전쟁이나 성매매와 같은 사회, 정치적인 문제부터 개인의 기분이나 감정 등 현대인이 일상 속에서 체험하는 여러 내적, 외적 문제들을 다룬 작품들을 선보이며 큰 주목을 받았다.

이렇게 17세기 바로크 궁전은 시대정신을 담은 뜨거운 현대미술들을 품고 우리가 사는 세상에 대해, 행복한 삶에 대해 진지한 질문을 던지고 있었다.

Kunsthal Charlottenborg
Add. Nyhavn 2, 1051 København, Denmark
Web. kunsthalcharlottenborg.dk

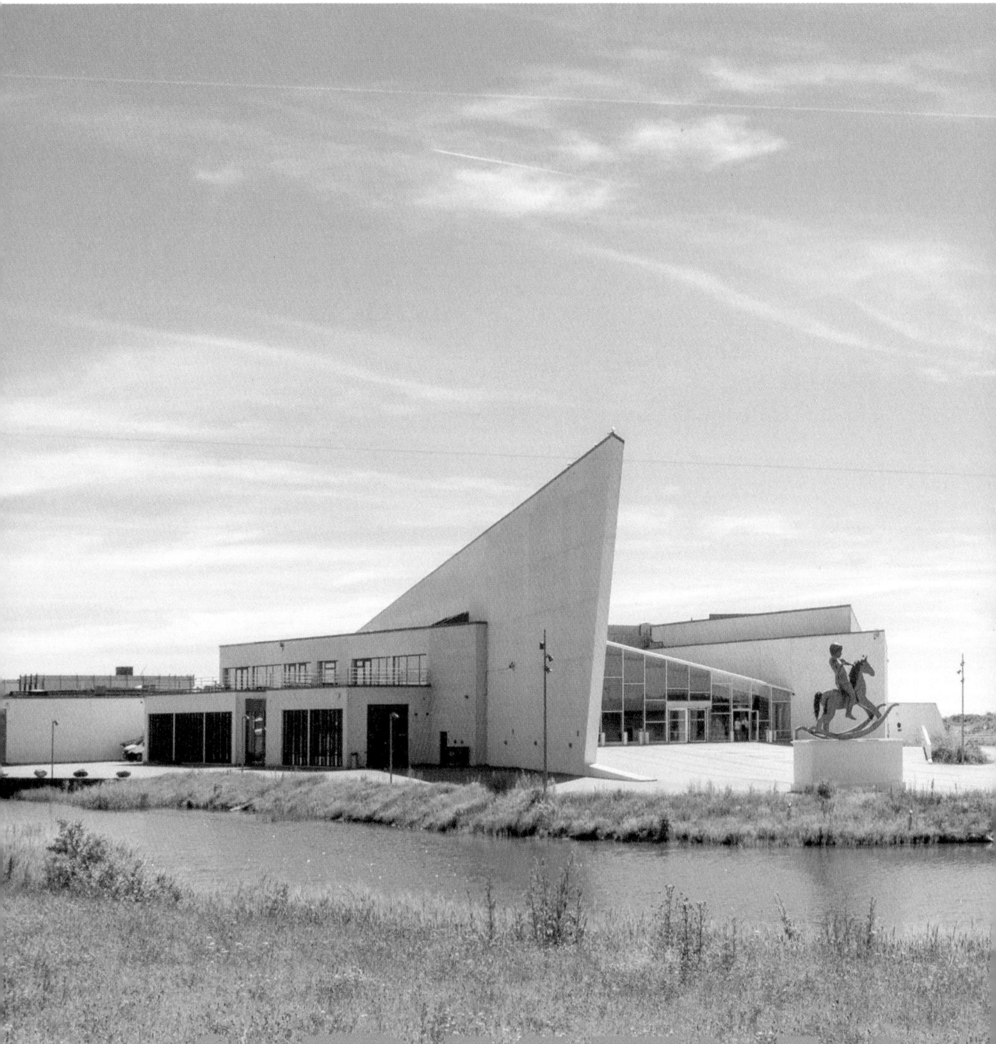
ARKEN M
of M

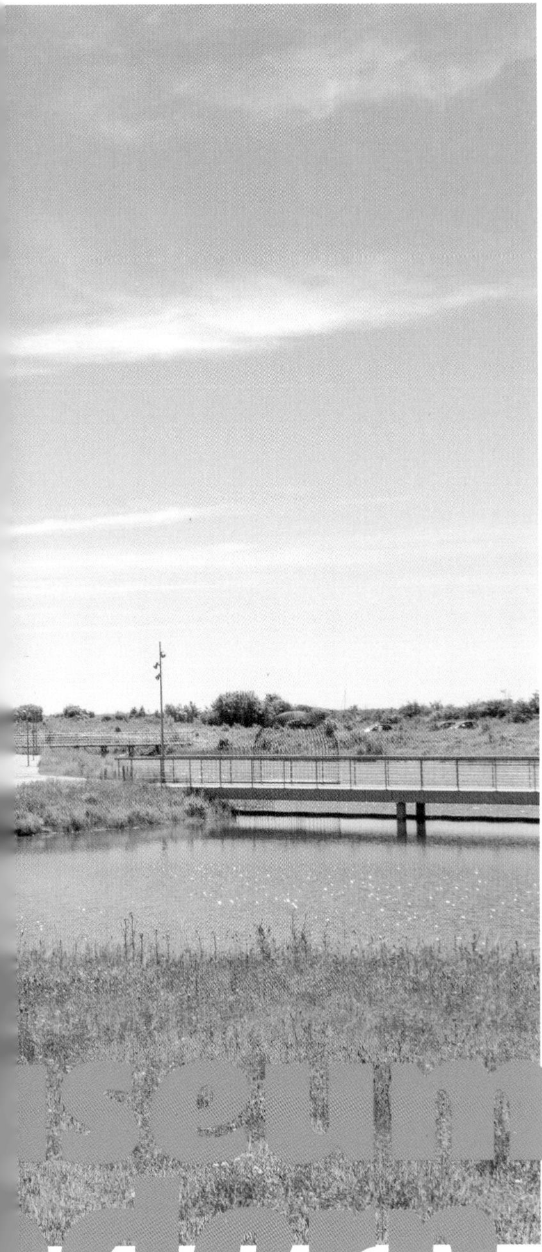

우리 시대
가장 핫한
작가들을
만나는 보물선

아르켄
현대미술관

seum
dern Art

덴마크가 자랑하는 또 하나의 현대미술관인 아르켄 역시 찾아가기 만만치 않다. 코펜하겐에서 남쪽으로 20km 떨어진 코이에만 이스호이 해변 공원에 지어졌기 때문이다. 코펜하겐 중앙역에서 기차로 25분을 달려 이스호이역에서 내린 후 버스를 타거나 20분 이상을 걸어가야 한다. 어지간히 마음먹지 않고선 찾아가는 게 쉽지 않지만 평생에 한 번쯤은 꼭 가야 하는 이유가 있다. 바다 경관과 완벽한 조화를 이루는 미술관 건축도 장관이지만 데이미언 허스트, 아이 웨이웨이, 올라푸르 엘리아손 등 우리 시대 가장 핫한 미술가들의 대표 작품들이 죄다 이곳에 모여 있기 때문이다.

멀리서 본 미술관은 바다 위에 도도하게 떠 있는 한 척의 배를 연상시킨다. 어떻게 바다 위에 미술관을 지을 생각을 했을까? 놀랍게도 이런 발칙한 상상은 한 대학생에게서 나왔다. 1988년 스물다섯 살의 건축학도 쇠렌 로베르트 룬Søren Robert Lund이 미술관 설계 공모에서 우승을 차지한 작품이다.

미술관은 1996년 개관했지만 지금처럼 물에 떠 있는 배의 모습으로 실현되기까지는 20년을 더 기다려야 했다. 당초 계획은 미술관 건물을 해변가에 짓는 것이었다. 그러나 건물과 작품의 보존 문제로 해양 공원 쪽으로 부지가 옮겨지면서 사실상 바다가 아닌 공원 안에 세워진 배의 형상이 되었다. 그러다 2016년 한 재단의 후원으로 공사비를 확보했고, 바닷물을 미술관 주변으로 끌어들여 인공 섬을 만들 수 있었다. 이렇게 탄생한 미술관 섬은 새로 생긴 다리를 통해 내부로 진입할 수 있다.

미래 세대를 향한 찬양

미술관 입구에선 흔들 목마를 탄 소년 동상이 가장 먼저 관객을 맞이한다. 덴마크와 노르웨이 출신의 아티스트 듀오, 엘름그린 & 드라그셋의 작품이다. 이들은 공공장소에서 쉽게 접하는 조형물이나 표지판 등의 각종 시각 언어가 우리의 잠재의식 속에서 어떻게 하나의 기표로 작용하는지 오랫동안 탐구해왔다. 이 기마 동상 역시 공공조형물에 대한 유머와 역설을 담은 것으로, 2013년 '네 번째 좌대 프로젝트'를 통해 런던 트래펄가 광장에 처음 선보였다. 18개월간 설치됐던 동상은 이후 한 재단의 기증으로 아르켄 미술관의 영구 소장품이 되었다. 트라팔가르 해전 승리를 기념해 조성된 트래펄가 광장에는 넬슨 제독 동상을 중심으로 네 개의 좌대가 놓여 있는데, 그 위에는 조지 4세의 기마상을 비롯해 19세기 전쟁 영웅들의 동상이 세워져 있다. 네 번째 좌대는 원래 윌리엄 4세의 기마상을 위해 만들어졌지만, 자금 확보 문제로 150년 이상 비어 있다가 1999년부터 혁신적인 공공미술 프로젝트의 무대로 사용되고 있다.

역사적으로 기마 동상은 왕이나 장군의 힘과 권력을 상징하기 위해 세워졌다. 하지만 엘름그린 & 드라그셋은 예술이 권력의 표현 수단으로 이용되는 것을 비판한다. 높이 4m에 달하는 거대한 기마상에는 무기를 든 기수도, 용맹한 말도 없다. 흔들 목마를 타고 노는 어린아이만 있을 뿐이다. 아이들은 성장하기 위해 매일 전투를 벌인다. 좌대 위에 놓인 아이는 전쟁 영웅처럼 포즈를 취하고 있지만, 기념할 만한 승전 업적이 없다. 오직 희망찬 미래만 가지고 있을 뿐. 작가는 아이 기마상을 통해 미래 세대를 찬양하는 듯하다. 세상을 움직이고 변화시키는 건 결국 어른들이 벌이는 전쟁이 아니라 아이들의 상상력과 창의력이라는 것을 일깨우는 작품인 것이다. 입구에 설치돼 있어서인지, 미래를 향해 나아가겠다는 아르켄 미술관의 의지를 담은 상징물처럼 보이기도 했다.

미술관은 건물 전체를 관통하는 사선으로 길게 뻗은 약 150m의 통로를 중심으로 양쪽에 전시장들이 배치되어 있는

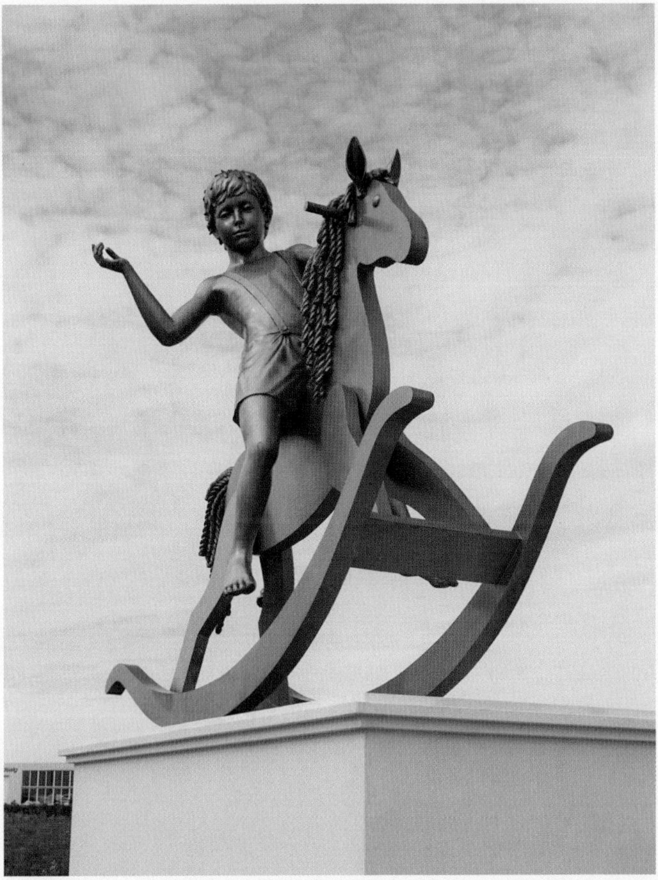

엘름그린 & 드라그셋, <무력한 구조물 101번>, 청동, 392×420×150cm, 2012년, 아르켄 현대미술관

구조다. 전시장마다 층고를 달리하고 천장도 벽도 직선보다는 아치형이나 사선이 많아 일반적인 화이트 큐브와 달리 긴장감과 빠른 호흡이 느껴진다. 루이지애나에서 평화와 여유를 만끽했다면 아르켄에선 논쟁과 혁신의 현대미술이 주는 긴장감과 설렘을 경험할 수 있다.

이곳에서 가장 인기 있는 전시실은 '데이미언 허스트 홀'이다. '영국 미술계의 악동' '악마의 자식' 등으로 불리는 데이미언 허스트는 생존 작가 중 가장 논란이 되는 작가이자 작품값이 가장 비싼 작가이기도 하다. 반으로 절단된 채 방부액이 든 수조에 담긴 소 두 마리, 피부 껍질이 벗겨진 채 순교한 바로톨로메오 성인을 묘사한 청동 조각, 약국 포스터 시리즈, 색색의 균일한 점으로 채워진 대형 점 회화 등 허스트 전시실에 들어서면 그의 논쟁적인 대표작들을 골고루 만날 수 있다.

중국 정부에게 찍힌 블랙리스트 작가이자 사회 비판적인 작품으로 늘 논쟁의 중심이 되는 아이 웨이웨이 작품도 이곳에서 만날 수 있다. 금도금으로 마감한 십이지신 동물 머리 조각상은 1700년대 중국 황실의 분수를 장식했던 조각상을 그대로 재현한 것이다. 황실 분수에 설치되었던 동물 조각상들은 1860년 프랑스와 영국군의 침탈로 세계 도처로 흩어져 사라졌다가 이후 유럽의 경매를 통해 중국으로 되돌아왔다. 아이 웨

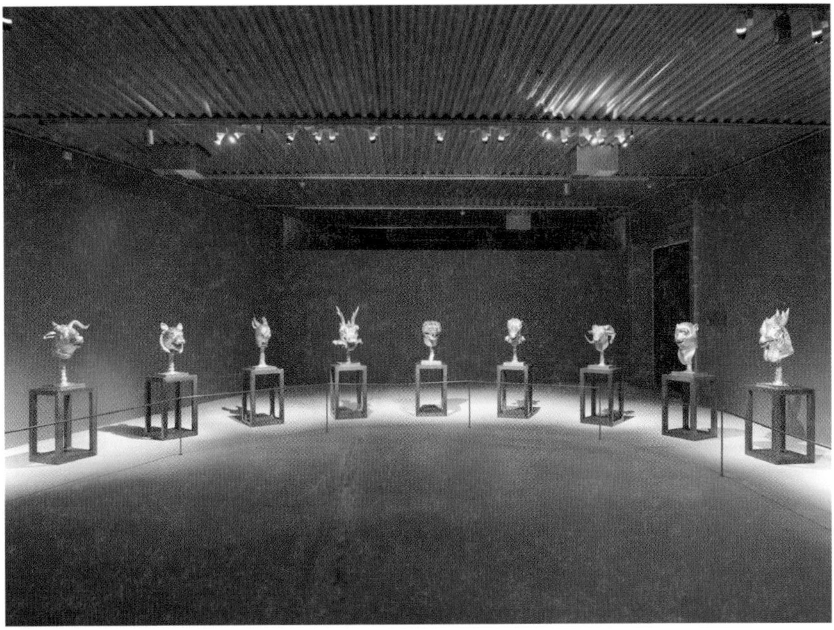

어두운 방 안에 단일로 전시된 <십이지신 머리>의 일부가 보인다.

이웨이가 이 조각들에 관심을 갖는 이유는 이 조각상들이 갖는 문화재적 가치 때문이 아니라 중국인들이 치욕스럽게 생각하는 침탈의 역사를 보여주기 때문이다.

이 밖에도 빛, 바람, 무지개, 태양, 안개 등 비물질적인 요소를 이용해 작업하는 덴마크 출신의 올라푸르 엘리아손, 일상의 사물과 그것의 사회적 가치를 독특한 상상력으로 풀어내는 독일 작가 안젤름 라일레 등 국제 미술계에서 주목받는 작가들의 작품 400여 점이 이 배 안에 거주하고 있다. 이렇게 덴마크의 작은 해변가 미술관에서 우리 시대 가장 핫한 미술가들의 작품을 언제든지 볼 수 있다는 사실이 그저 놀라울 따름이다.

쿤스탈 샤를로텐보르나 루이지애나 현대미술관, 아르켄 현대미술관에는 막대한 건축비를 들인 랜드마크 같은 건물도, 스타 건축가도 없다. 접근성이 떨어져도 세계 곳곳에서 미술관 순례를 온다. 이들 미술관이 매력적인 이유는 역사적인 궁전을 시대정신을 담은 공공의 문화공간으로 변신시키는 사고의 유연성, 미술과 건축, 자연의 조화를 통해 열린 미술관을 지향하는 공공성, 젊은 학생의 파격적인 아이디어도 기꺼이 수용하는 혁신성, 거기에 개성이 뚜렷한 양질의 소장품과 차별화된 전시 철학이 있기 때문일 것이다. 물론 이런 특별한 미술관들이 탄생하고 지속가능할 수 있도록 기증과 후원을 아끼지 않는 많은 이웃과 예술가, 정부와 기업, 개인들이 있다는 것이 덴마크 미술관들의 진짜 숨은 저력일 것이다.

ARKEN Museum of Modern Art
Add. Skovvej 100, 2635 Ishøj, Denmark
Web. www.arken.dk

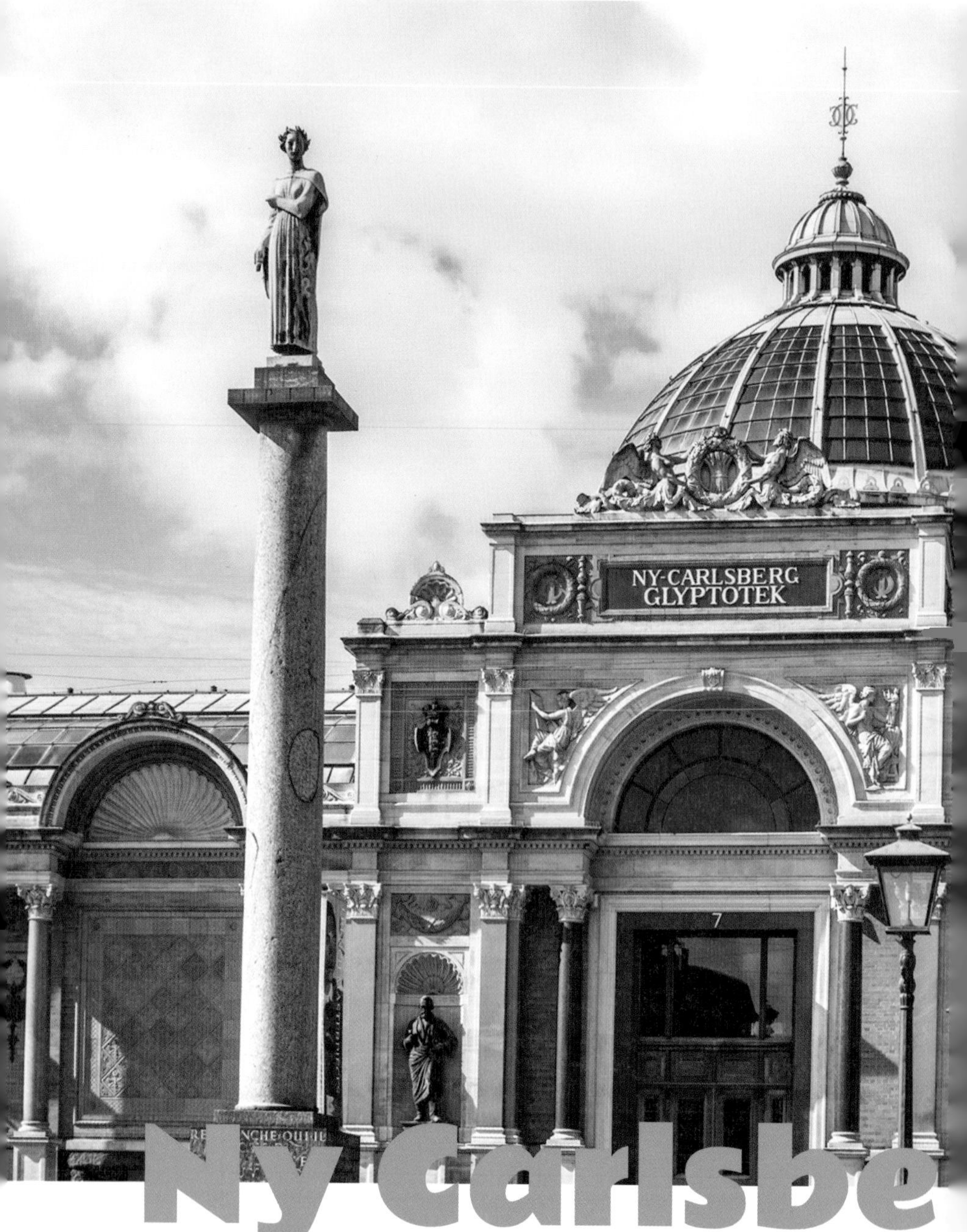

Ny Carlsbe

3대에 이은
미술 사랑

뉘
칼스버그
글립토테크

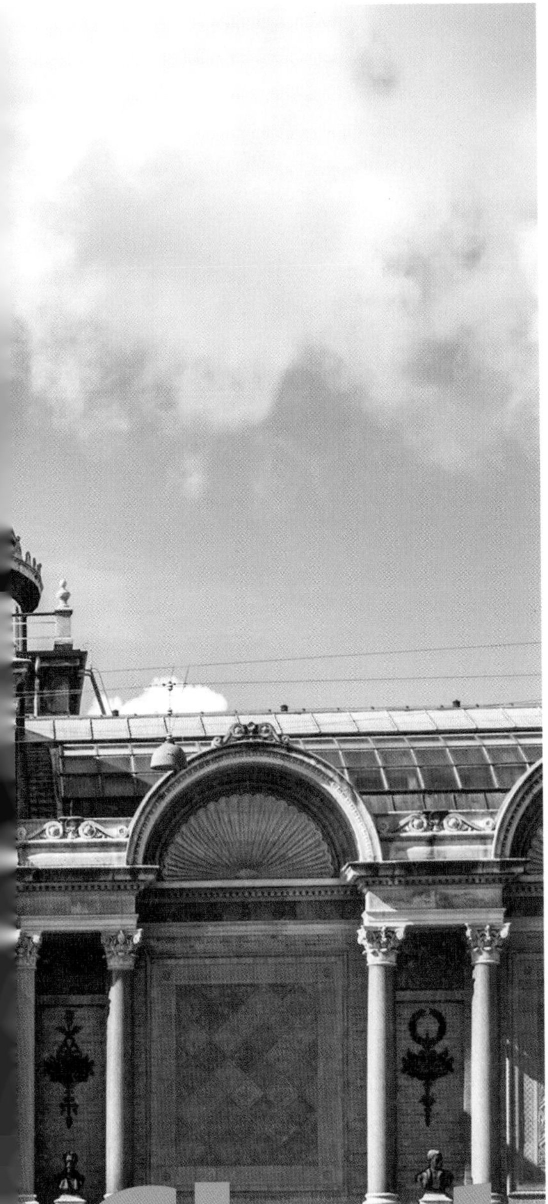

Glyptotek

뉘 칼스버그 글립토테크! 미술관 이름치고는 참 복잡하고 발음도 어렵다는 생각이 든다. 그래도 '칼스버그Carlsberg'라는 단어는 익숙하지 않은가. 맞다. 덴마크를 대표하는 맥주 브랜드 칼스버그의 2대 사장인 카를 야콥센이 설립한 미술관이다. 맥주 이름이 들어가 있다 보니 맥주 박물관인가 싶지만, 이곳은 엄연한 순수미술관이다. 정식 명칭은 뉘 칼스버그 글립토테크지만, 보통 칼스버그 미술관 또는 글립토테크라고 부른다. '뉘Ny'는 덴마크어로 '새롭다New'는 뜻이다.

그렇다면 '글립토테크'는 무슨 뜻일까? 조각을 의미하는 그리스어 '글립토스glyptos'와 전시장을 뜻하는 '테케theke'의 합성어다. 그러니까 조각 전시장이란 뜻이다. 이 이름은 그리스 로마 시대 조각품을 전시하기 위해 1830년 뮌헨에 설립된 글립토테크 미술관에서 따왔다. 카를 야콥센이 뮤지엄 대신 글립토테크라는 이름을 선택한 건 아버지 때부터 모은 소장품 대다수가 조각품이었기 때문이다.

사실 칼스버그는 덴마크를 대표하는 맥주 브랜드일 뿐 아니라 덴마크 문화예술사에서 빠뜨릴 수 없는 역사적 이름이다. 칼스버그를 창업한 J.C. 야콥센은 양조업자의 아들이었다. 독일 바이에른에서 신 양조 기술을 배워 고향으로 돌아온 그는

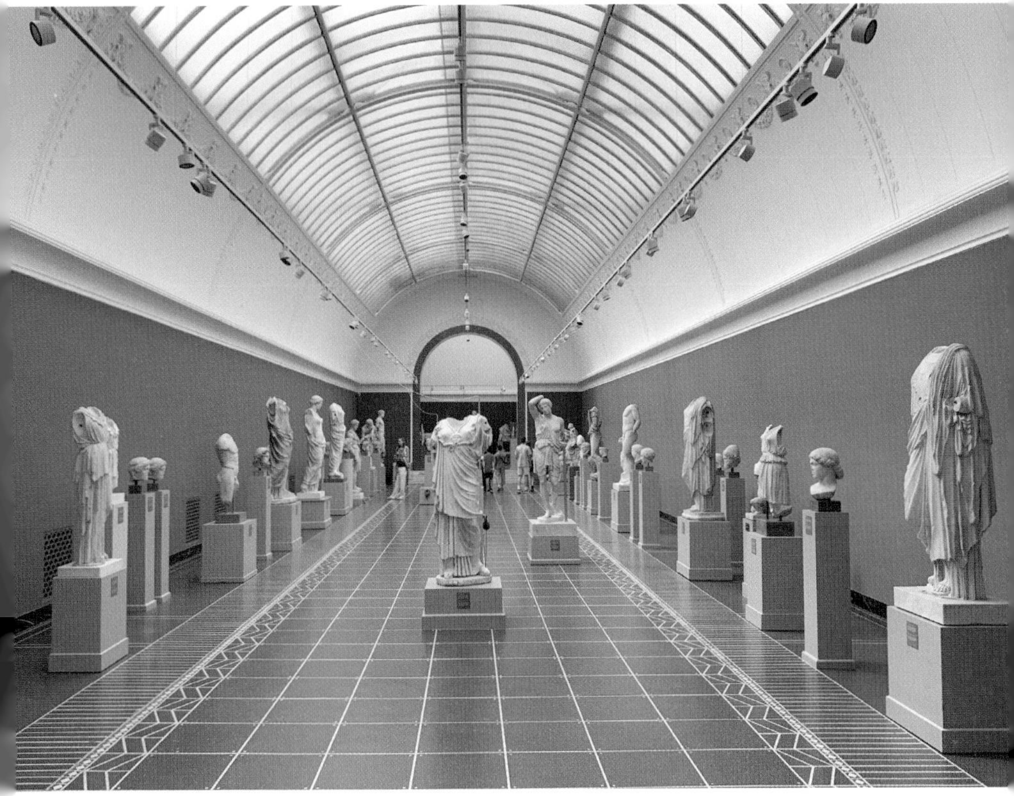

1847년 코펜하겐 중심부의 언덕 위에 새 양조 공장을 지었다. 회사명은 언덕을 뜻하는 덴마크어 '비에르Bjerg'와 자신의 아들 '카를Carl'의 이름을 합쳐 '카를스베르Carlsberg'라고 지었다. '카를의 언덕'이란 뜻으로, 영어로 읽으면 우리에게 익숙한 칼스버그가 된다. 당시 다섯 살이었던 카를도 아버지를 이어 양조업자가 됐고, 나중에 미술품 수집가이자 미술관 설립자가 되었다.

여기까지만 얘기하면 대를 이어 양조업으로 성공했고 문화예술을 사랑하고 후원한 화목한 가족처럼 보이지만, 사실은 전혀 다르다. 이 야콥센 부자는 사이가 너무 나빠서 법정 다툼까지 갔고, 아버지는 자식한테 재산을 한 푼도 물려주지 않았다. 자식은 아버지를 이기기 위해 아버지보다 더 많은 미술품을 수집했다. 역설적이게도 이 미술관은 야콥센 부자의 싸움과 경쟁 덕분에 탄생한 것이다.

야콥센 부자의 싸움과 경쟁의 결과

대체 부자 사이에 무슨 일이 있었던 걸까? 아들 카를도 아버지처럼 외국에서 신 양조 기술을 배우고 돌아왔다. 아버지는 아들에게 새 양조장을 지어주면서, 자신의 양조장에선 기존대로 하면발효 맥주인 라거를 생산하고 아들의 양조장에선 흑맥주나 에일 맥주를 생산하고자 했다. 그러나 아들은 반대했다. 본인도 라거 제조법 전문가였기 때문에 대중적인 라거 생산량을 더 늘려야 한다고 주장했다. 아버지는 맥주 생산 종류를 늘리고 싶었고, 아들은 하나만 전문으로 많이 만들어야 한다고 생각한 거다. 아들은 자기 고집대로 라거 생산량을 계속 늘려서 10년 만에 아버지의 양조장보다 판매량을 앞서게 된다. 이에 화가 난 아버지는 아들 회사의 맥주 생산량을 제한하기 위해 법정에 고발하고, 칼스버그라는 이름도 못 쓰게 했다.

결국 카를은 1882년 다른 회사를 차리고는 이름을 '뉴 칼스버그'라고 지었다. 자연스럽게 아버지의 회사는 '올드 칼스버그'가 되었다. 이렇게 야콥센 부자는 맥주 생산과 상호 때문에 무려 6년 동안이나 법정 다툼을 벌였다. 두 사람의 싸움이 워낙 유명해서 덴마크에서는 드라마로 만들어지기도 했다.

보다 못한 가족들의 중재로 1886년 야콥센 부자는 결국 화해를 했지만 얼마 안 있어 아버지가 세상을 떠난다. 이후 두 개로 나뉘었던 칼스버그는 다시 하나가 되었다. 야콥센 부자는 경영에 있어선 견해가 매우 달라 갈등하고 경쟁했지만 똑 닮은 점도 있었다. 바로 예술에 대한 사랑과 사회 공헌에 대한 생각이었다.

아버지는 사업으로 번 돈을 예술품 수집과 사회 공헌에 썼고 생전에도 기부를 많이 했는데, 세상을 떠날 때는 전 재산을 자신이 세운 공익 재단인 칼스버그 재단에 기부했다. 아들 카를 역시 아버지를 의식해서인지 그보다 더 많은 예술품을 수집하고 더 크게 사회 후원을 했다. 후원마저도 아버지와 경쟁을 한 거다.

야콥센 부자의 싸움과 경쟁 덕분에 코펜하겐의 문화예술 산업은 더 발전할 수 있었다. 덴마크의 상징인 인어공주 동상도, 코펜하겐의 명소인 게피온 분수도 카를 야콥센이 1900년대 초에 기증한 것이다. 이 밖에도 코펜하겐의 공공 다리 건설이나 교회, 궁전 재건축 등에도 앞장서서 기부했다. 지금도 칼스버그의 맥주 판매 수익 일부는 덴마크의 과학발전과 문화예술 후원을 위해 사용되고 있다. 그래서 칼스버그 재단은 일반적인 기업이 아니라 공익 재단이라 할 수 있다. 세계적인 맥주회사뿐 아니라 세 개의 문화 재단, 하나의 연구소, 그리고 두 개의 박물관을 소유하고 있다. 그중 가장 대표적인 곳이 1897년에 문을 연 뉘 칼스버그 글립토테크인 것이다.

겨울 정원을 가진 미술관

글립토테크는 코펜하겐의 심장이라고 할 수 있는 코펜하겐 중앙역 바로 옆에 위치한다. 1843년에 개장한 유서 깊은 테마파크인 티볼리 공원도 길 건너에 있다. 그러니까 역을 이용하거나 티볼리 공원에 가는 사람들은 무조건 이 미술관을 지나게 된다.

돔 지붕을 얹은 미술관은 우아하고 고풍스러운 분위기를 풍긴다. 베네치아 르네상스 양식으로 지어져서 그런지 부유한 이탈리아 귀족의 궁전 같기도 하다. 개선문처럼 생긴 출입구를 지나 내부로 들어섰더니 커다란 정원이 맨 먼저 맞이해주었다. 온실처럼 천장이 유리로 덮여 있어 겨울 정원이라 불린다. 이 정원이 미술관의 중심축이다. 여러 전시장이 'ㄷ' 자 형태로 정원을 둘러싸고 있는 구조다. 정원 한가운데에는 방문객들의 눈길을 끄는 조각상이 놓여 있는데, 덴마크 조각가 카이 닐센Kai Nielsen의 <워터 마더The Water Mother>다.

한데 겨울 정원은 이름과 달리 조각 분수와 야자수로 꾸며져 있어 열대 정원의 모습 같았다. 황금빛 유리 돔을 뚫고 들어오는 자연광이 지중해에서나 만날 수 있는 따뜻한 빛을 발산하

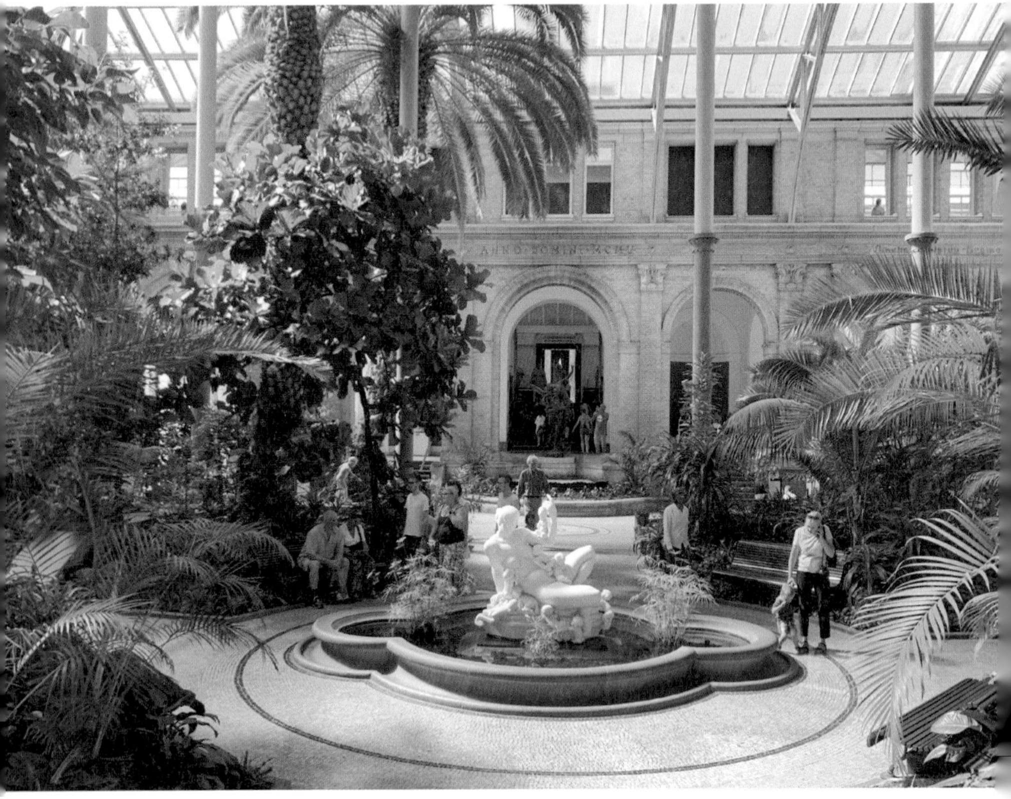

고 있었다. 원래 낮에만 개방하는 미술관으로 설계됐기 때문에 자연광이 천창에서 들어오도록 했다. 나중에 인공조명이 추가되긴 했지만, 여전히 햇빛은 미술관의 공간과 예술작품을 경험하는 데 중요한 역할을 한다.

미술관 본관은 1897년에 완공됐지만 겨울 정원은 1906년에 추가됐다. 카를 야콥센은 개관 연설에서 이 정원을 "미술관의 작품 안으로 들어가는 즐거운 출발점"이라고 소개했다.

그런데 설립자는 왜 미술관 안에 굳이 겨울 정원을 만든 걸까? 원래 카를은 자신의 저택 안에 소장품들을 보관했었다. 그러다 1882년 조각작품을 전시하기 위해 집 마당에 겨울 정원을 지었다. 그게 글립토테크 미술관의 시초였다. 소장품 수가 계속 늘어나자 카를은 집을 여러 차례 확장했다. 나중에는 총 열아홉 개의 갤러리를 두었을 정도로 집은 점점 미술관이 되어갔다. 갤러리는 대부분 건축가 빌헬름 달레루프Vilhelm Dahlerup가 설계했고, 겨울 정원은 하크 캄프만Hack Kampmann이 디자인했다. 이 두 건축가는 나중에 칼스버그 미술관 설계 때도 그대로 투입된다. 우선 달레루프가 미술관의 전체 설계와 겨울 정원 디자인까지 맡았다. 아마도 야콥센이 이 건축가의 르네상스 양식 건축을 무척 좋아했던 것 같다. 개관식 연설에서 그는 겨울 정원을 만든 이유를 이렇게 밝혔다. 평범한 미술관이 아니라 코펜하겐 시민들을 위한 오아시스가 되길 바라는 마음에서였다고.

1만 점을 품은 3인 건축가의 합작품

설립 배경을 알고 나면 사립미술관처럼 보이겠지만, 사실 이곳은 공립미술관이다. 카를은 감당할 수 없을 정도로 소장품이 많아지자 새 미술관 건물의 필요성을 느꼈다. 1888년 결국 모든 소장품을 국가와 코펜하겐시에 기증하는데, 이때 유일하게 내건 조건이 하나 있었다. 바로 작품에 어울리는 미술관 건물도 자신이 함께 기증한다는 거였다. 그랬기 때문에 공공미술관이지만 자신의 소장품을 가장 잘 알고 빛내줄 건축가를 직접 선정해서 설계를 맡길 수 있었던 거다. 코펜하겐시는 그저 땅만 내주고 양질의 작품으로 가득 찬 공공미술관 하나를 얻은 셈인데 어찌 고맙지 않을까.

미술관 건물은 건축된 시기와 스타일이 다른 세 개의 건물로 구성돼 있다. 각각의 건물들은 설계한 건축가의 이름을 따서 달레루프관, 캄프만관, 헤닝 라르센관으로 불린다. 달레루프관은 이곳에서 가장 먼저 지어진 호화로운 르네상스식 건물이다. 이 안에 프랑스와 덴마크의 조각품들이 전시돼 있다. 고전 조각상들이 있는 캄프만관은 이보다 소박한 신고전주의 스타일의 건물이다. 1906년에 추가된 중앙홀은 캄프만관의 중심이다. 삼면이 열주로 되어 있어 고대 로마 신전을 닮았다. 그리스 로마 시대 조각상들을 위해 디자인된 전시장으로 높은 유리천창으로 자연광이 들어와 내부는 활기차고 밝다. 가장 나중에 추가된 헤닝 라르센관은 미니멀한 스타일의 기획전시 공간으로 1996년에 완공됐다. 미술관은 2006년 대대적인 개보수 공사를 진행한 후 현재에 이르고 있다. 그러니까 지금의 모습은 설립 이후 100여 년 동안 있었던 크고 작은 증축 공사의 결과물인 것이다.

이집트 미술에서 인상파 그림까지

이곳에 전시된 작품 대다수는 카를 야콥센의 개인 수집품이자 기증품들이다. 그 수가 약 1만에 이른다. 개인이 1만 점을 수집한다는 건 정말 놀라운 일이다. 1년 365일 매일 한 점씩

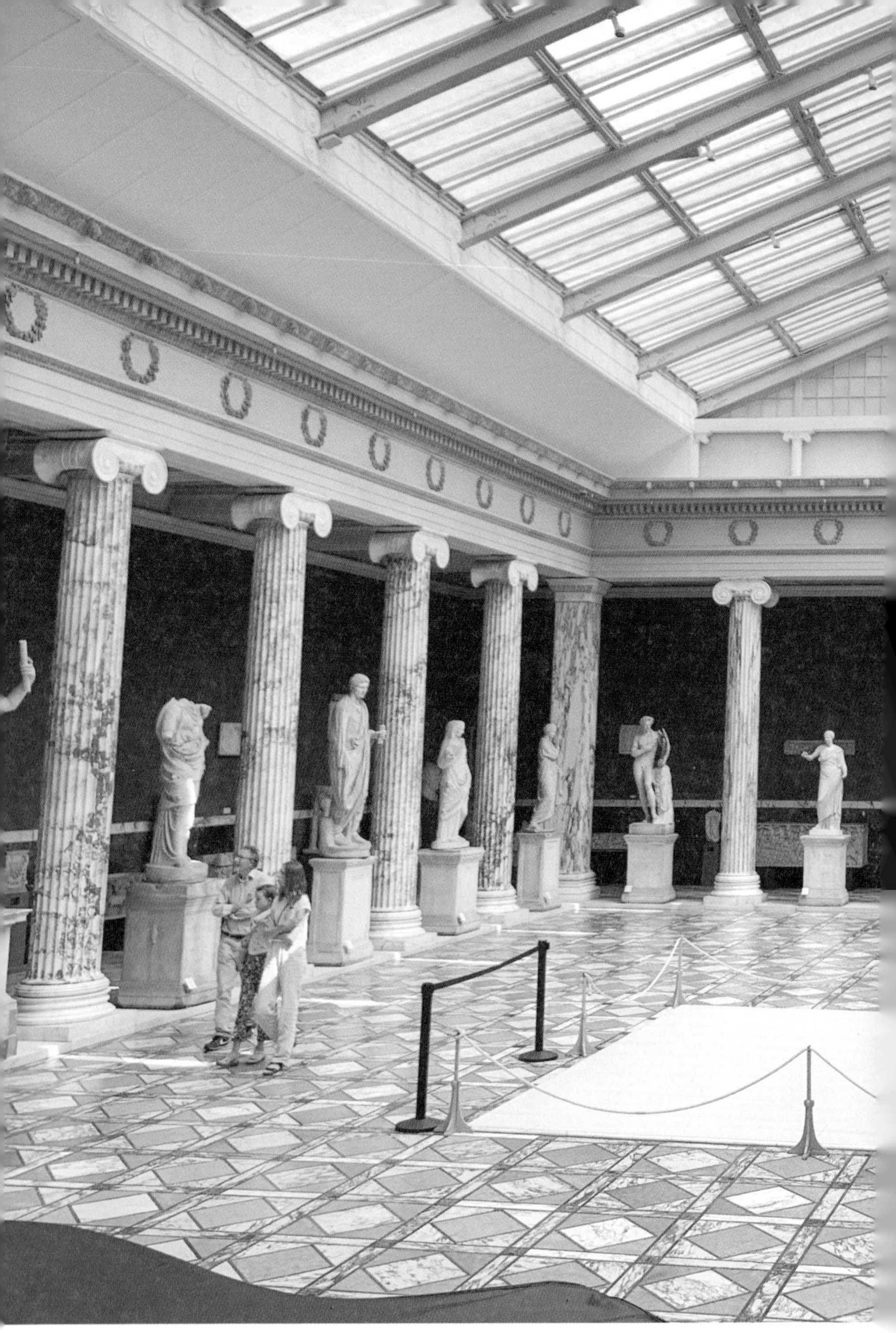

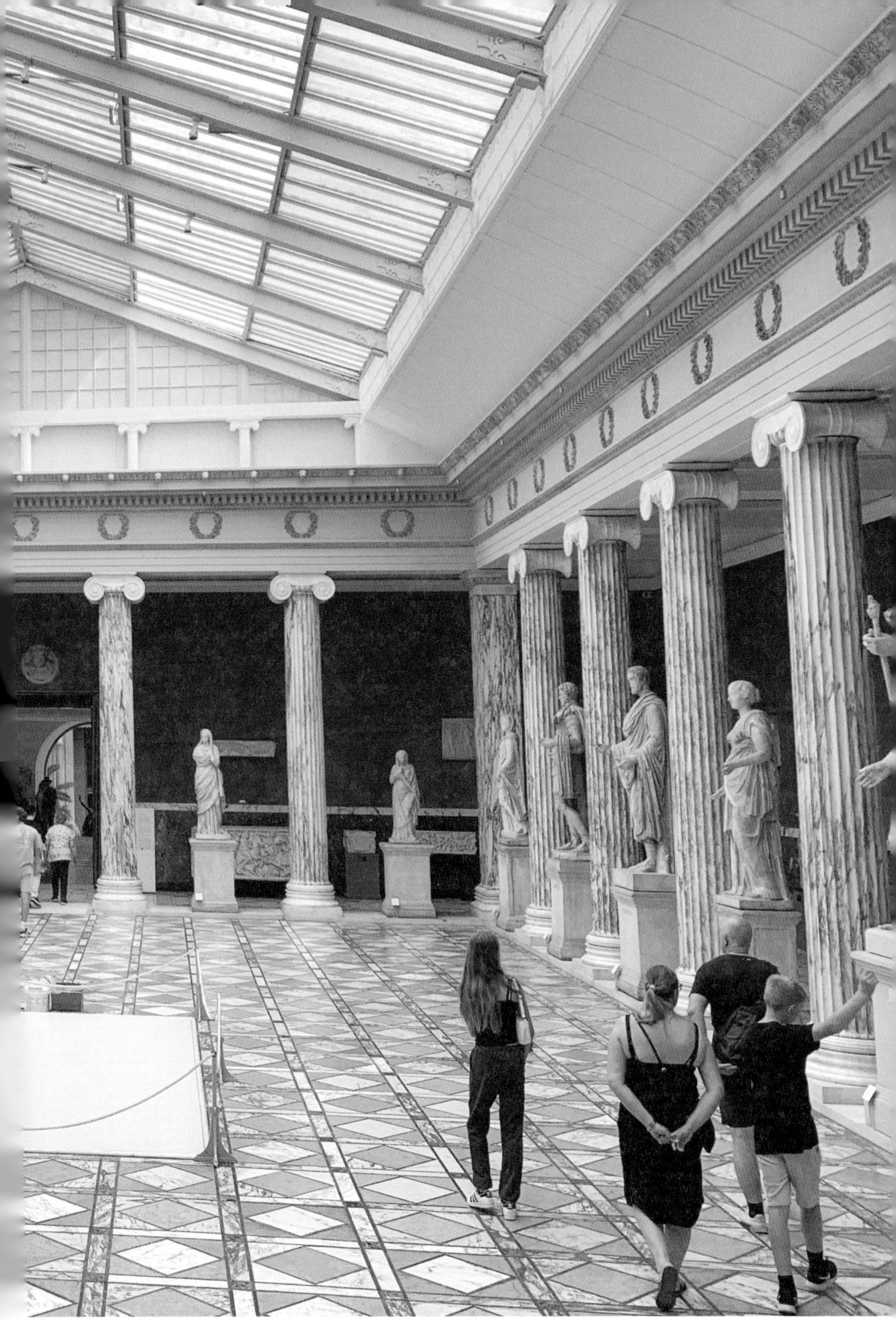

모아도 27년 이상이 걸리니 말이다. 소장품은 이집트 미술을 비롯해 그리스, 로마 조각부터 19세기 근대미술에 이르기까지 폭넓고 다양하다. 이집트 컬렉션도 1,900점이 넘고, 지금의 이탈리아 토스카나 지방에 해당하는 에트루리아 미술품 컬렉션도 950점이 넘는다. 이건 이탈리아 밖 최대 규모로 알려져 있다. 아버지 야콥센은 고대 조각에 관심이 많았지만 아들 카를은 고미술뿐 아니라 근대미술에도 관심이 많아서 근대 조각과 회화도 많이 수집했다.

그런데 카를 야콥센은 어떻게 그렇게 많은 소장품을 모을 수 있었을까? 그는 단순히 작품을 사 모으는 수집가가 아니라 현지에 있는 고고학자나 유물 발굴단을 후원하는 방법으로 작품들을 수집했다. 예를 들면, 독일 고고학자였던 볼프강 헬비히는 로마에서 카를 야콥센의 브로커로 무려 25년 동안 일하면서 현지에서 발굴된 그리스 로마 시대 조각들과 에트루리아 유물들을 코펜하겐으로 보내줬다. 또 20세기 초에는 영국 출신의 이집트 고고학자 피트리가 이끄는 이집트 발굴팀을 전폭적으로 후원해서 이집트 유물들을 많이 소장할 수 있었다. 이곳에 있는 많은 미라도 다 그때 확보한 것이다. 그렇게 해서 기원전 3000년부터 1세기 사이의 이집트 미술과 유물 1,900여 점을 모을 수 있었다.

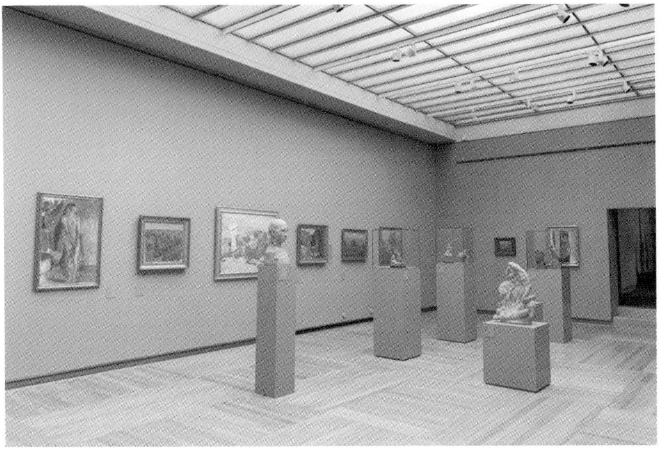

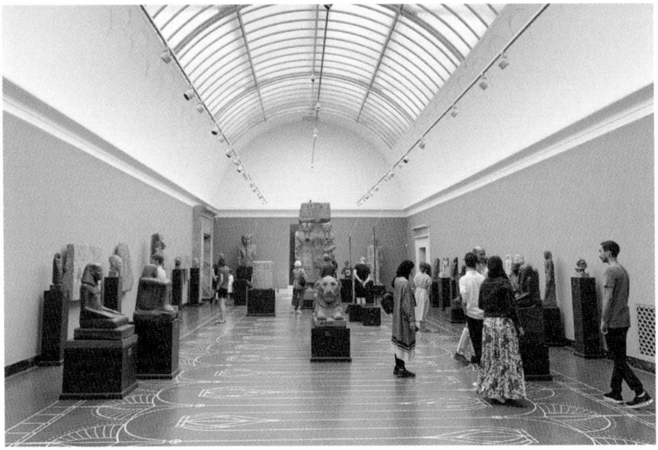

글립토테크는 조각 전문 미술관이기 때문에 고대 조각을 질리도록 볼 수 있다. 미술관 규모 자체도 크지만 전시실마다 고대 조각들을 현대의 설치미술 작품처럼 전시해놨다. 특히 그리스, 로마 조각상들 사이를 걷다 보면 이탈리아에 온 것 같은 착각이 일 정도다.

드가의 발레리나 조각상

고대 조각들이 많은 건 사실이지만 근대 조각작품들도 눈여겨볼 만하다. 프랑스 근대 조각의 아버지로 불리는 로댕의 작품들도 정말 많다. <생각하는 사람> <칼레의 시민>을 포함한 로댕의 대표작으로 구성된 컬렉션은 프랑스 밖에서는 최대 규모로 평가받고 있다. 에드가르 드가의 청동 조각상 컬렉션도 세계 최고로 손꼽힌다. 드가가 남긴 발레 조각상 수십 점이 한 전시장에 대규모로 전시돼 있는 모습을 보면 누구나 깜짝 놀란다. 드가가 이렇게나 많은 조각을 만든 것도 믿기지 않는데, 이 많은 작품이 한곳에 모여 있으니 말이다.

드가는 원래 발레리나를 그린 유화나 파스텔화로 유명하다.

무대 위에서 공연 중인 화려한 모습보다는 무대 뒤나 아니면 연습 중인 무용수의 일상을 포착한 그림을 많이 그렸다. 실제로 드가는 손이 굉장히 빨라서 인체의 움직임을 재빨리 포착하는 데 능했고, 또 카메라를 활용하기도 했다. 하지만 나이가 들어 시력이 급속도로 나빠지게 되었고, 더 이상 모델을 자세히 관찰해 그리기가 힘들어질 때쯤 조각에 입문했다. 사람 몸의 움직임을 물감이 아닌 점토를 통해 손으로 표현하기 시작한 것이다. 1881년 파리에서 열린 제6회 인상주의 전시회에 드가는 <열네 살의 어린 무용수Little Dancer Aged 14>란 제목으로 발레리나 조각상을 처음 선보였다. 마리 반 괴텐이라는 당시 열네 살의 발레리나를 모델로 한 조각이었다. 마리는 가난한 이민자 출신 세탁부의 딸로 열세 살 때 동생과 함께 파리 발레단의 무용학교에 입학한 소녀였다. 1880년대에는 가난한 집 딸들이 발레단에 들어가는 경우가 많았다. 무대 뒤에서 어린 무희들을 지켜볼 수 있었던 부유한 남자 후원자들과 부적절한 관계를 맺어 돈을 버는 것도 흔한 일이었다. 전시에서 조각상을 본 사람들은 경악했다. 드가가 평소에 그려왔던 아름다운 발레리나의 모습과 달리, 가난한 무희의 비참한 현실을 고스란히 드러내고 있었기 때문이다. 조각을 보면 모델이 고개를 뒤로 약간 젖힌 채 가슴을 죽 펴고 두 손은 뒤로 보내고 다리 한쪽을 앞으로 내

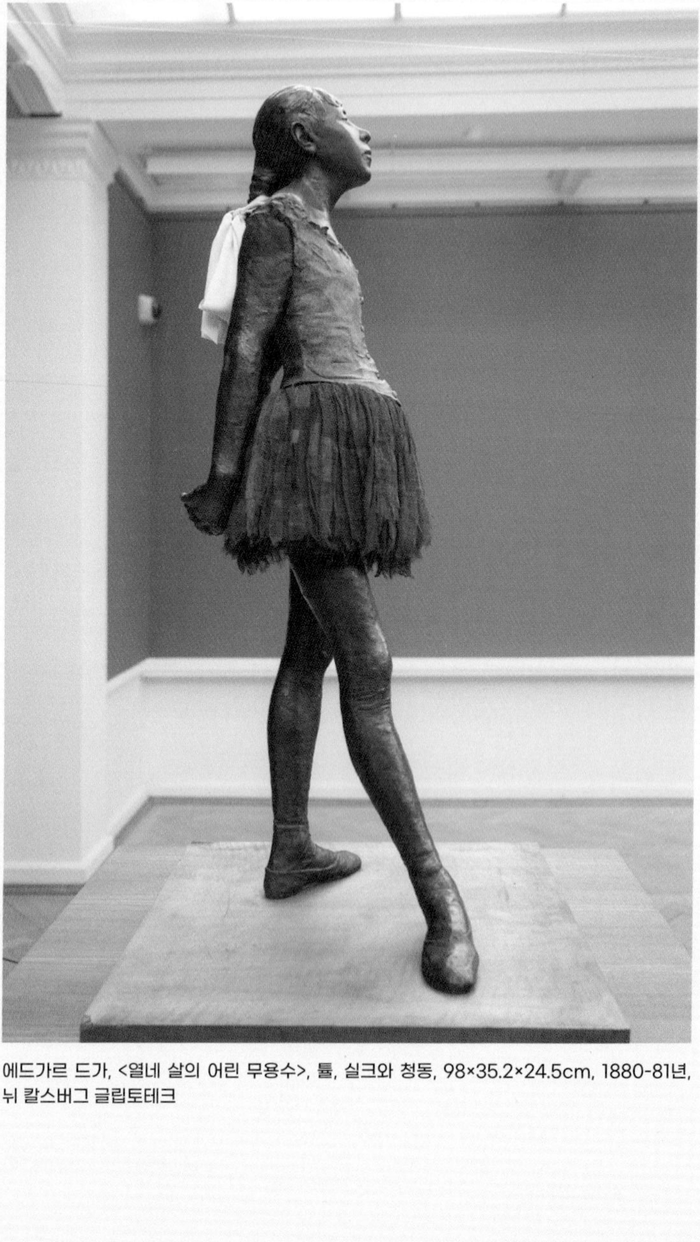

에드가르 드가, <열네 살의 어린 무용수>, 튤, 실크와 청동, 98×35.2×24.5cm, 1880-81년,
뉘 칼스버그 글립토테크

밀고 서 있는 모습이다. 발레리나 얼굴은 무표정하고 눈은 아래로 향하고 있어서 피곤해 보이거나 조금 거만해 보인다. 원치 않는 일을 강요당하는 것처럼 보이기도 한다. 작품을 본 사람들 중엔 진정한 예술이라고 칭송하는 이도 있었지만 대부분 '추한 조각상'이라며 비난을 쏟아냈다. 어떤 평론가는 소녀의 표정이 동물 같다고 욕하기도 했고, 모델이 발레를 시작하기도 전에 벌써 지쳐 보인다거나 부끄러움도 모르고 뻔뻔하게 몸을 앞으로 내밀고 있다며 비판했다.

당시만 해도 예술은 아름다워야 하고, 여성 모델은 수동적인 모습으로 부끄러운 듯이 포즈를 취하는 게 당연하다고 여겨지던 시절이었다. 관객 대부분이 부르주아 남성이었으니까 그들의 기대에 부응하지 못하는 조각이었던 거다. 게다가 조각의 재료도 논란거리가 됐다. 지금 우리가 알고 있는 드가의 발레리나 조각상은 거의 다 청동으로 제작된 거지만, 이건 작가 사후에 재작업한 것이다. 원래 드가는 밀랍으로 만든 조각상 위에 머리카락으로 만든 가발과 실제 발레복을 입혔다. 당시로선 상당히 실험적이었다. 실제 오브제를 미술에 결합시키는 건 20세기 이후 다다이즘 미술에서나 나오는 방식이었다. 그런데 드가는 그걸 1880년대에 시도했으니 당시 사람들에겐 엄청난 충격이었을 거다. 예술로 받아들이기도 힘들었을 테고.

3대에 걸친 노블레스 오블리주의 실천

이 밖에도 글립토테크에는 19세기 프랑스 회화만 따로 모아놓은 전시실이 있다. 이 방에서는 에두아르 마네의 유명한 <막시밀리안 황제의 처형>(1867)과 빈센트 반고흐의 <생레미 풍경>(1889)을 비롯해 클로드 모네, 폴 세잔, 폴 고갱 등 미술사를 빛낸 프랑스 인상주의 화가들의 작품을 대거 만날 수 있다. 고갱 작품만 40점이 넘는 걸로 봐서 아마도 설립자가 고갱을 특별히 좋아하지 않았나 싶다.

이곳이 프랑스 인상주의 미술을 이리 많이 소장하게 된 건 카를 야콥센의 영향도 있지만 그의 아들 헬게 야콥센 덕분이다. 그가 프랑스 인상주의를 좋아해서 인상주의 컬렉션을 집중적으로 키웠기 때문이다. 칼스버그의 창립자였던 야콥센은 고미술 마니아였고, 그의 아들 카를은 고미술 조각 수집가였지만 근대미술까지 영역을 확장했고, 손자인 헬게는 프랑스 근대 회화에 집중 투자를 한 셈이다. 대를 이은 이들의 미술 사랑과 후원이 오늘의 글립토테크 미술관을 탄생시킨 동력이다. 비록 생전에는 다투고 경쟁했지만, 노블레스 오블리주가 무엇인지 대를 이어 보여주고 실천한 가족이다.

글립토테크는 100년에 걸친 증축 공사를 통해 강당, 콘서트홀, 도서관, 교육관, 세미나실, 아트숍 등 다양한 부대시설을 갖춘 국제적인 미술관으로 거듭났다. 가끔 국가나 왕실의 주요 행사가 여기서 열리기도 한다. 그만큼 덴마크가 자랑하는 대표적인 문화기관이란 의미다.

미술관 근처에는 티볼리 공원과 칼스버그 맥주 공장도 있으니 함께 들러봐도 좋다. 신나는 놀이공원과 맥주 한잔의 여유, 거기에 예술 감상까지 더한 일상이라면 나 역시 덴마크 사람들만큼이나 행복할 것 같다는 생각이 들었다.

Ny Carlsberg Glyptotek
Add. Dantes Plads 7, 1556 København, Denmark
Web. glyptoteket.dk

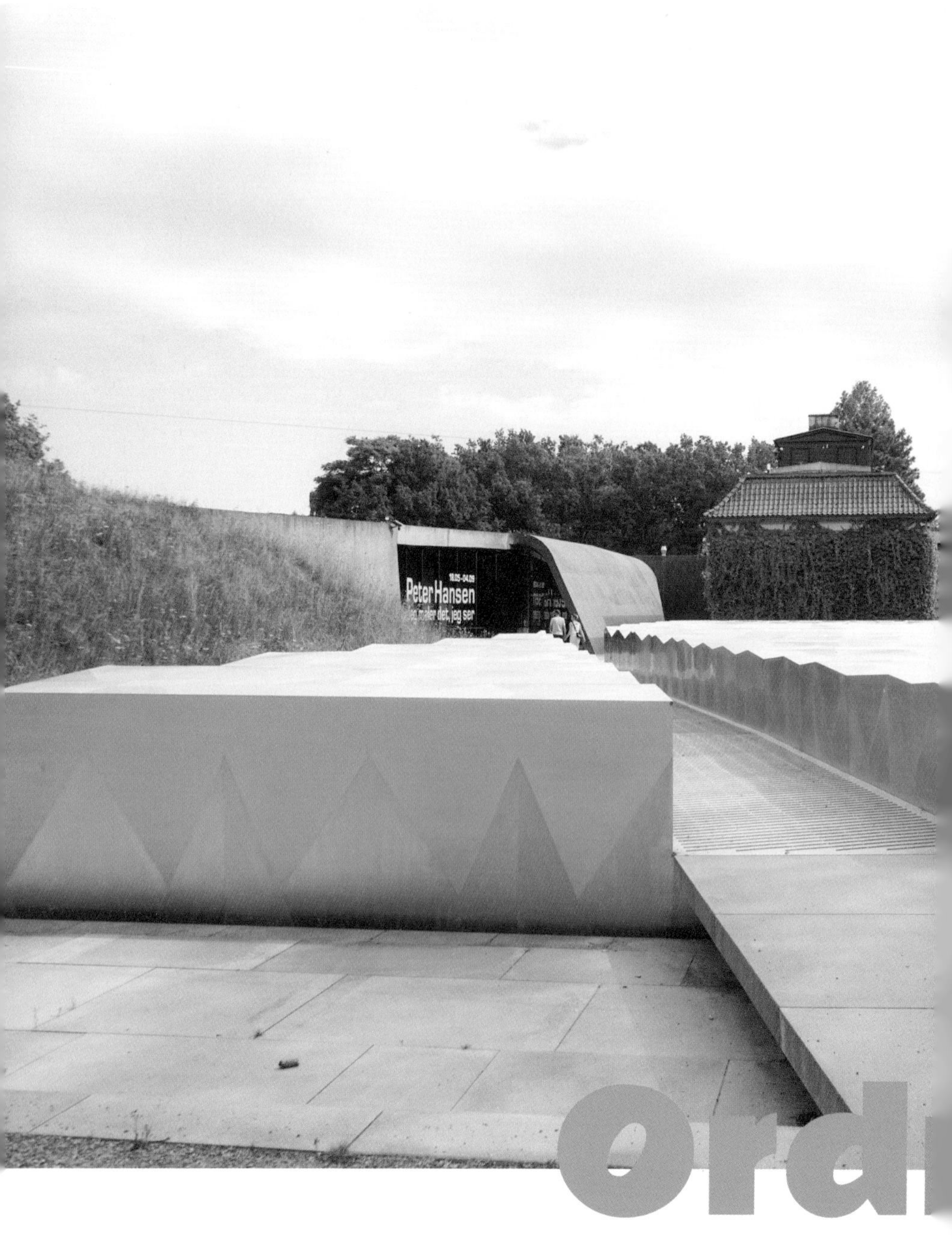
18.05–04.09
Peter Hansen
jeg maler det, jeg ser
ord

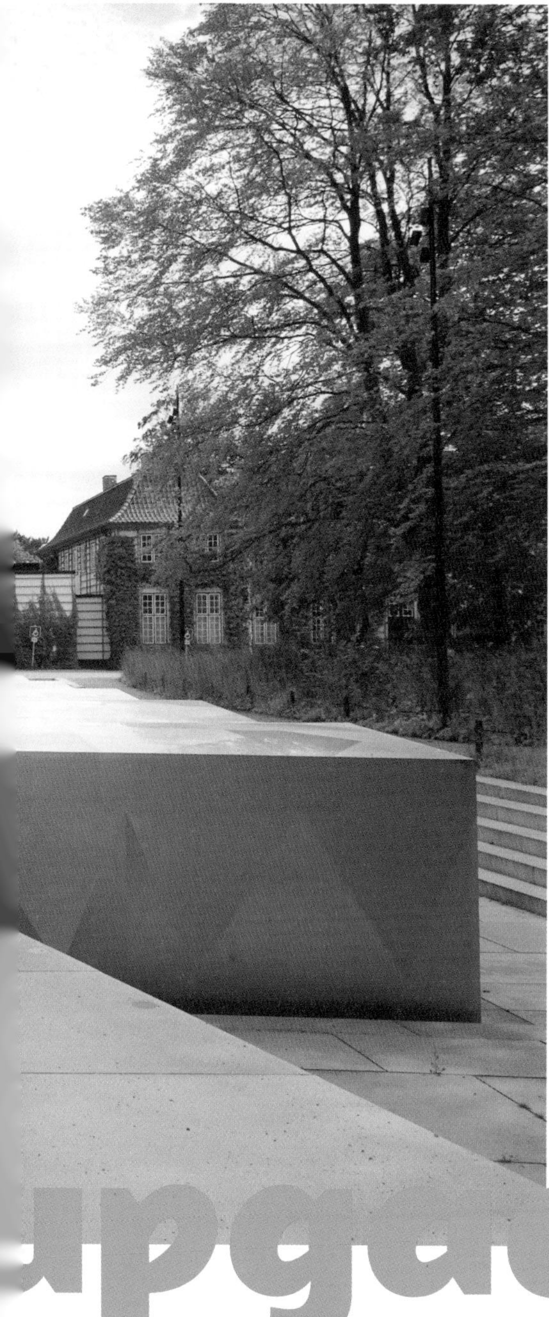

건축 거장
4인의
합작품

오르루프
고르

upgaard

1953년에 개관한 오르루프고르는 덴마크 최초의 현대 미술관이다. 국립미술관인데도 코펜하겐 북쪽 샤를로텐룬 Charlottenlund 지역의 한적한 시골 공원 안에 위치한다. 덴마크 건축과 디자인, 예술의 조화를 보여주는 기능주의 저택 '핀 율 하우스'도 함께 있다. 2005년 세계적 건축 거장 자하 하디드가 증축관을 설계한 데 이어, 노르웨이 건축회사 스뇌헤타가 디자인한 인상파 전시실이 2021년 개관하면서 세계적 주목을 받고 있다. 100년의 시간을 두고 여러 건축 거장들이 함께 빚어낸 자연 속 미술관인 것이다.

코펜하겐 중앙역을 출발한 기차는 북쪽으로 20여 분을 달려 클람펜보르Klampenborg역에 도착했다. 역 앞에서 388번 버스를 타고 10분 정도 달렸더니 미술관 근처에 다다랐다. 이정표가 가리키는 대로 숲속으로 걸어 들어가자 거대한 은색 구조물이 나왔다. 미술관 입구로 향하는 새 진입로다. 건물은 본관과 신관이 'ㅏ' 자형으로 이어진 구조였는데, 오른쪽에는 담쟁이덩굴로 뒤덮인 하얀 빌라 건물이, 왼쪽에는 콘크리트로 된 신관이 있었다. 이라크 출신의 세계적 건축 거장 자하 하디드가 설계한 신관은 2005년에 증축됐다. 붉은 기와를 얹은 운치 있는 본관은 자하 하디드의 세련된 신관과 이질적이면서도 묘하게 어울렸다. 그런데 이 시골에 어떻게 덴마크 최초의 현대 미술관이 생겨난 걸까?

국립미술관이 된
한센 부부의 집

오르루프고르는 원래 사업가이자 미술품 수집가였던 빌헬름과 헤니 한센 부부가 살던 시골 별장이었다. 한센은 코펜하겐 북쪽 오르루프에 매입한 대지 위에 미술관을 겸한 거주지를 짓고자 했다. 건축은 덴마크 건축가 고트프레드 트베데Gotfred Tvede가 맡았다. 영국식 넓은 정원이 딸린 웅장한 신고전주의 양식의 빌라는 2년의 공사 기간을 거쳐 1918년에 완공됐다. 이때까지만 해도 주택의 기능이 컸기 때문에 미술관은 일주일에 한 번 정도 개방됐다.

부부는 처음에 19세기와 20세기 덴마크 미술을 수집하다가 점차 프랑스 인상파 미술로 관심을 옮겼다. 특히 제1차 세계대전 동안, 프랑스 미술을 집중적으로 수집해 미술관의 토대를 마련했다. 그들의 주된 관심사는 인상주의였지만 사실주의나 상징주의, 후기 인상주의 등도 함께 수집했다.

그러다 1922년 주거래 은행이 파산하면서 빌헬름 한센은 막대한 재정 손실을 입었다. 빚을 갚기 위해 프랑스 미술품 82점을 즉각 매각해야 했다. 소장품의 절반이었다. 덴마크 정부가 매입해 주길 바랐지만 거절당했다. 뛰어난 사업가였던 한센은 위기를 잘 극복해냈고, 이듬해부터 새로운 프랑스 미술품을 계속해서 사들여 10년 만에 컬렉션을 복원했다.

1936년 남편이 사망한 후, 헤니 한센은 혼자 저택에 살다 1951년 사망했다. 생전 부부의 뜻에 따라 모든 수집품과 집, 공원이 덴마크 정부에 기증됐다. 2년 후인 1953년 오르루프고르는 국립미술관으로 문을 열었다. 덴마크 최초의 국립현대미술관이 탄생하는 순간이었다.

북유럽 최초의
하디드 건축물

미술관 입구로 들어서면 매표소와 함께 아트숍이 관람객을 가장 먼저 맞이한다. 흑백 대비가 강렬한 인테리어에 북유럽 디자인을 대변하는 듯한 세련된 가구들이 눈에 띈다. 여기가 바로 자하 하디드관Zaha Hadid's Wing이다. 회색 노출콘크리

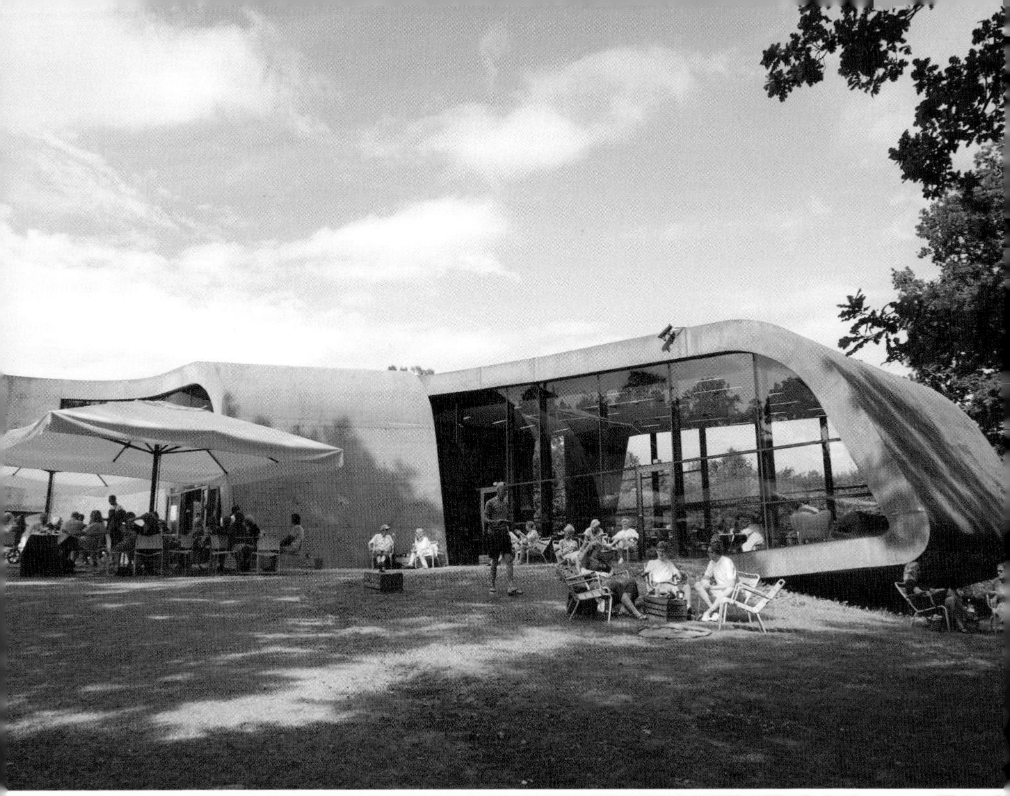

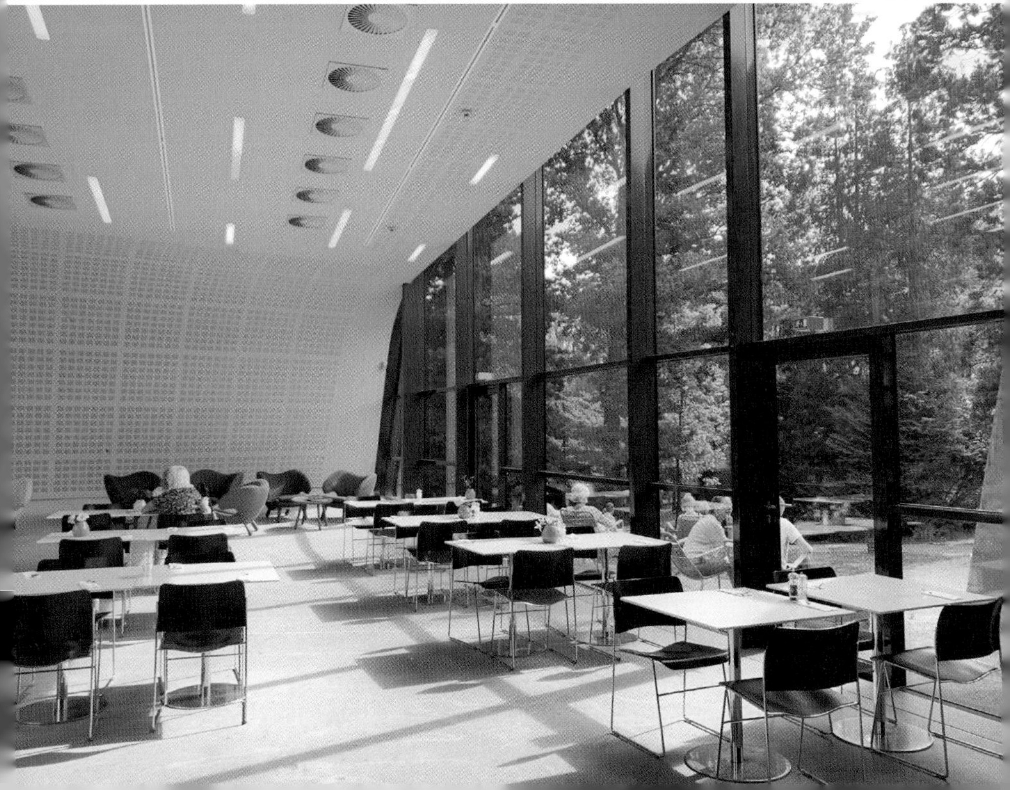

트로 된 긴 복도를 따라 북쪽으로 가면 전망 좋은 미술관 카페가 나온다. 복도뿐 아니라 카페의 한쪽 벽면도 모두 유리로 마감돼 있어 내부에서도 바깥 풍경을 볼 수 있는 열린 건축이다.

검은색 압축 콘크리트와 유리를 주재료로 지어진 증축관은 건물 내외부 모두 곡선의 미를 잘 살렸다. 마치 자연 풍경에서 불쑥 솟아 나온 것처럼 보이는데, 곡선 모양 때문인지 '해변에 쓸려온 고래the beached whale'라는 애칭으로 불린다. 신관은 하디드가 북유럽에서 처음 선보인 건축물이자, 18세기 이후 덴마크에서 외국인이 설계한 첫 번째 주요 건축물이기도 하다.

자하 하디드관에는 기획전시실이 두 개나 있지만 가장 눈에 띄는 건 어린이를 위한 공간이다. 인형의 집 같은 2층 빌라 모형이 세워져 있는데, 실제로 그 안으로 들어갈 수 있어 방문객들의 호기심을 자극한다. 이 역시 작품으로, 덴마크 출신의 아티스트 듀오 란디 & 카트린Randi & Katrine이 공동 제작했다. 1918년에 지어진 오르루프고르 빌라를 어린이 크기로 작게 재현한 것인데, 옛 주인이 살았던 우아한 거실과 방들을 들여다보고 가구도 직접 만질 수 있다 보니, 어린이 관람객들에게 인기 만점이다. 게다가 본관인 빌라 건물로 이어지는 통로 쪽에 위치해서 미술관의 역사성을 상기시키는 역할도 한다.

20세기 트베데의 빌라와
21세기 스뇌헤타의 전시실

트베데가 설계한 빌라는 미술관의 본관이자 덴마크 미술을 위한 집으로 사용되고 있었다. 우거진 담쟁이덩굴과 정면 파사드의 나무 격자 구조물이 주변의 자연과 자연스럽게 연결되어 전체적으로 따뜻하고 편안한 느낌을 준다. 빌라는 세 개의 날개관으로 구성돼 있는데, 가운데 복원실을 중심으로 왼쪽에는 무채색의 실내 풍경화로 유명한 빌헬름 함메르쇠이Vilhelm Hammershøi의 특별전시실이 있고, 오른쪽에는 덴마크 미술 상설전시실이 있다. 크리스토페르 빌헬름 에케르스베르Christoffer Wilhelm Eckersberg, 요한 토마스 룬뷔에Johan Thomas Lundbye, 요하네스 라르센Johannes Larsen 등 덴마크 황금기를 이끌던 작가들의 작품을 이곳에서 만날 수 있다.

가장 최근인 2021년 개장한 스뇌헤타관Snøhetta's Wing은 건물 지하에 위치해 있다. 이곳을 설계한 노르웨이의 유명 디자인 건축 스튜디오 스뇌헤타의 이름을 딴 전시 공간이다. 스뇌헤타관은 오르루프고르의 심장과 같다. 한센 부부가 공들여 수집했던 프랑스 인상주의 미술을 위한 특별전시실이기 때문이다. 알프레드 시슬레, 클로드 모네, 오귀스트 르누아르, 폴 세잔

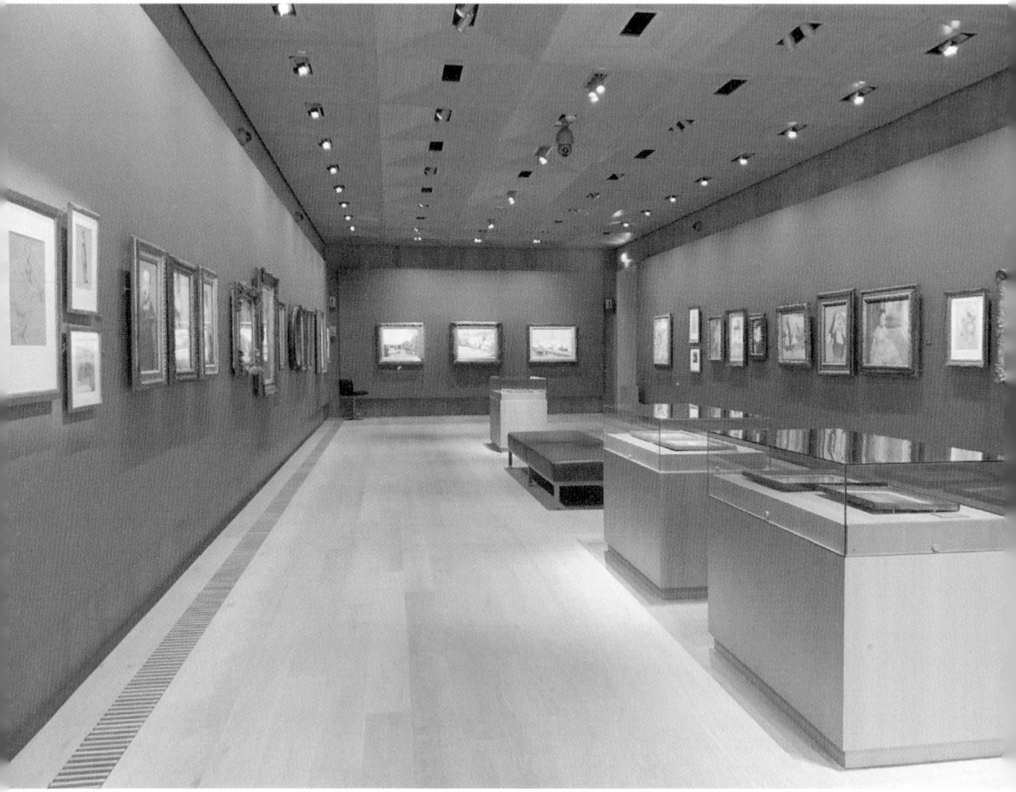

인상주의 미술이 전시된 스뇌헤타관

등 주옥같은 프랑스 인상주의 미술의 걸작들을 만날 수 있다. 입구에서 봤던 은색의 철제 구조물이 사실은 이 증축관의 지붕이다.

놀이터 같은 조각 공원, 예술 같은 핀 율 하우스

야외 조각 공원도 빼놓을 수 없는 명소다. 꽃과 나무가 무성한 정원은 한때 한센 가족의 화원이자 채소 정원이었으나 지금은 모두의 공원이 되었다. 올라푸르 엘리아손, 토마스 사라세노 등 세계적인 작가들의 개성 넘치는 작품으로 꾸며진 공원에는 만지고 타고 오를 수 있는 조각들이 많아 아이들의 놀이터 같다. 여기까지만 봐도 충분할 테지만, 공원 바로 옆에 있는 핀 율 하우스까지 봐야 비로소 미술관 관람이 끝난다. 덴마크가 자랑하는 건축가이자 디자이너인 핀 율Finn Juhl은 30세가 되던 1942년 이곳에 땅을 사서 자신이 살 집을 지었다. 집뿐 아니라 실내 인테리어와 가구도 직접 디자인하고 집에 어울리는 그림들도 배치했다. 핀 율은 1989년 사망할 때까지 이곳에서 살았다. 이후 이 집과 가구의 새 소유주가 된 비르기트 페데르센이

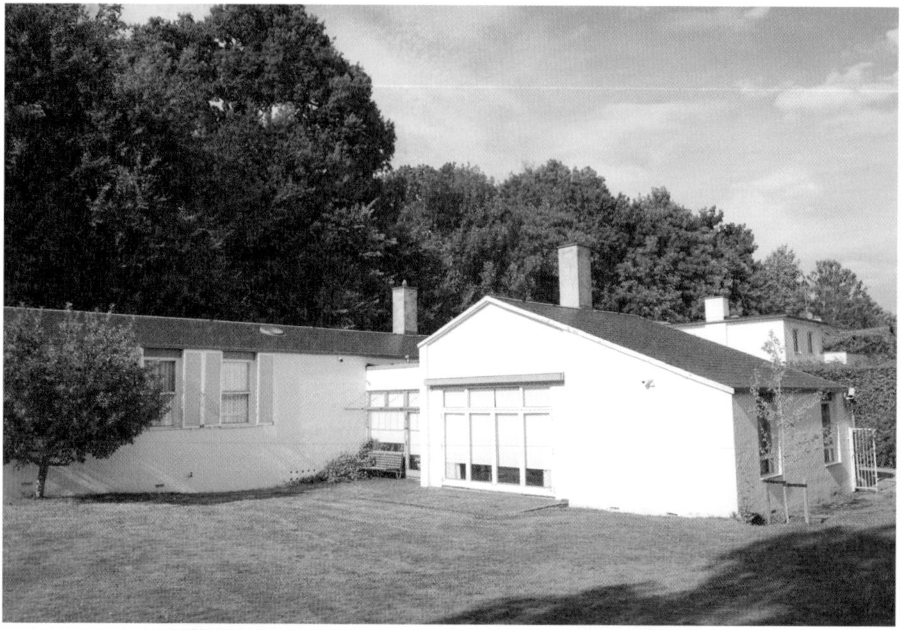

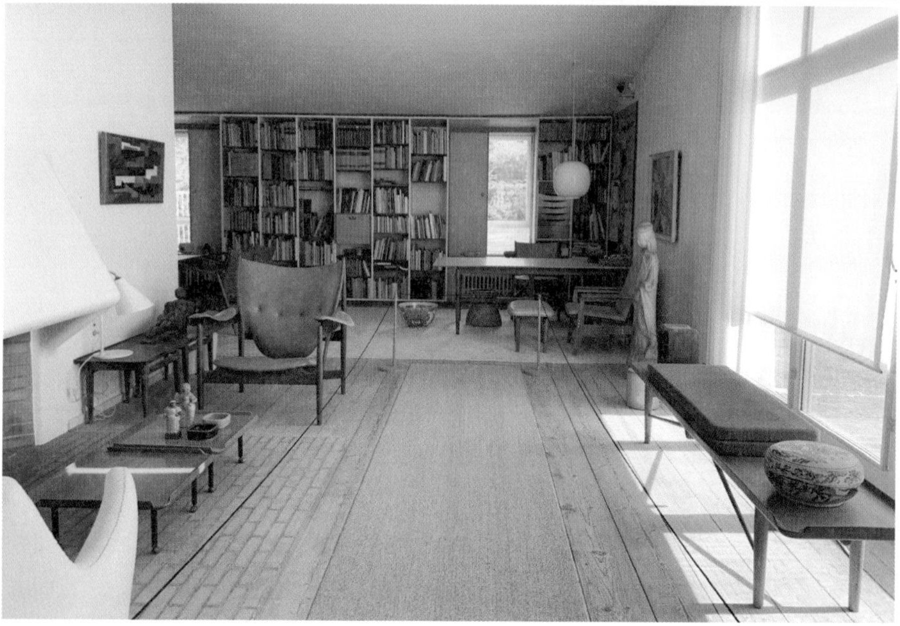

국가에 기증하면서 핀 율 하우스는 2008년 4월 오르루프고르의 별관으로 문을 열었다. 핀 율 하우스는 건축과 디자인, 예술의 조화를 보여주는 덴마크 최초의 기능주의 단독주택 중 하나로 지금도 덴마크 인테리어의 아이콘이라 할 수 있다.

이렇게 오르루프고르는 건축만으로도 충분히 방문 가치가 있다. 고트프레드 트베데부터 핀 율, 자하 하디드, 스뇌헤타까지 4인의 건축 거장들이 100년의 시간을 두고 빚어낸 합작품이다. 각각의 건축 양식은 신고전주의, 해체주의, 기능주의 등으로 특징지어지지만 공통점은 자연과의 조화다. 게다가 북유럽에서 가장 뛰어난 덴마크 미술과 인상주의 컬렉션, 조각 공원까지 갖추고 있다. 미술관을 나오면서 이런 생각을 했다. 관객을 위해 끊임없이 변신하는 오르루프고르는 자연과 건축, 예술과 디자인이 조화로운 덴마크식 종합선물세트 같다고.

Ordrupgaard
Add. Vilvordevej 110, 2920 Charlottenlund, Denmark
Web. ordrupgaard.dk

⊕ Plus Page

덴마크 미술의 자존심
덴마크 국립미술관

Add. Sølvgade 48-50, 1307 København K, Denmark
Web. www.smk.dk

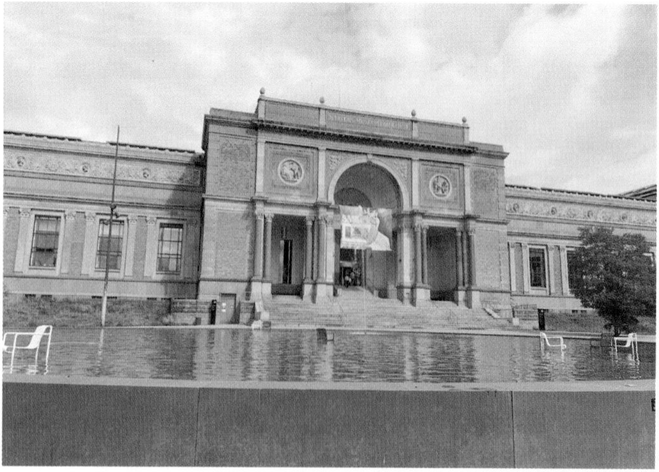

Statens Museum for Kunst(SMK)

1896년 개관한 덴마크 최대 규모의 국립미술관이다. 이탈리아 르네상스 부흥 시기 양식으로 지어진 건물은 당시 덴마크의 주요 빌딩들을 디자인한 빌헬름 달레루프가 G.E.W. 묄레르G.E.W. Møller와 함께 설계했다. 현재의 건물은 초기 건물인 구관과 1993년 증축된 신관으로 구성돼 있다. 신관과 구관은 조각 전시장으로 사용되는 '조각의 거리'로 연결되고, 그 거리 양 끝에는 극장과 어린이를 위한 워크숍 공간이 있다. 소장품은 14세기부터 현재까지 덴마크 미술과 서유럽 중심 예술품으로, 9,000점의 회화와 조각, 24만 점의 드로잉 및 판화, 고대부터 중세, 르네상스의 인물 석고 모형 2,600점 등으로 이루어져 있다.

국립미술관 소장품의 역사는 역대 군주들의 예술 수집품을 모은 방인 '쿤스트캄머'에서 시작됐다. 1750년경 왕실의 소장품 관리자였던 독일인 게르하르트 모렐이 프레데리크 5세에게 별도의 회화 컬렉션을 만들 것을 제안했고, 국왕은 다른 유럽 왕실이나 귀족들의 컬렉션에 뒤지지 않기 위해 이탈리아, 독일, 네덜란드의 회화를 대거 사들였다. 17세기 플랑드르와 네덜란드 미술 컬렉션이 탄탄한 이유다. 그렇게 수집된 소장품들은 크리스티안스보르 궁전에 보관돼 있다가 1896년 새 박물관이 지어지면서 이곳으로 옮겨왔다.

⊕ **Plus Page**

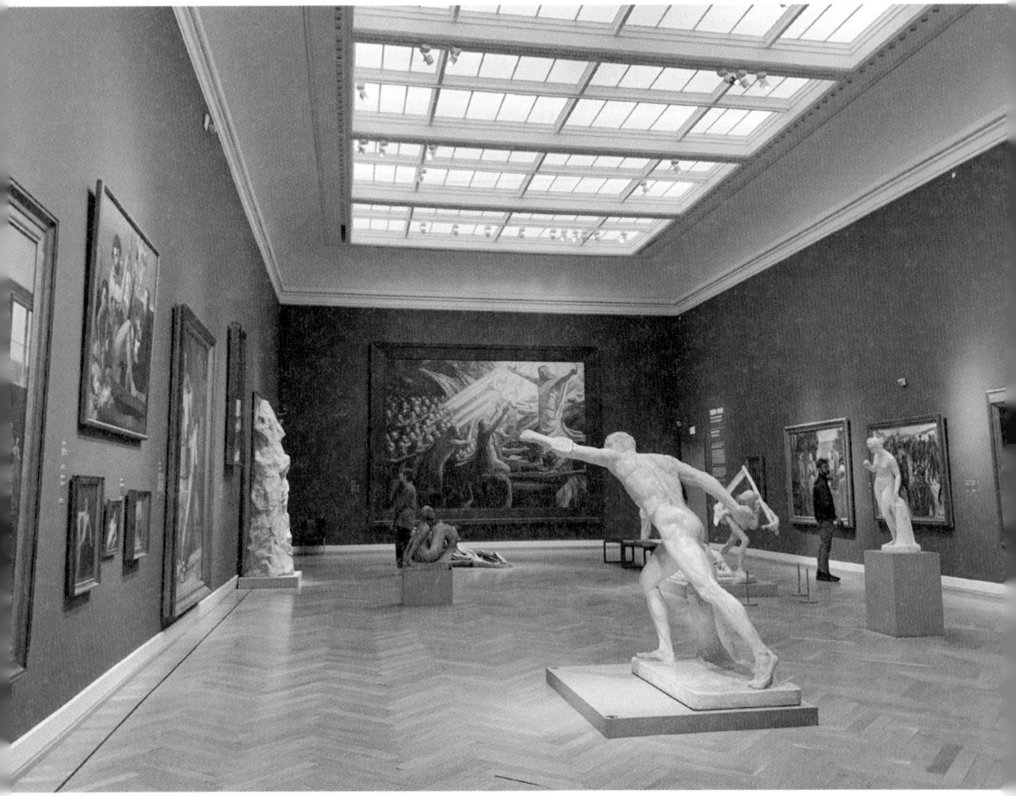

Statens Museum for Kunst(SMK)

덴마크 미술은 1754년 덴마크 왕립예술아카데미가 설립되면서 초석을 다졌고, 1800년대에 예술의 황금기를 누렸다. 그 때문에 19세기 덴마크 미술을 많이 소장하고 있다. 외국 작품 중에는 1900년부터 1930년 사이 제작된 프랑스 미술이 유독 많은데, 이는 1928년 덴마크의 정치인이자 미술품 컬렉터였던 요하네스 룸프Johannes Rump가 자신의 소장품을 대거 기증한 덕분이다. 앙리 마티스, 앙드레 드랭, 아메데오 모딜리아니, 조르주 루오, 조르주 브라크, 페르낭 레제 등의 작품을 만날 수 있다. 특히 앙리 마티스의 작품이 많다. 야수파 양식을 대변하는 <마티스 부인의 초상>부터 <바이올린이 있는 실내> <하얀 스카프를 두른 누드> 등이 전시돼 있다.

덴마크 국립미술관은 혁신적인 한국 현대미술가들의 전시를 열기도 한다. 1996년 백남준이 코펜하겐에 수개월간 머물며 제작했던 로봇 조각들을 구입해 전시했고, 2022년에는 양혜규의 대규모 개인전을 열어 주목받았다.

⊕ Plus Page

혁신적인 현대미술의 집결지
코펜하겐 컨템포러리

Add. Refshalevej 173A, 1432 København, Denmark
Web. copenhagencontemporary.org

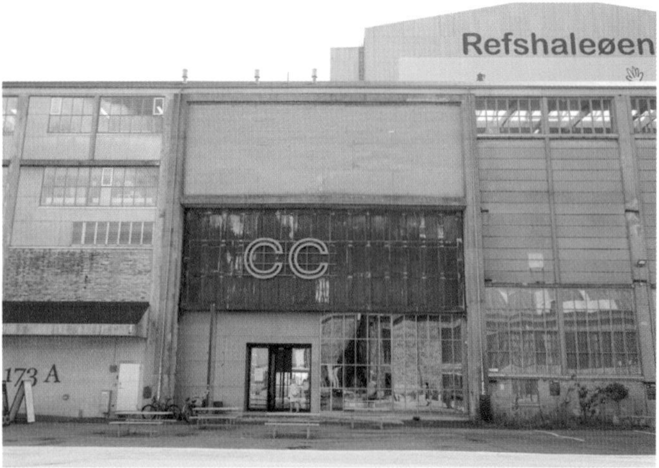

Copenhagen Contemporary(CC)

코펜하겐 시내에서 5km 정도 떨어진 레프스할레외엔Refshaleøen 섬에 위치한 아름다운 바다 전망의 문화공간이다. CC로 불리는 이곳은 세계적으로 유명한 스타 예술가들과 떠오르는 신진 작가들의 대형 설치 작품을 선보이는 국제 아트센터다. 라이트 아트, 비디오 아트, 퍼포먼스, 대형 설치 작품 등 관객과 상호 작용하거나 관객이 작품 안으로 직접 들어가서 경험하고 느낄 수 있는 첨단의 현대미술을 주기적으로 선보인다. 그동안 제임스 터렐, 브루스 나우먼, 오노 요코, 피에르 위그, 빌 비올라, 안젤름 키퍼, 도나 후앙카, 카르스텐 휠러 등이 초대돼 전시를 열었다.

외관만 보면 허름한 공장 건물 같은데, 실제로도 용접 작업장이 있는 공장 건물을 개조해 만들었다. 총 7,000m² 건물의 리모델링 설계는 건축가 도르테 만드루프Dorte Mandrup가 맡았다.

CC가 위치한 레프스할레외엔섬은 1872년부터 1996년까지 B&W로 잘 알려진 조선소 부르마이스터 & 바인Burmeister & Wain의 본거지가 있던 공장 지대였다. B&W는 전성기 시절 덴마크에서 가장 큰 기업이었기 때문에 이곳 섬은 덴마크 산업 역사의 아이콘으로 여겨진다. 공장 시절에는 일반인 출입이 엄격하게 금지됐지만 이제는 코펜하겐에서 가장 흥미롭고 새로운 문화명소로 다시 태어났다. 내부는

⊕ Plus Page

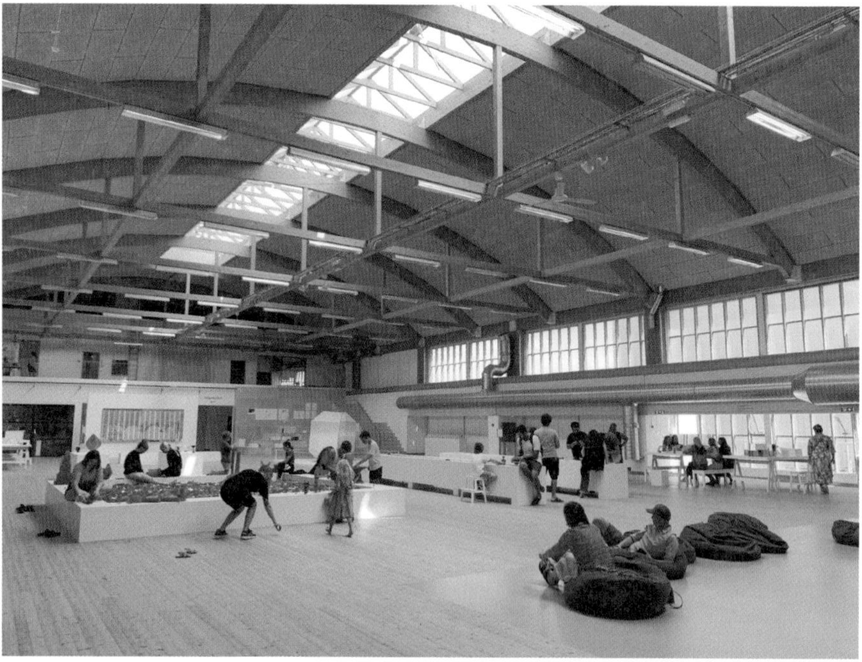

Copenhagen Contemporary(CC)

로비에서부터 3층까지 총 다섯 개의 홀로 구성돼 있고, 여러 전시가 동시에 열리는 게 특징이다. 천장이 높은 대형 전시장에서 유명한 현대미술가들의 대형 설치 작품을 관람할 수 있을 뿐 아니라 다양한 이벤트와 교육 프로그램에도 참여할 수 있다.

1층에 있는 미술관 카페 코니 코니Connie Connie도 인기 있는 명소다. 바닥부터 벽까지 초록색인 내부 공간 디자인은 덴마크 유명 가구 스튜디오 타블로Tableau와 호주 출신 디자이너 아리 프라세티아Ari Prasetya가 맡았다. 이들의 진두지휘 아래 스물네 명의 디자이너들과 협업해 만든 각양각색의 의자들이 눈길을 끈다. 모두 쓰고 버려진 나무들을 재활용해 만들었는데도 하나같이 세련되고 예쁘다. 덴마크 바닥재 브랜드 디네센Dinesen에서 판자를 생산하고 남은 조각들을 제공했다. 다양한 샌드위치와 케이크류가 이곳의 인기 메뉴다.

전시장 주변에는 미식가들이 찾는 고급 레스토랑과 사우나, 베이커리뿐 아니라 스포츠 액티비티 체험장과 벼룩시장 및 세계 각국의 음식을 맛볼 수 있는 푸드 마켓도 있어 주말에는 많은 사람으로 붐빈다. 쾌적한 관람을 원한다면 평일 오전이나 오후 9시까지 문을 여는 목요일 저녁에 가는 것이 좋다.

3

스웨덴
Sweden

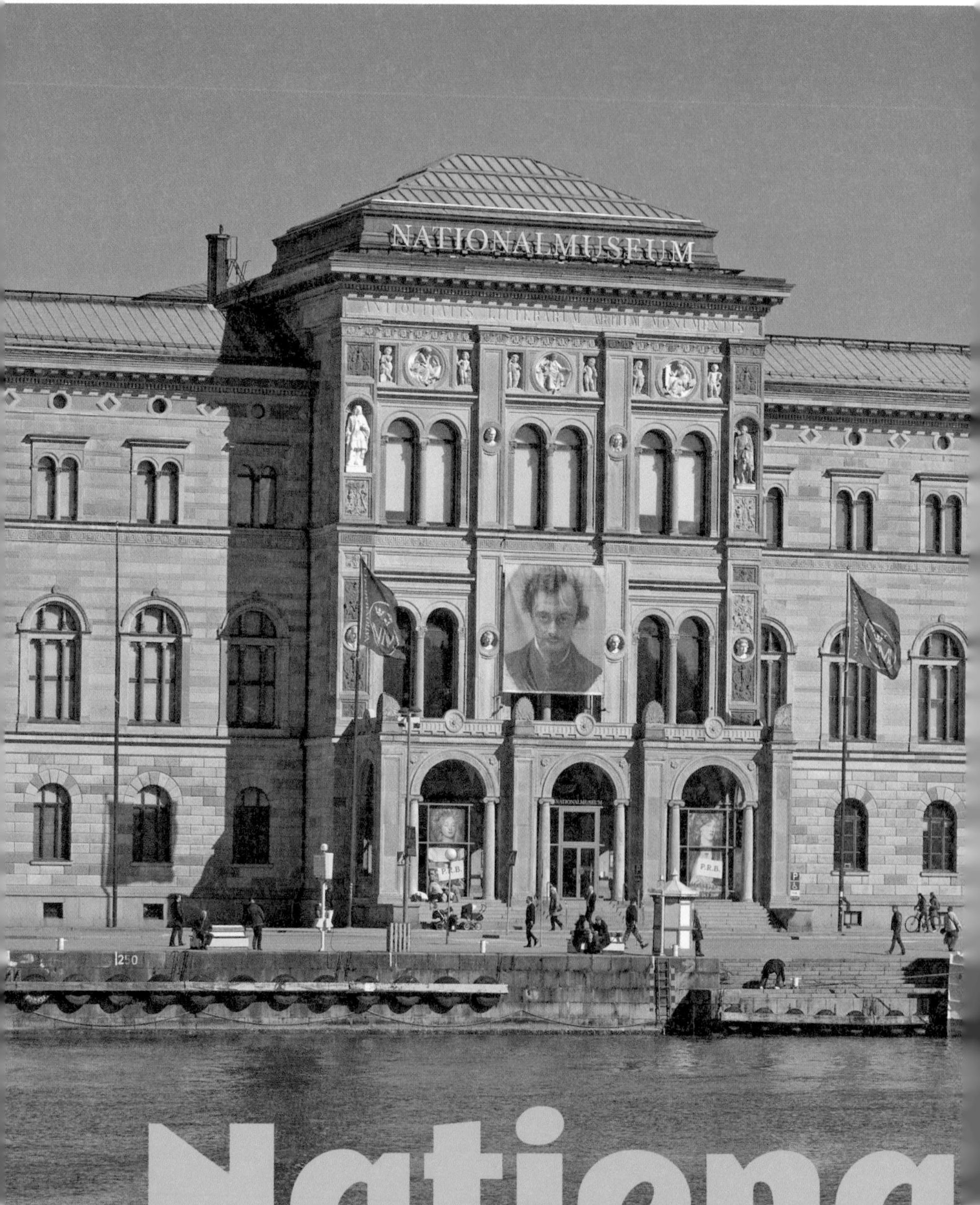

Nationa

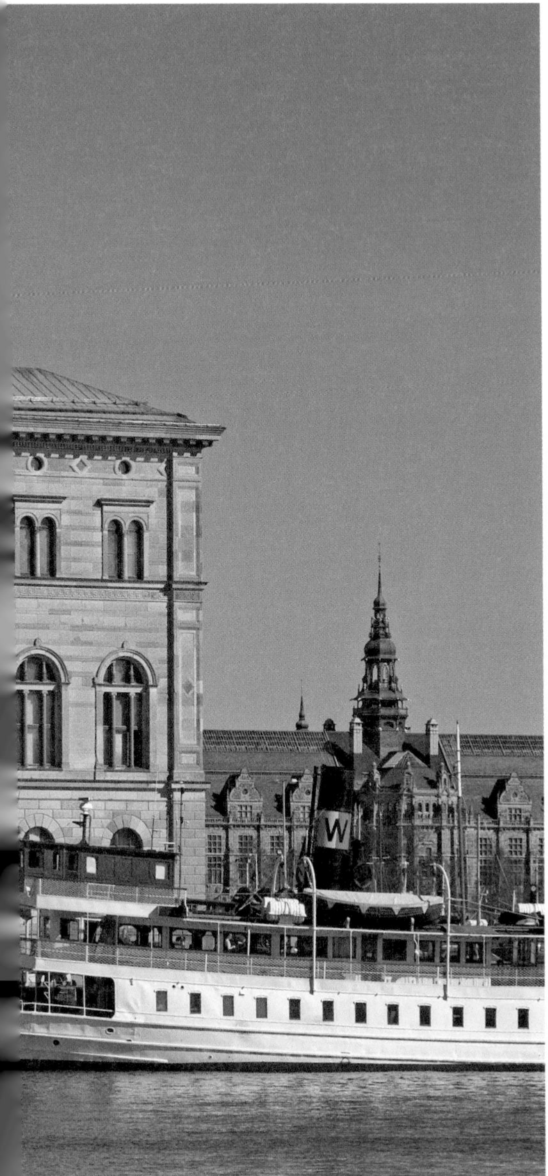

북유럽 미술과
디자인의
모든 것

스웨덴
국립미술관

museum

복지 천국, 북유럽 디자인의 메카, 스타트업 강국, 노벨상의 나라, 세계 최초의 페미니스트 정부를 가진 나라 등 스웨덴을 수식하는 단어는 참으로 다양하다. 수도 스톡홀름은 '북구의 베네치아'로 불릴 만큼 풍경도 아름답다. 또 과거와 현재가 절묘하게 공존하는 도시이기도 하다. 13세기에 지어진 왕궁과 대성당이 있는 구시가지 감라스탄Gamla Stan을 걷다 보면 타임머신을 타고 중세 도시에 와 있는 느낌이 들다가도 신시가지 외스테르말름Östermalm을 가면 트렌디한 숍과 카페, 건축물이 즐비해 스웨덴 문화의 오늘을 만끽할 수 있다. 북유럽 최고의 미술관으로 손꼽히는 스웨덴 국립미술관은 바로 이곳 신시가지 중심부에 위치해 있다.

2019년 여름, 스톡홀름에 도착하자마자 국립미술관부터 찾았다. 장장 5년에 걸쳐 개조한 국립미술관의 모습이 궁금했기 때문이다. 개발이 일찍 시작될수록 노화도 빠른 법. 1866년 완공된 국립미술관은 개관 당시 유럽에서 가장 아름답고 현대적인 뮤지엄 중 하나였다. 하지만 150년이 지나자 낙후된 시설로 전락해 세계적 수준의 컬렉션을 보여주기에 역부족이었다. 스웨덴 정부는 과감한 결정을 내렸다. 2013년부터 5년 동안 아예 문을 닫고 대대적인 개조 작업을 하기로 한 것이다. 국립기관이 5년간 휴관하는 건 이례적인 일이었다. 19세기 건물을 21세기에 맞게 고치는 것이 그만큼 어렵고 신중한 일이었다는 반증이다.

미술관 앞에 도착하자 바로 앞 운하에는 요트가 한가롭게 떠다니고 있었다. 스웨덴 최대 규모를 자랑하는 국립미술관은 르네상스 양식으로 지어진 3층짜리 밝은 석조 건물이다. 독일 건축가 프리드리히 아우구스트 슈틸러Friedrich August Stüler의 설계로 1844년부터 무려 22년 동안 심혈을 기울여 지어졌다. 슈틸러는 베를린 신 박물관을 설계한 당대 유럽 최고의 건축가였다. 근엄한 대칭 구조에 커다란 아치형 창문들, 신전을 떠올리게 하는 출입구 기둥들까지, 미술관은 한눈에 봐도 고풍스럽고 귀족적인 분위기를 풍긴다. 외관상으로는 개조 이전의 모습과 크게 다르지 않아 보이지만 실은 19세기에 사용된 것과 똑같은 석재로 다시 설치한 것이다. 150년 전 건축 자재를 여전히 생산해 내는 회사가 존재한다는 사실이 더 놀랍긴 하다. 국립미술관이 완공된 건 1866년이지만 설립 역사는 1792년으로 거슬러 올라간다. 스웨덴 국왕 구스타브 3세가 사망하면서 남긴 미술품과 공예품들을 왕궁 안에 공개하면서 미술관이 처음 생겨났는데, 처음에는 이름도 왕립미술관이었다. 19세기 중반 현재의 위치에 새 건물을 지어 이전 개관하면서 국립미술관으로 개명했다. 20세기 이후 미술관은 필요에 따라 조금씩 증개축되면서 원래의 모습과 차츰 멀어졌고, 시설 설비도 낙후돼 현대화 작업이 시급했다. 국립미술관이 공사비 1억 3,200만 달러(약 1,600억 원)가 투입된 대수술을 받고 21세기 미술관으로 거듭난 건 2018년 10월이었다.

컬렉션은 더 많이,
문턱은 더 낮게

이번 개조 공사의 핵심은 19세기 슈튈러가 설계한 원형을 복원함과 동시에 첨단의 미술관으로 거듭나는 것이었다. 공사를 진두지휘한 스웨덴 건축가 에르트 빈고르드Gert Wingårdh와 에리크 비케르스톨Erik Wikerstål은 복원 전문 건축가들이다. 그들은 슈튈러 건축의 원형을 복원하면서도 내부는 기능에 맞게 완전히 환골탈태시키고자 했다. 우선 실내를 답답하게 만들었던 약 50개의 좁은 사무실과 보존실, 대형 수장고가 제거되었다. 가장 큰 변화를 맞은 곳은 안뜰과 천장이다. 예전에 식당이 있던 시끄러운 안뜰은 조용하면서도 매력적인 조각 정원으로 재탄생했다. 하얀 대리석 조각들로 꾸며진 조각 정원은 휴식

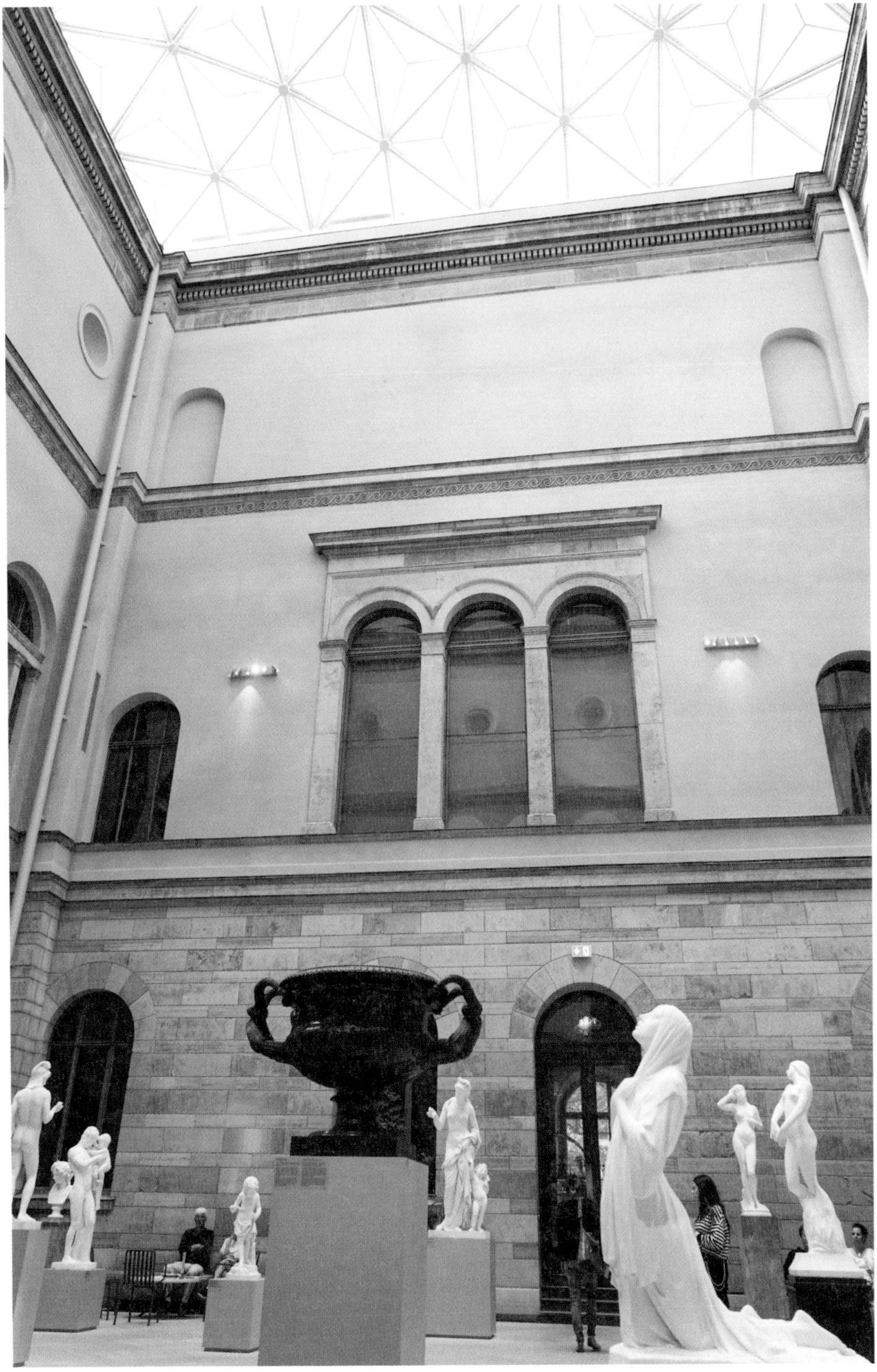

이나 담소를 나눌 수 있는 휴게 공간이기도 하다. 하늘이 보이는 투명한 유리 지붕이 새로 만들어졌고, 1930년대에 추가됐던 창문 덮개들도 모두 제거되었다. 하늘에서 자연광이 쏟아지고 통풍이 잘되다 보니 내부는 이전보다 훨씬 밝고 경쾌한 공간으로 거듭났다. 벽돌로 만든 아치형 구조의 지하층도 복원됐다. 짐 보관소와 화장실이 있는 공간인데, 심플한 나무 의자 덕에 '힙'한 휴게 공간이 되었다.

약 1,700점의 소장품을 보여주던 전시 공간은 이제 5,200점을 전시할 정도로 넓어졌다. 물론 이 역시 전체 소장품의 8%에 지나지 않는 양이다. 아트숍과 카페, 레스토랑, 강당, 어린이를 위한 미술놀이 공간 등 관람객을 위한 편의 시설 공간도 30%가 더 넓어졌다. 재개관 후 방문객 수도 두 배 이상 늘었다. 한마디로 컬렉션은 더 많이 보여주고, 미술관 문턱은 더 낮췄다.

거부당한 그림,
80년 만에 돌아오다

미술관 안으로 들어서면 2층으로 이어지는 좌우 계단과 그

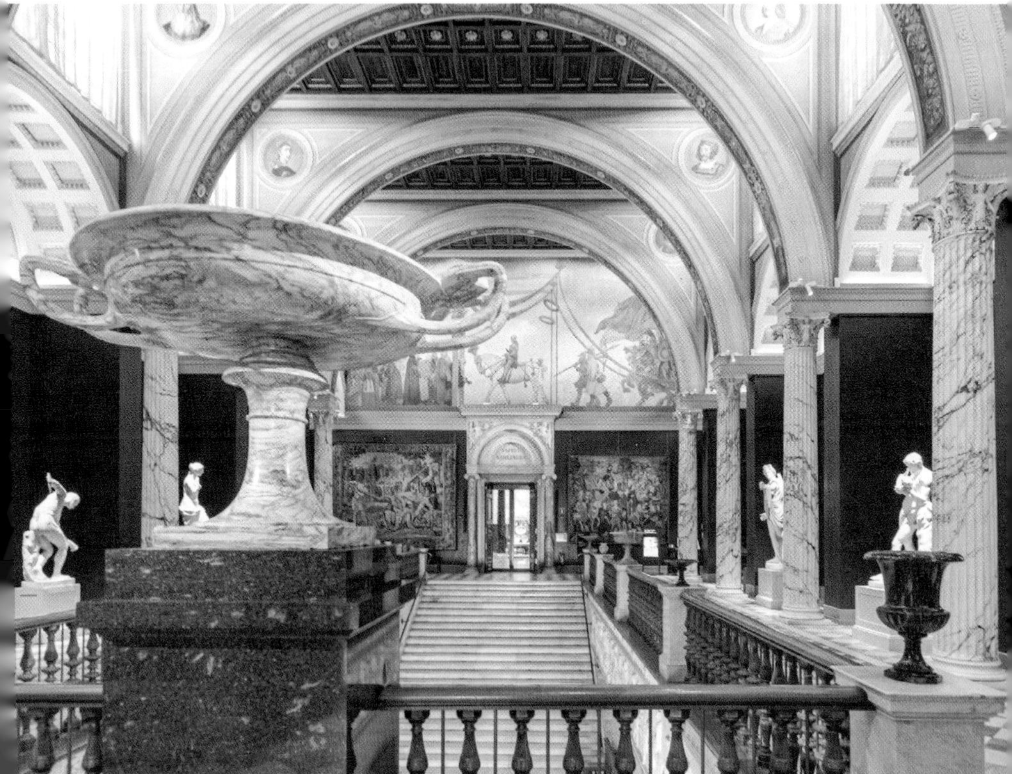

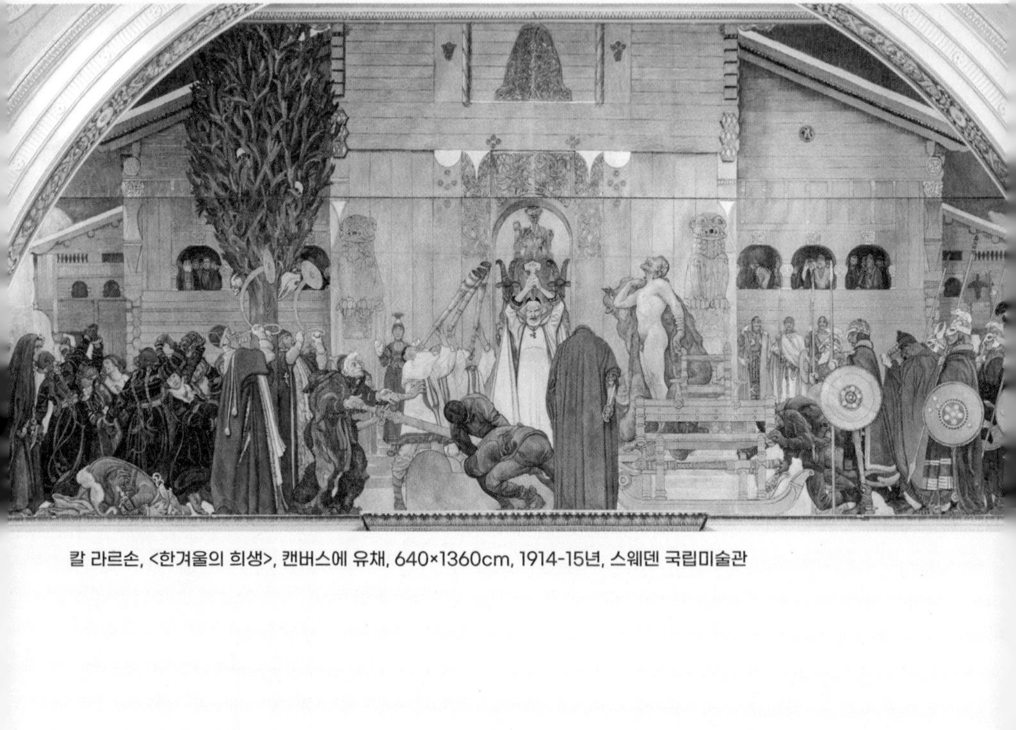
칼 라르손, <한겨울의 희생>, 캔버스에 유채, 640×1360cm, 1914-15년, 스웨덴 국립미술관

주변 벽을 가득 채운 벽화가 관객의 시선을 압도한다. 스웨덴의 국민화가 칼 라르손Carl Larsson의 작품이다. 라르손은 원래 자신의 즐거운 집을 묘사한 그림으로 유명하다. 부인과 함께 손수 꾸민 집과 가구는 스웨덴을 대표하는 가구 회사 이케아의 모델이 되었다. 이곳에 있는 벽화는 그의 인생 역작으로, 스웨덴의 역사와 전설을 담은 일련의 연작이다. 벽화 중 가장 유명한 건 계단 맨 위 정면에 그려진 <구스타브 바사의 스톡홀름 입성 1523>이다. 구스타브 바사는 농민군을 이끌고 스웨덴을 덴마크로부터 독립시킨 인물로 바사 왕가를 세운 1대 왕이다. 맞은편 벽에 있는 <한겨울의 희생>은 스웨덴 미술사에서 가장 논란이 많았던 작품이다. 1915년 완성됐지만 당시엔 표현의 선정성 때문에 설치되지 못했다. 북유럽 전설에 나오는 스웨덴 왕 도말데가 한겨울 기근을 피하기 위해 인신 공양 의식을 하던 중 백성을 더 이상 희생시킬 수 없다며 스스로 옷을 벗고 알몸이 되어 자신을 희생시킨다는 내용을 담고 있다. 왕이 나체로 등장하고 사람을 산 채로 신께 바치는 주제니까 아무래도 논란이 될 수밖에 없었다.

미술관에서 거부당한 그림은 결국 다른 사람 소유가 됐고, 라르손도 세상을 떠나고 말았다. 1983년에는 경매를 통해 아예 일본인 손에 넘어갔다. 그러다 1992년 국립미술관 개관

200주년 기념으로 열린 라르손 헌정 전시회 때 이 그림도 출품됐다. 일본에서 대여해온 그림을 보기 위해 무려 30만 명이 미술관을 찾았다. 그림을 원래 자리에 되돌려놓아야 한다는 목소리가 여기저기서 나왔다. 수년간의 노력 끝에 결국 그림은 스웨덴 소유가 됐고, 1997년 마침내 제자리에 걸리게 됐다. 거부당한 지 약 80년 만이었다. 그런 사연 때문인지 스웨덴 사람들은 이 벽화를 유난히 좋아한다. 미술관에서 거부당한 그림이 역설적으로 이곳의 대표 소장품이 된 것이다.

21세기 복합문화공간을 지향하며

미술관 소장품은 2층과 3층에 나눠 전시돼 있었다. 렘브란트 판레인, 폴 세잔, 폴 고갱, 귀스타브 쿠르베, 칼 라르손 등 미술사를 빛난 근현대 미술가들의 작품이 총망라되어 있다. 1800년 이후의 순수미술 작품을 시대별로 분류해 보여주면서 시기별 북유럽 디자인과 생활사를 함께 살펴볼 수 있는 생활용품이나 디자인 제품들도 전시한 점이 독특했다. 역시 디자인 강국 스웨덴의 미술관답다는 생각이 들었다. 전시실 벽면도 노

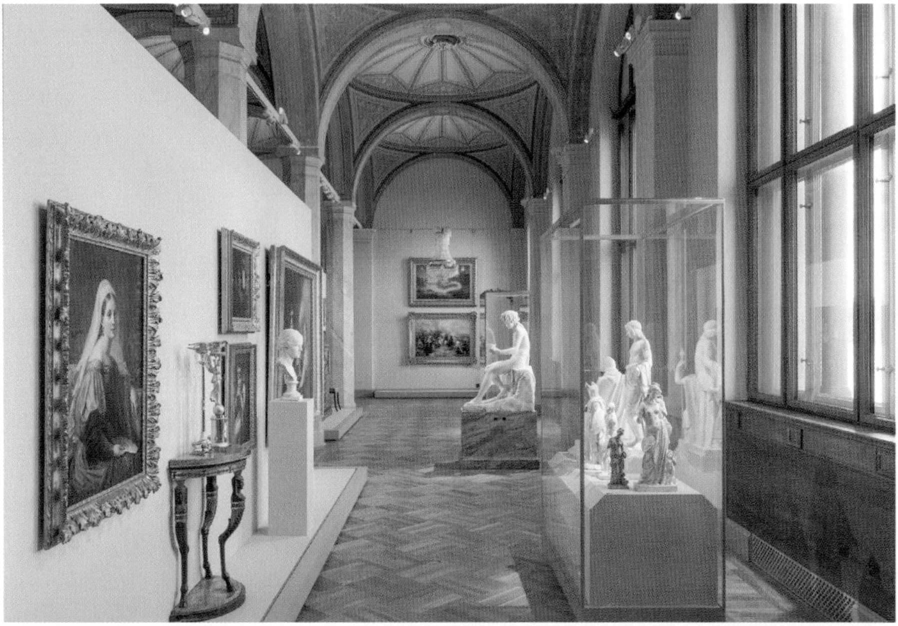

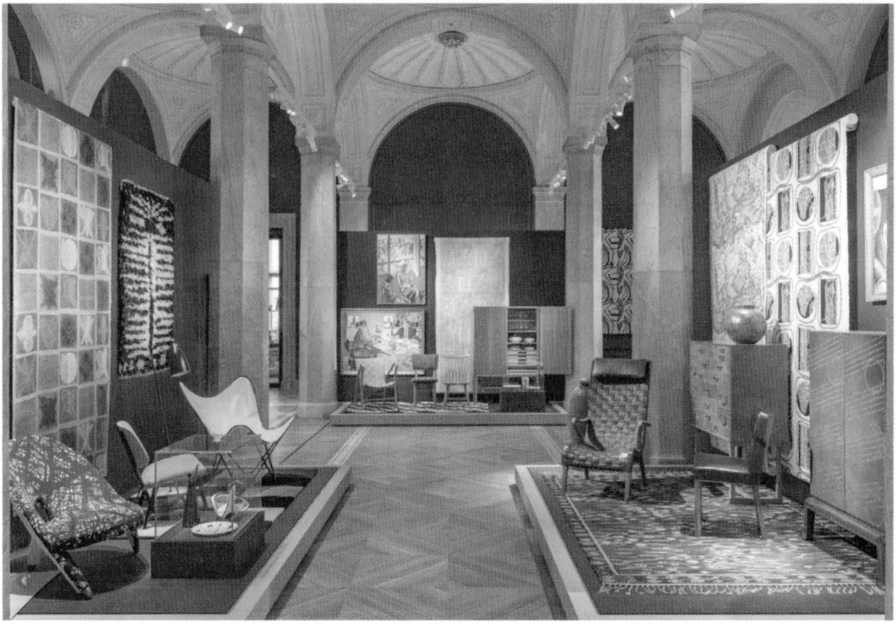

랑, 분홍, 연파랑, 보라 등 친근하면서도 강렬한 색으로 꾸며 실내에 활기를 더했다. 국립미술관의 소장품은 중세 말부터 현대까지의 회화와 조각, 소묘, 디자인 컬렉션 약 70만 점으로 구성돼 있다. 소장품 규모만 봐도 왜 이곳을 스웨덴 최고의 국립미술관이라 부르는지 알 만하다.

미술관을 나서면서 운하에 면한 미술관 레스토랑을 들렀다. 예전에 보존실이 있던 곳이다. 창밖을 통해 이웃 섬인 감라스탄의 풍경과 스웨덴 왕궁을 감상하면서 차나 음식을 즐길 수 있는데, 전망값이 음식값의 80%를 차지한다 해도 과언이 아닐 만큼 스톡홀름에서 '뷰 맛집'으로 유명하다. 아름다운 전망을 소수의 미술관 직원이 아니라 시민 모두에게 돌려주겠다는 것이 건축가의 의도였다. 재밌는 점은 이 식당을 장식한 가구와 인테리어 소품, 식기 등이 모두 북유럽 디자이너들의 작품이고, 실제 판매 가능한 상품들이기도 하다.

19세기에 지어진 국립미술관은 이제 21세기의 선두적인 복합문화공간으로 재탄생했다. 과거의 역사를 그대로 보존하면서도 시대에 맞는 옷을 입히기 위해 과감한 투자를 한 결과였다. 과거와 현재가 공존하는 독특한 건축물에 질적 양적으로 우수한 컬렉션, 거기에 관람객을 배려하는 다양한 서비스와 전망 좋은 레스토랑까지 갖췄으니 어찌 사랑받지 않을 수 있을까. 미술관 앞이 운하라서 그런지, 국립미술관은 북유럽 미술과 디자인의 모든 것을 담고 미래로 항해하는 거대한 페리 같다는 생각이 들었다.

Nationalmuseum
Add. Sodra Blasieholmshamnen 2, Stockholm, Sweden
Web. www.nationalmuseum.se

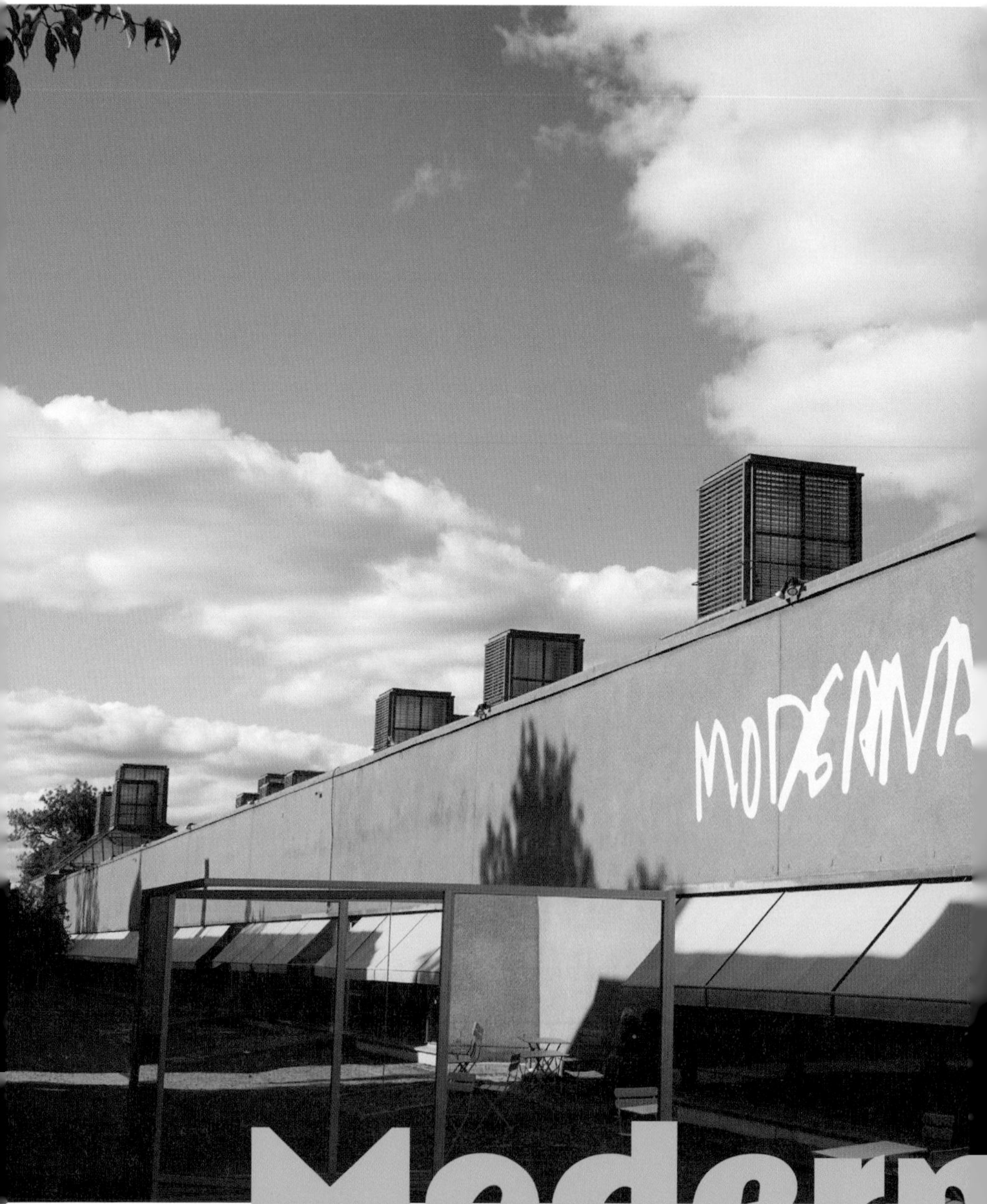

Modern

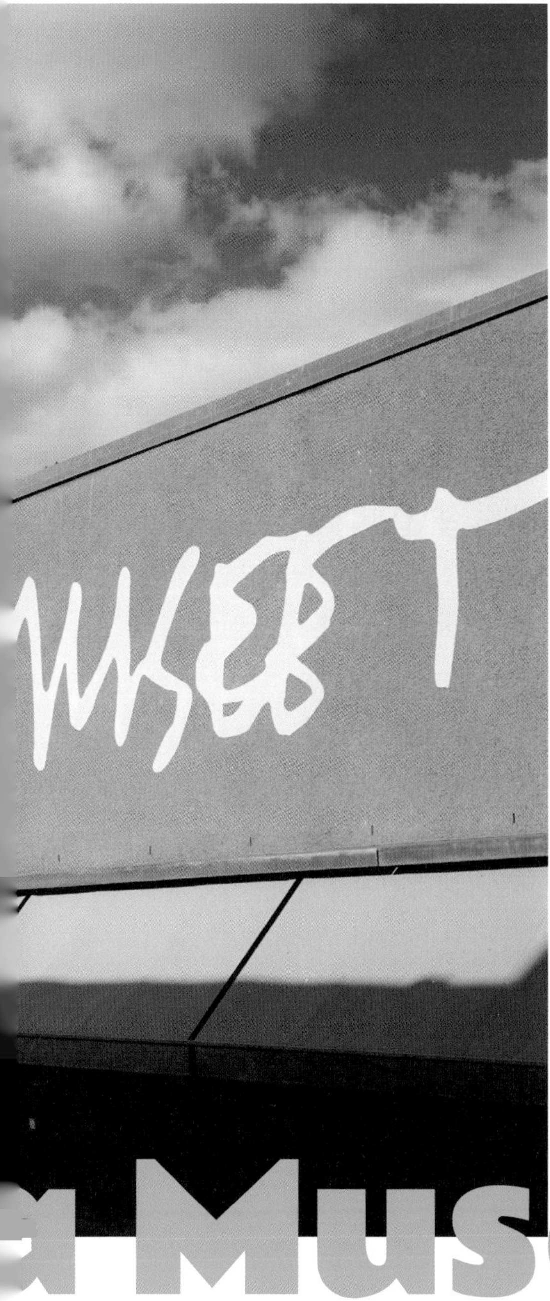

미래를 위한
미술관

스톡홀름
현대미술관

a Museet

국립미술관이 스웨덴 미술의 어제를 보여준다면 '모데르나 미술관Moderna Museet'으로 불리는 현대미술관은 스웨덴 미술의 오늘과 내일을 보여주는 곳이다. 국립미술관에서 나와 왕관 다리를 건너면 솁스홀멘Skeppsholmen섬이 나오는데 이곳에 현대미술관이 있다. 도보로 10분 정도 떨어져 있기 때문에 두 미술관을 묶어 함께 방문하기 좋다.

솁스홀멘은 예로부터 아름다운 풍경으로 유명해 16세기까지만 해도 스웨덴 왕가의 휴양지였다. 그러다 17세기 이후 해군기지가 들어서면서 '해군의 섬'으로 불렸다. 지금은 군사령관의 저택, 병영, 체육관 등을 개조해서 건축 디자인 박물관과 현대미술관으로 사용하고 있다. 왕실의 휴양 섬에서 해군의 섬이 되었다가 박물관 섬이 된 것이다.

'Moderna Museet'라는 흰색 로고가 크게 적힌 황토색 단층 건물이 바로 현대미술관이다. 1958년 개관한 현대미술관 건물은 섬의 동쪽 바위 위에 남북으로 길게 뻗어 있다. 현재 건물은 노후화된 기존 건물을 리모델링해서 1998년 재개관한 것으로 스페인 출신 유명 건축가 라파엘 모네오Rafael Moneo가 설계를 맡았다.

입구에 들어서면 매표소와 아트숍, 카페를 중심으로 왼쪽에 현대미술관이 있고 오른쪽에 '아크데스ArkDes'라 불리는 건축

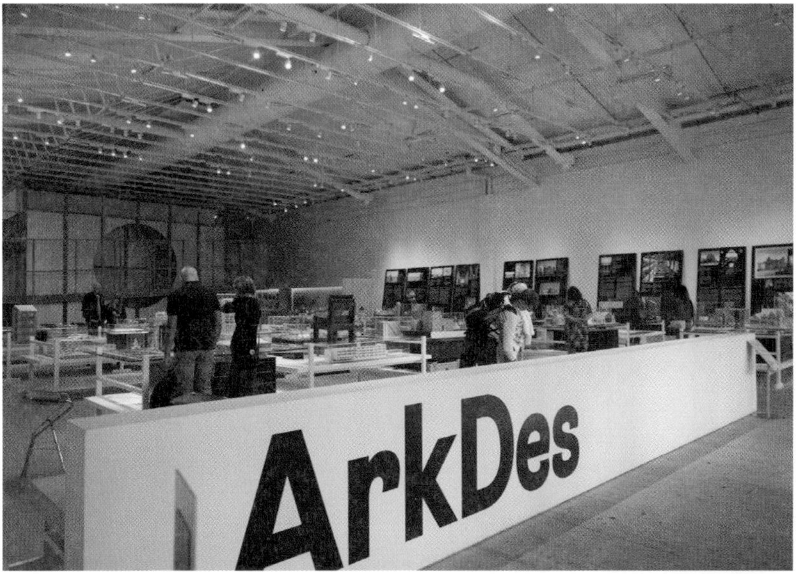

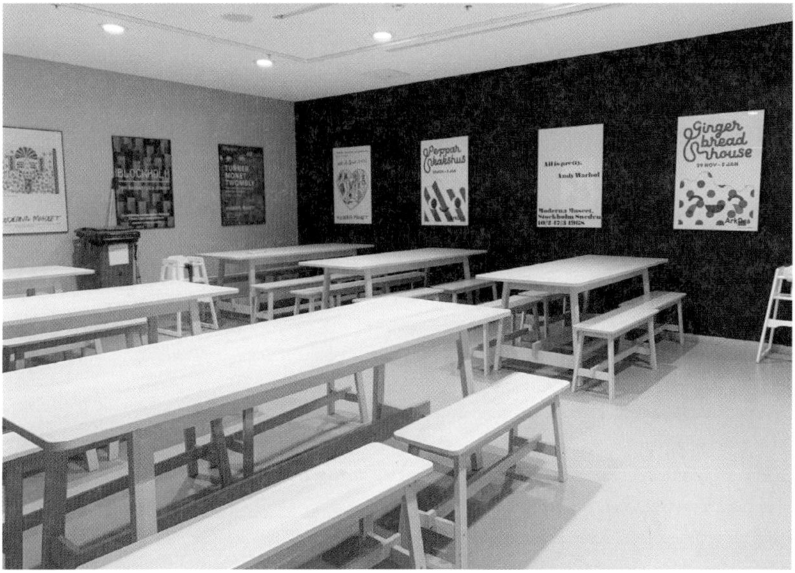

(위) 아크데스 건축 디자인 박물관, (아래) 실내 피크닉 존

디자인 박물관이 있다. 여기가 1층으로 느껴지겠지만 실제로는 4층이다. 주 출입구에서 보면 단층이지만 반대편 바다 쪽에서 보면 4층짜리 건물이기 때문이다. 건물이 평지가 아닌 경사진 지대에 지어져서 이런 구조를 취하게 됐다.

4층은 미술관의 핵심 공간으로 긴 복도를 따라 네모난 큰 전시실 네 개가 나란히 배열돼 있다. 각 전시실은 기획전시와 상설전시를 위한 공간으로 다시 나뉘는데, 이곳의 대표 소장품들은 소주제로 분류된 상설전시실에서 만날 수 있다. 4층 관람 후 계단을 따라 내려가면 2층으로 연결된다. 강당과 극장, 기획전시실, 스터디 갤러리가 위치해 있다. 3층은 관람객에게 허용된 공간이 아닌지 안내도에도 표시돼 있지 않았다. 바다 쪽 출입구가 있는 1층은 특이하게도 실내 피크닉 장소로 꾸며놓았다. 카페처럼 테이블과 의자들이 놓여 있는데 누구나 도시락을 싸 들고 와서 실내 소풍을 즐길 수 있는 곳이다.

현대미술 거장들의 대표작을 만나다

현대미술관에서는 어떤 작품을 볼 수 있을까? 이곳은 회화,

조각, 설치, 영상 등 다양한 매체의 20세기와 21세기 현대미술 14만 점을 소장하고 있다. 파블로 피카소, 살바도르 달리, 니키 드 생팔, 메레 오펜하임, 마르셀 뒤샹, 앤디 워홀, 클라스 올든버그, 로버트 라우센버그, 도널드 저드, 르네 마그리트, 프랑시스 피카비아, 이브 클랭, 게르하르트 리히터 등 현대미술사 책에 등장하는 거장들을 죄다 아우르고 있다. 미술관은 이들 작품을 토대로 해마다 3회 이상의 소장품 기획전을 연다.

그중 로버트 라우센버그의 <모노그램>은 언제 가도 볼 수 있는 이곳의 시그니처 작품이다. 라우센버그는 '컴바인 페인팅'의 선구자다. 컴바인 페인팅은 캔버스 위에 그림을 그리는 대신 일상의 오브제와 산업 쓰레기를 조합한 일종의 콜라주 작업이다. 1959년에 발표한 <모노그램>은 각종 오브제로 채워진 캔버스 위에 박제된 염소를 올려 둔 작품이다. 염소 얼굴이 캔버스가 되어 색색의 물감으로 칠해져 있고, 몸에는 폐타이어가 끼워져 있다. 마치 당대 주류 미술이던 추상표현주의를 비웃는 듯한 붓질에 팝아트나 다다미술에서 사용되던 일상의 오브제를 섞어놓은 듯하다. 작가는 이렇게 이질적인 재료와 요소들을 '결합'한 '컴바인Combine 페인팅'을 통해 1960년대 미술의 주류가 추상표현주의에서 팝아트로 전환하는 데 큰 역할을 했다.

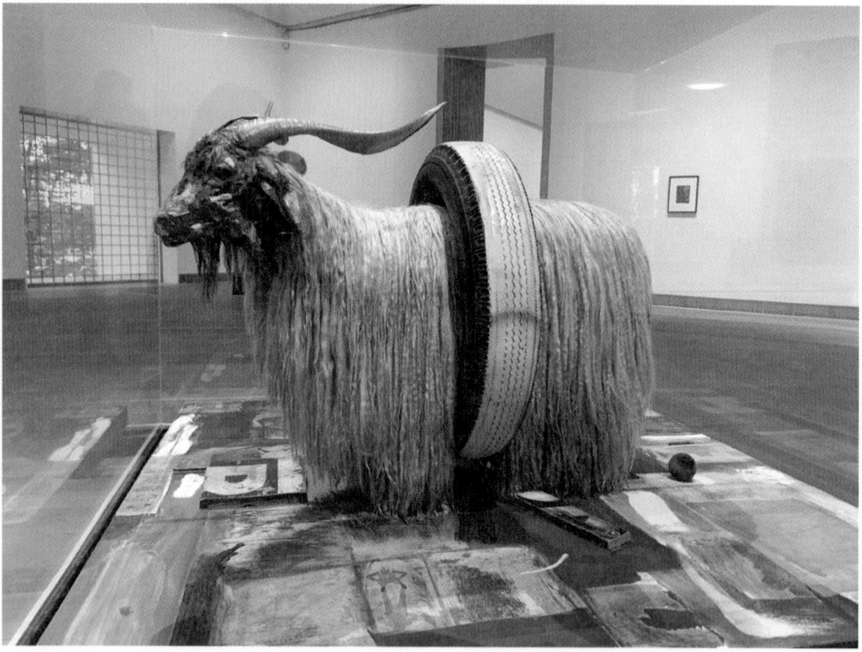

로버트 라우센버그, <모노그램>, 캔버스에 유채, 인쇄된 종이, 섬유, 종이, 금속, 목재, 고무 신발 굽, 테니스공, 페인트와 페인트칠한 고무 타이어를 끼운 박제된 앙고라염소, 106.5×160.6×163.5cm, 1955-59년, 스톡홀름 현대미술관

라우센버그는 1961년부터 이곳 전시에 초대됐고, 1960년대에만 네 번의 주요 전시에 참여할 정도로 현대미술관과 깊은 관계를 맺었다. 즉, 그는 1960년대에 현대미술관이 예술의 개념을 재정의하고 확장하는 데 중요한 역할을 한 작가다. 그런 작가에 대한 예우일까. 2004년부터 미술관은 라우센버그의 손글씨를 바탕으로 디자인한 로고를 사용하고 있는데, 입구 외벽에 새겨진 'Moderna Museet'가 바로 그것이다.

20세기 현대미술에 가장 큰 영향을 준 거장 마르셀 뒤샹의 작품도 많다. 뒤샹은 1913년부터 의자나 바퀴, 변기, 눈삽 등 기존의 일상용품을 선택해 서명을 하고는 '레디 메이드ready-made'라 명명했다. 봉이 김선달 같은 아이디어라 생각할 수 있겠지만, 뒤샹 덕분에 화가와 조각가들은 비로소 손노동에서 해방되었다. 예술은 더 이상 손재주 뛰어난 예술가가 공들여 그리거나 만든 것만이 아니라, 예술가의 아이디어와 개념, 그가 선택한 오브제도 작품이 된다는 주장이다. 변기를 뒤집어놓은 악명 높은 <샘>(1917/1963)부터 모나 리자 엽서에 콧수염을 그려 넣은 <L.H.O.O.Q.>(1919), 프랑스식 창문 유리창에 검은 가죽을 덮은 <신선한 과부>(1920/1960) 등 뒤샹의 대표작들을 한 공간에서 대거 만날 수 있다.

미술관 세팅의 귀재
폰투스 훌텐

전시장을 돌면서 어떻게 이렇게 많은 거장의 대표작을 스톡홀름에 집결시킬 수 있었는지 그 비결이 궁금했다. 그 답은 2층에서 얻을 수 있었다. 그곳엔 '폰투스 훌텐 스터디 갤러리'라는 특별전시실이 있다. 미술관 발전에 큰 공을 세운 폰투스 훌텐Pontus Hultén 전 관장의 이름을 딴 전시실인데 줄여서 '스터디 갤러리'라 부른다. 훌텐은 스웨덴 출신으로 세계적 명성을 얻은 미술관 전문가다. 1960년에 스톡홀름 현대미술관 관장으로 임명된 이후 10년 넘게 재직하는 동안 실험적이고 중요한 전시들을 많이 기획해서 스톡홀름 현대미술관을 국제적으로 주목받는 세계적인 미술관으로 만든 주역이다. 그 공을 인정받아 파리의 퐁피두센터 초대 관장으로 임명돼 국제적으로 활약했다. 미술 강국 프랑스의 국립현대미술관 초대 관장이 프랑스 사람이 아닌 스웨덴 사람이라는 게 놀라울 따름이다.

퐁피두센터가 개관한 건 1977년이지만, 훌텐은 1973년부터 초대 관장으로 근무했다. 미술관 건축 공모부터 시작해서 설립의 전 과정을 그가 주도했기 때문에 당시 젊은 건축가였던 렌조 피아노와 서로 친해질 수밖에 없었을 테다. 그런 인연으로 훌텐 관장의 이름을 딴 특별전시실은 본 건물을 디자인한 라파엘 모네오가 아닌 렌조 피아노가 설계를 맡았다. 그렇다고 훌텐이 스웨덴과 프랑스에서만 활동한 건 아니다. 1980년에는 미국 LA 현대미술관 초대 관장을 지냈고, 이탈리아 베네치아나 독일 본, 스위스 바젤에서도 미술관 관장을 지내는 등 전 세계를 돌아다니면서 미술관 관장을 역임했다. 한마디로 미술관 세팅의 귀재였다.

훌텐은 미술관 관장으로 명성을 얻었지만 사실 안목 높은 미술품 컬렉터였다. 그는 2005년, 82세를 일기로 세상을 떠나기 1년 전에 자신의 소장품 700여 점을 모두 현대미술관에 기증했다. 그중 일부는 1층 컬렉션 전시실에서 볼 수 있고, 나머지는 스터디 갤러리에 전시돼 있다. 고향 미술관에 대한 애정이 얼마나 남달랐는지 짐작이 가는 대목이다.

훌텐 관장이 작품을 기증하면서 요구한 조건은 단 하나. 자신의 소장품을 일반적인 미술관 소장품처럼 미술관 벽에 걸지 말고 관객들이 마음 편하게 보고 감상할 수 있게 창고 같은 공간에 전시해 달라는 것이었다. 그래서인지 스터디 갤러리는 다른 전시실에 비해 좀 더 자유롭고 편한 분위기다.

모데르나 미술관이 세계적인 현대미술 거장들의 작품을 집중적으로 수집할 수 있었던 것도 훌텐 관장의 역량 덕분이었

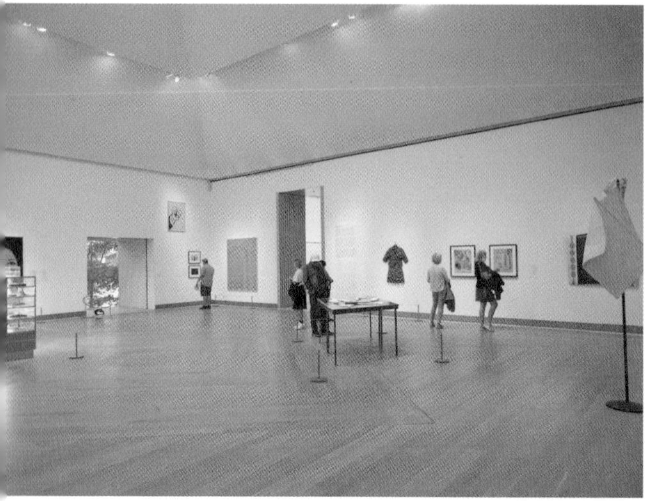

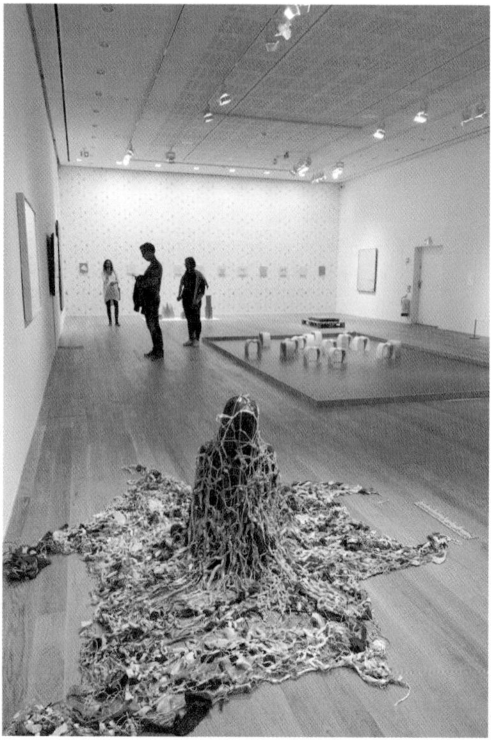

다. 홀텐은 미술관 설립 초기부터 마르셀 뒤샹과 긴밀한 관계를 맺고 그의 작품을 전시했다. 그 덕에 뒤샹 생전에 그의 말년 작품을 많이 소장할 수 있었다. 또 앤디 워홀의 첫 미술관 회고전도 미국이 아닌 바로 이곳 스톡홀름 현대미술관에서 1968년에 개최됐다. 그렇게 해서 아직 워홀 작품이 비싸지 않던 초창기 시절, 그의 작품들을 소장할 수 있었다. 당시 워홀의 나이는 마흔이었다. 회고전을 열기에는 이른 나이인데도 홀텐 관장은 워홀이 앞으로 미술사에 남을 작가인 걸 알아보고 회고전을 기획했던 거다.

니키 드 생팔에서 뉴미디어 아트까지

스톡홀름 현대미술관의 모토는 '미래를 위한 미술관'이다. 과거에도 그랬고 지금도 여전히 실험정신이 뛰어난 전시들을 많이 기획하고 있다. 특히 1960년대와 70년대에는 세계에서 가장 실험적이고 역동적인 현대미술관으로 불렸었다. 미술관의 이름을 국제적으로 알린 첫 전시는 1966년 니키 드 생팔과 장 팅겔리 등이 합작한 '그녀 - 대성당She - A Cathedral'이었다.

<그녀 - 대성당>은 누워 있는 만삭의 임산부 몸속으로 관객들이 자유롭게 드나드는 대형 설치 조각인데, 폭이 무려 23m고 높이가 6m나 된다. '대성당'이란 제목에서 알 수 있듯, 전시실 하나를 가득 채울 만큼 큰 건축물 같은 조각이었다. 알록달록 예쁘게 색칠된 조각 내부는 2층으로 되어 있어서 관객들이 계단으로 오르내릴 수 있도록 했다. 금붕어가 있는 수족관을 비롯해 연인을 위한 2인용 소파도 있고 그림이 걸려 있는 갤러리나 술을 마실 수 있는 바, 영화가 상영되는 미니 극장, 어린이를 위한 미끄럼틀 등 남녀노소 즐길 수 있는 오락 공간으로 꾸며졌다. '대성당'이라는 제목은 일종의 조크처럼 느껴진다. 일반적으로 성당은 성스럽고 기도하는 엄숙한 장소인데, 조각은 여성의 음부를 통해 들어가 세속적인 재미와 행복을 채울 수 있는 공간으로 꾸며져 있으니 말이다.

여성의 몸은 관점에 따라서 성적 대상이 되기도 하고 생명을 잉태하고 낳는 신성한 존재가 되기도 한다. 가부장적인 사회에서는 억압받는 몸일 수도 있고, 또 엄마 뱃속처럼 자유와 편안함을 만끽할 수 있는 장소도 될 수 있다. 그런 점에서 <그녀 - 대성당>은 여성의 몸을 다양한 각도에서 조명한 획기적인 작품이었다. 이 전시로 모데르나 미술관도 드 생팔도 단숨에 글로벌 스타가 되었다. 이 작품은 전시 후 해체되어 파괴되었

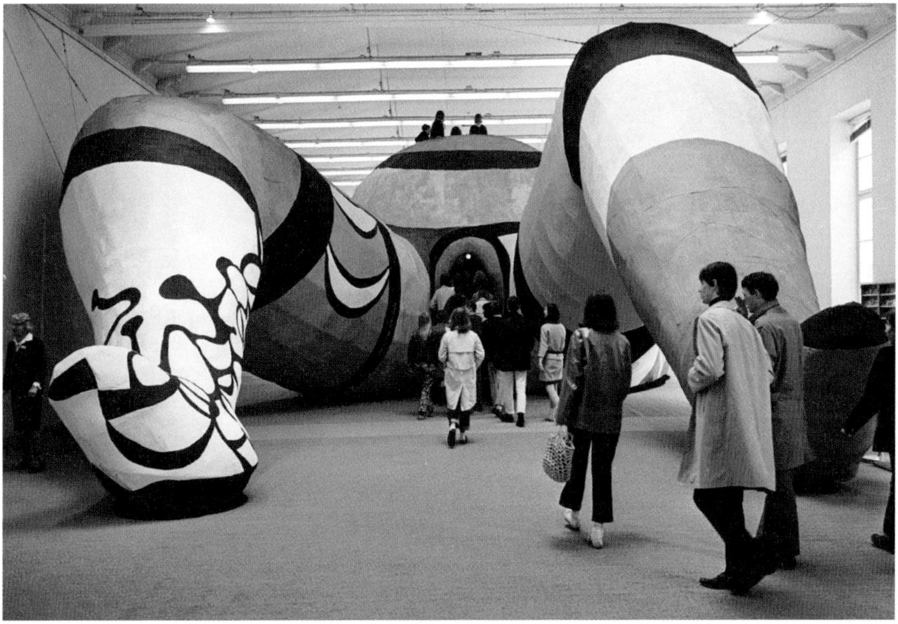

1966년 스톡홀름 현대미술관에서 열린 '그녀 - 대성당' 전시 당시의 모습

지만 미술계에서는 현대미술사의 중요한 한 장면으로 여전히 회자되고 있다.

1966년 전시 때 만들어진 <환상의 파라다이스>라는 작품들은 다행히 지금도 이곳에서 만날 수 있다. 작가의 트레이드마크와 같은 <나나>를 비롯한 형형색색의 조각들이 팅겔리의 키네틱 작품들과 함께 미술관 앞마당에 설치돼 이곳의 랜드마크 역할을 한다. 전시 당시 드 생팔은 30대 중반이었다. 미술을 전공하지 않았고 30대 초에 데뷔해서 아직 신진작가이던 시절

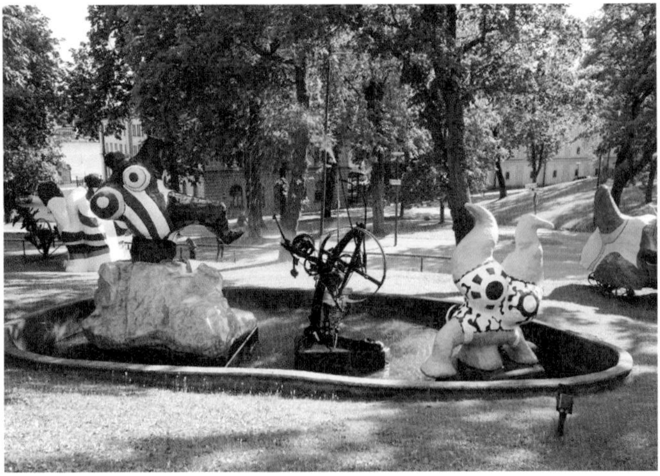

이었다. 작품값도 비싸지 않았을 테니 미술관이 작품을 많이 의뢰하고 소장할 수 있었을 것이다.

현대미술관은 이미 1960년대에 드 생팔뿐 아니라 루이즈 부르주아 같은 여성 미술가들 작품을 집중적으로 수집한 시대를 앞선 미술관이었다. 또 전통적인 장르인 회화, 조각, 판화, 수채화 외에도 뉴미디어에 일찌감치 관심을 가지고 투자했다. 1971년부터 수집한 사진은 10만 점이 넘고, 비디오 아트와 영상 작품도 400점이나 된다. 최근에는 시대를 반영하듯 뉴미디어 아트 컬렉션을 과감하게 늘려나가고 있다.

스웨덴과 북유럽 현대미술가들을 만나다

모데르나 미술관은 국제적인 미술관을 지향하지만 스웨덴을 대표하는 국립현대미술관이다. 따라서 스웨덴과 북유럽 현대미술도 중요하게 여기고 수집하고 있다. 스웨덴의 추상화가 힐마 아프 클린트의 작품도 이곳에서 대거 만날 수 있다. 1862년에 태어나 1944년 사망한 클린트는 칸딘스키보다 5년 앞서 추상화를 그렸던 미술사 최초의 추상화가였지만 오랫동안

은폐되고 잊힌 여성 화가다. 전문 교육을 받은 화가였지만 화상도 후원자도 자식도 없이 홀로 시골 마을에서 작업하다가 1944년 쓸쓸히 생을 마감했다. 그랬던 그가 2018년 뉴욕 구겐하임 회고전 때 60만 명의 관람객을 기록하며 미술계의 월드 스타로 급부상했다. 2019년에는 독일 여성 감독 할리나 디르슈카가 만든 클린트의 전기 영화 <힐마 아프 클린트: 미래를 위한 그림>이 개봉돼 화제를 모았고, 2022년에는 스웨덴 감독 라세 할스트룀이 메가폰을 잡은 영화 <힐마>가 개봉했다. 사후 70년이 지나서야 재평가와 재조명을 받고 있는 것이다.

미술관은 기획전을 통해 젊은 스웨덴 작가나 북유럽 작가들의 실험적인 작품을 소개하는 일에도 적극적이다. 2022년 여름에는 코펜하겐 출신의 설치미술가 예페 헤인의 개인전 '당신은 정말 누구인가요?Who Are You Really?'를 열어 화제를 모았다. 헤인은 미니멀리즘이나 개념미술의 전통에 유머 코드를 결합한 인터랙티브 설치 미술로 유명하다.

미술관 앞마당에 두 개의 원을 따라 분수 벽을 세워놓은 작품 <원 안의 공간들>이 관객들에게 가장 인기가 많았다. 바닥에서 물이 일정한 간격을 두고 솟아 나오는데, 타이밍만 잘 맞추면 몸이 전혀 젖지 않고도 분수 안팎을 자유롭게 드나들 수 있다. 아이, 어른 할 것 없이 모두 소리를 지르며 분수 놀이에

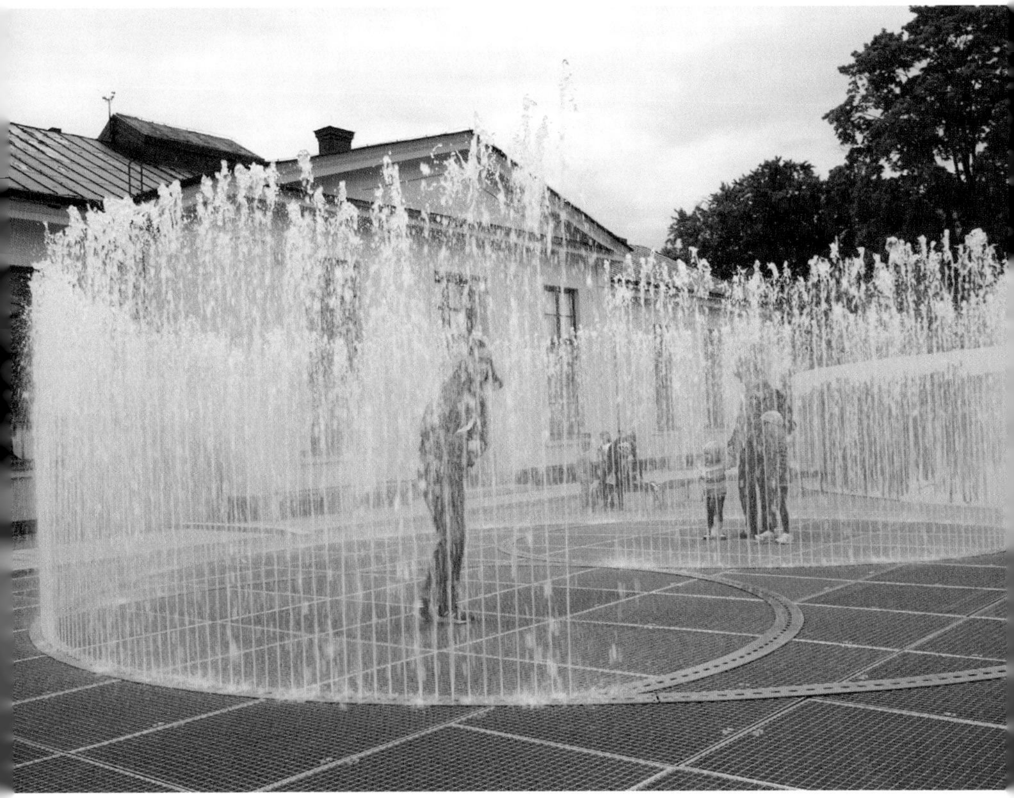

여념이 없었다. 여름 시즌을 위한 조각으로 최고라는 생각이 들었다. 작가는 이 분수를 물 조각 또는 물 건축이라고 설명한다. 작품의 인기를 반영하듯, 그의 물 조각은 뉴욕, 런던, 암스테르담 등 이미 세계 도처에 설치돼 대중의 사랑을 받았다.

바로 옆에는 파란색 선들이 그어진 대형 벽이 있었는데, 이 역시 예페 헤인의 작품이었다. 작가는 10년 전 숨을 쉴 수 없을 정도의 번아웃을 경험한 후 의식적인 호흡이 새로운 삶에 중요한 요소가 되었다고 말한다. 일기 쓰듯 매일 파란 수채화 물감을 찍은 붓으로 한 호흡에 한 획씩 종이 위에 줄을 그었다. 줄을 긋는 행위의 무한 반복을 통해 세로줄 문양이 만들어졌고 그것이 새로운 드로잉 작업이 되었다. 강렬한 색상은 아래로 내려갈수록 점점 옅어지는데, 각 줄무늬는 완전한 자각 속에서 숨을 들이쉬거나 내쉬는 과정을 나타낸다.

처음엔 혼자서 미술관 벽에 그렸던 헤인은 어느 날부터 관람객에게도 동참을 요구하기 시작했다. 관람객들도 자신이 경험한 것처럼 호흡과 함께 선을 그리면서 몸과 마음에 집중하고 내면의 대화에 들어가도록 독려한 것이다. 이렇게 헤인은 관객의 참여를 통해서만 완성되는 인터랙티브 작품을 즐겨 만든다.

해마다 여름이면 미술관 뒷마당은 특별한 여름 프로그램의 무대로 변신한다. 2022년 여름에는 스톡홀름을 기반으로 활동하는 젊은 디자이너 듀오 요세핀 사크리손과 미라 베리Josefin Zachrisson & Mira Bergh가 초대돼 관람객이 직접 앉거나 누울 수 있는 독특한 철재 벤치를 선보였다. '좌석 시스템Seats System'이라 명명된 작품으로 기존의 강철 의자 유닛을 연결해 새롭게 디자인한 공공의 벤치다.

북유럽 미술의 미래를 보여주는 곳

현대미술관을 다 둘러봤다면 아크데스도 봐야 한다. 아크데스는 약 400만 점의 건축과 디자인 관련 소장품을 관리하고 보존하고 전시하는 국립박물관이다. 소장품만 보면 유럽 최대 규모다. 공식 명칭은 스웨덴 국립 건축 및 디자인 센터인데, 2013년부터 '아크데스'라 부르고 있다. 아크데스의 역사는 1950년대에 스웨덴 건축협회가 사진 아카이브를 구축하기 시작한 데서부터다. 1978년 국립건축박물관으로 승격되면서 정부가 관리를 맡게 되었고, 1998년 셉스홀멘섬 안에 새 건물을 지으면서 현대미술관과 한 지붕 아래 나란히 입주하게 됐다. 건축, 디자인 관련 기획전이 정기적으로 열리기 때문에 관심 있는 사람이라면 꼭 가봐야 한다.

미술관 카페와 레스토랑도 이곳의 명소다. 테라스가 있는 레스토랑부터 매표소 옆 커피 바, 아크데스 옆 카페 블롬까지 그 종류도 다양하다. 특히 바다 전망의 레스토랑은 날씨 좋은 날 관람객들의 인기를 독차지한다. 요트가 떠다니는 한가로운 바다를 보며 여유 있는 식사나 티 타임을 가지기 딱 좋은 곳이다. 4층 매표소 옆에 있는 아트숍 역시 필수 방문 코스다. 전시 도록뿐 아니라 북유럽 감성이 묻어나는 다양한 굿즈와 심플한 디자인의 에코백은 선물용으로도 안성맞춤이다.

미술관 관람은 여기서 끝이 아니다. 피카소, 칼더 등 세계적인 작가들의 야외 조각으로 꾸며진 아름다운 조각 공원이 기다리고 있기 때문이다.

버려진 해군기지를 문화공간으로 재탄생시킨 혁신성, 양적으로나 질적으로 우수한 컬렉션, 미래를 내다보는 획기적인 전시, 관객을 배려하는 다양한 서비스, 아름다운 조각 공원, 게다가 전망 좋은 레스토랑과 카페까지. 모데르나 미술관이 지역민과 관광객들의 사랑을 받는 건 당연해 보인다. 과거에도 그랬듯이 앞으로의 행보가 더 기대되는 북유럽 미술의 미래를 보여주는 미술관이다.

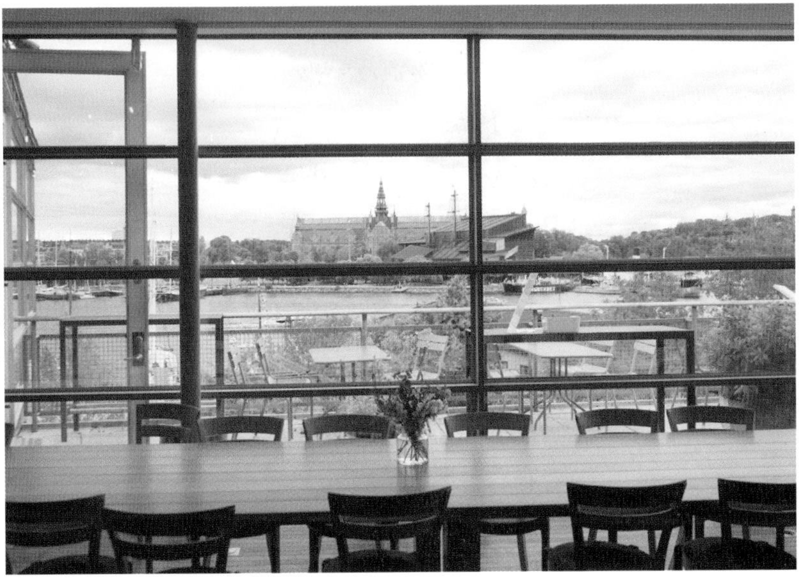

Moderna Museet

Add. Exercisplan 4, 111 49 Stockholm, Sweden

Web. www.modernamuseet.se/stockholm/sv

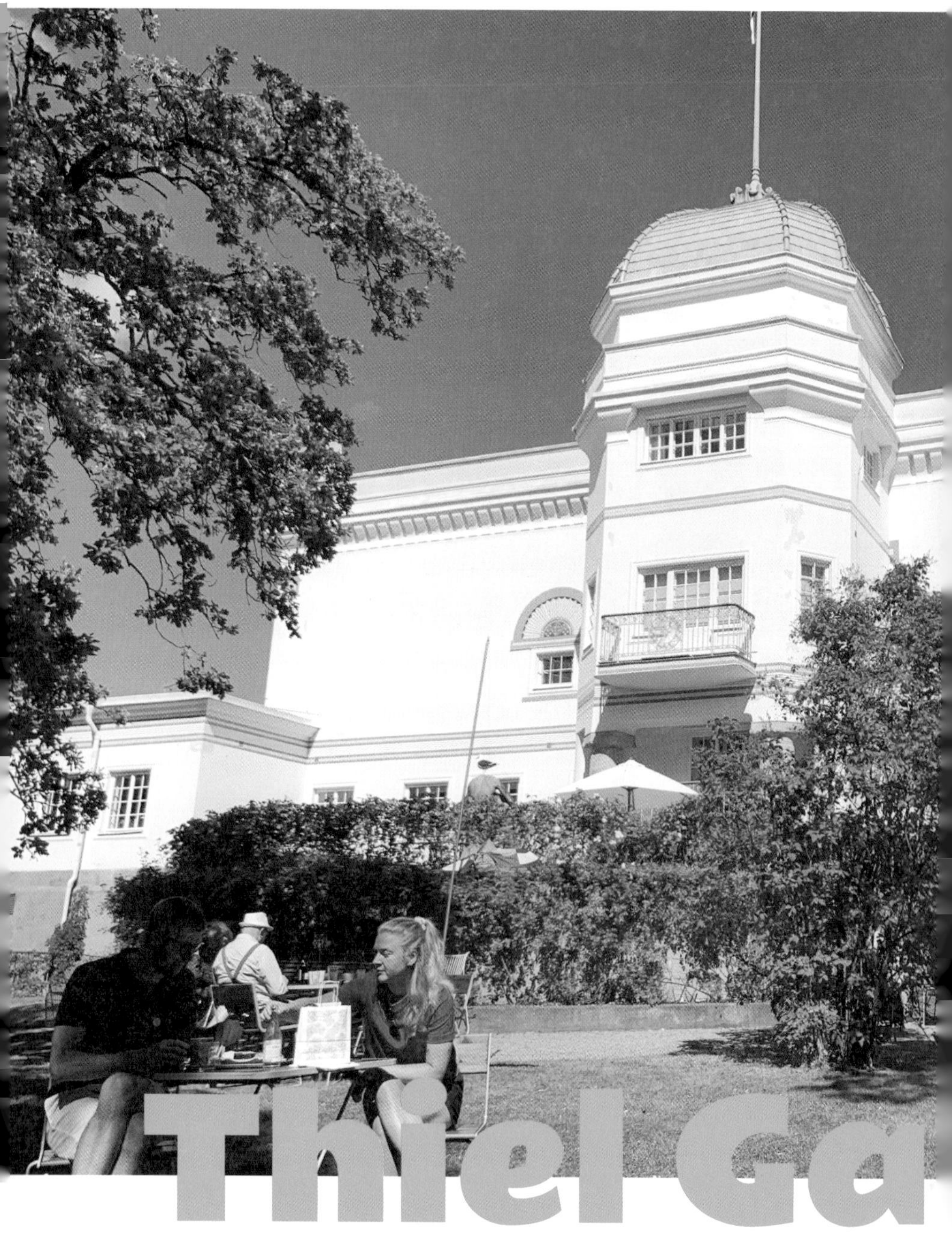
Thiel Ga

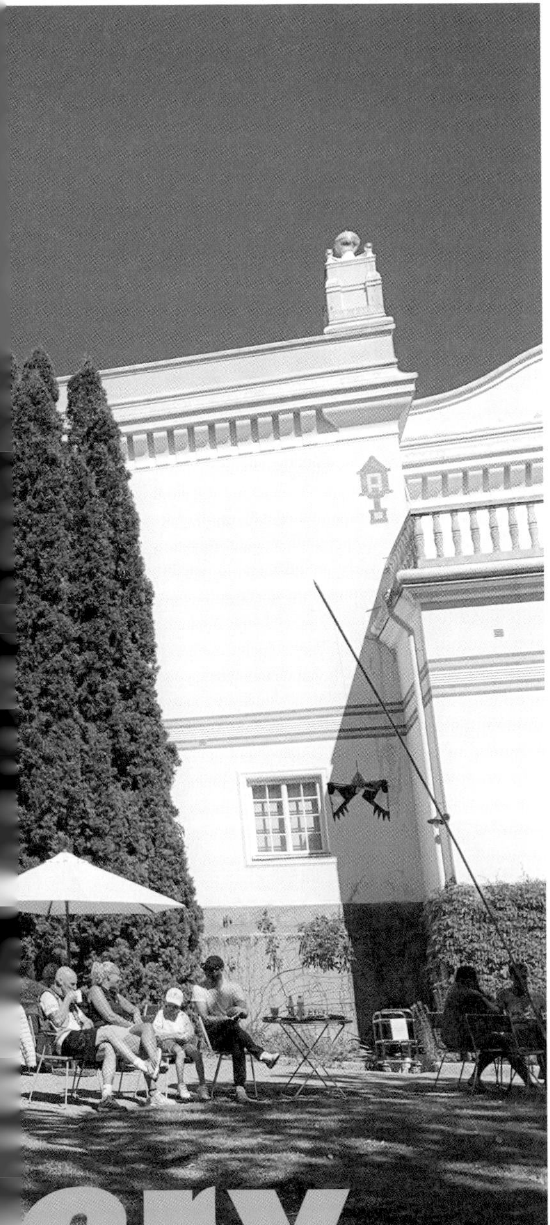

뭉크와
니체를 품은
컬렉터의
집

티엘
갤러리

스웨덴은 북유럽을 대표하는 복지국가다. 1523년 덴마크로부터 독립한 뒤 오랫동안 스칸디나비아 지역의 패자로 군림하며 북유럽을 주도해왔다. 유럽에 위치하면서도 두 차례의 끔찍한 세계대전을 직접적으로 겪지 않은 몇 안 되는 행운의 나라이기도 하다. 문화적으로 봤을 때 스웨덴의 행운은 하나 더 있다. 바로 티엘 갤러리다. 노르웨이의 국민화가 뭉크의 작품을 노르웨이 밖에서 가장 많이 소장한 미술관 중 하나다. 독일 철학자 니체의 데스마스크death mask도 소유하고 있다. 아름다운 섬에 지어진 건축과 미술, 조각 공원이 완벽한 조화를 이루는 곳이자 아는 사람만 아는 스톡홀름의 숨은 명소다.

티엘 갤러리는 스톡홀름 유르고르덴Djurgården섬에 위치한다. 배를 타고 가야 하기 때문에 어지간히 마음먹지 않고서는 찾아가기가 쉽지 않다. 스톡홀름에 도착한 이튿날 아침, 국립박물관 뒤편 선착장으로 향했다. 외스테르말름 정류장에서 펜델보트Pendelbåt로 불리는 수상버스 80번을 기다렸다. 티엘 갤러리 방향으로 가는 사람이 많은지 꽤 긴 줄이 늘어섰다. 10여 분쯤 기다렸더니, 하얀색 2층 보트가 도착했다. 베네치아의 여름처럼 관광객이 많지는 않아서 수상버스 안은 쾌적했다. 1층 대합실에 자리를 잡았다가 사진을 찍기 위해 2층 갑판에 올랐다.

아름다운 스톡홀름 시내 풍경이 멀리 보였다. 한데, 바람이 세다. 북유럽은 여름 바람도 꽤 찼다. 30분 정도 지나니까 미술관이 있는 블록후수덴Blockhusudden에 도착했다. 배에서 내려 잘 닦인 산책로를 따라 5분 정도 걸었더니 하얀 빌라 건물이 눈에 들어왔다. 'Thielska Galleriet'라는 이정표가 있어 쉽게 찾았다. 티엘 갤러리의 스웨덴어 표기다.

개인의 빌라에서 국립미술관으로

연두색 둥근 지붕을 얹은 하얀색 3층 건물은 그리스 산토리니에서 봤던 지중해식 건물의 단아함과 빈의 명물 황금색 제체시온 건물의 장식성을 섞어놓은 것 같았다. 실제 이 건물의 건축가 페르디난드 보베리Ferdinand Boberg도 동양 건축과 르네상스, 남부 유럽과 후기 아르누보 양식에 영향을 받아 설계했다고 한다. 건물 곳곳이 노랑이나 녹색의 작은 세라믹으로 장식돼 있었다. 녹색 돔 주변에는 황금색 타원형의 작은 탑들이 세워져 있고, 창문 위쪽은 부채꼴 모양의 도자기 장식으로 꾸며져 있었다. 한눈에 봐도 정성스럽게 꾸며진 건물이다. 국립미술관 건물치고는 개인의 취향이 너무 도드라져 보인다는 인상을 준다. 아니나 다를까 원래 이 건물은 부유한 은행가이자 미술품 수집가였던 에르네스트 티엘Ernest Thiel과 그의 아내 시그네 마리아 티엘Signe Maria Thiel이 살던 집이었다. 소장품이 늘어나자 티엘은 수집품을 제대로 보여줄 수 있는 하얀 궁전을 유르고르덴섬에 지었다. 거주 공간과 갤러리 공간이 함께 있는 빌라 형태의 건물이었다. 보베리가 설계한 건물은 3년의 공사 기간을 거쳐 1907년에 완공됐다.

티엘은 번 만큼 미술에 투자했다. 단순히 작품을 수집하는 데 그치지 않고 예술가들과 적극적으로 교류하면서 그들의 후원자이자 친구가 되었다. 외젠 얀손, 안데르스 조른, 에드바르 뭉크, 칼 라르손, 빌헬름 함메르쇠이 등 동시대 예술가들의 작품을 적극적으로 수집했다.

인생에 봄날만 있을 수는 없는 법. 경제 대공황 때 티엘은 재산 대부분을 잃었다. 1922년 완전히 파산 상태에 이르자, 그는 자신이 살던 빌라와 수집품, 가구까지 모두 팔아야 했다. 다행히 스웨덴 정부가 발 벗고 나섰다. 정부는 1924년 티엘의 집과 소장품을 일괄 매입한 후 1926년 국립미술관으로 개관했다. 이후 건물은 현대화를 위해 여러 차례 보수 공사를 했지만, 대부분 20세기 초에 지어진 원형 그대로 보존되어 있다. 미술

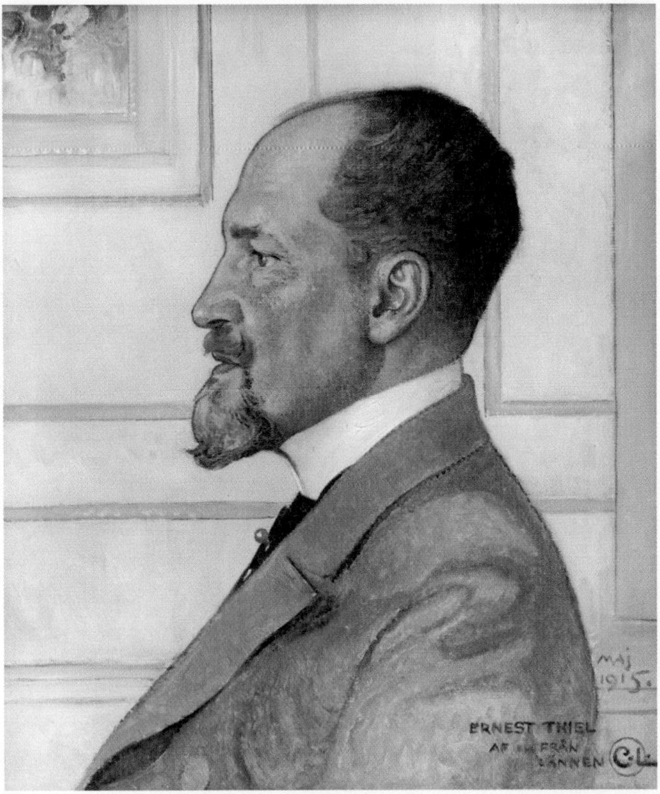

칼 라르손, <에르네스트 티엘의 초상화>, 캔버스에 유채, 60×53cm, 1915년, 티엘 갤러리

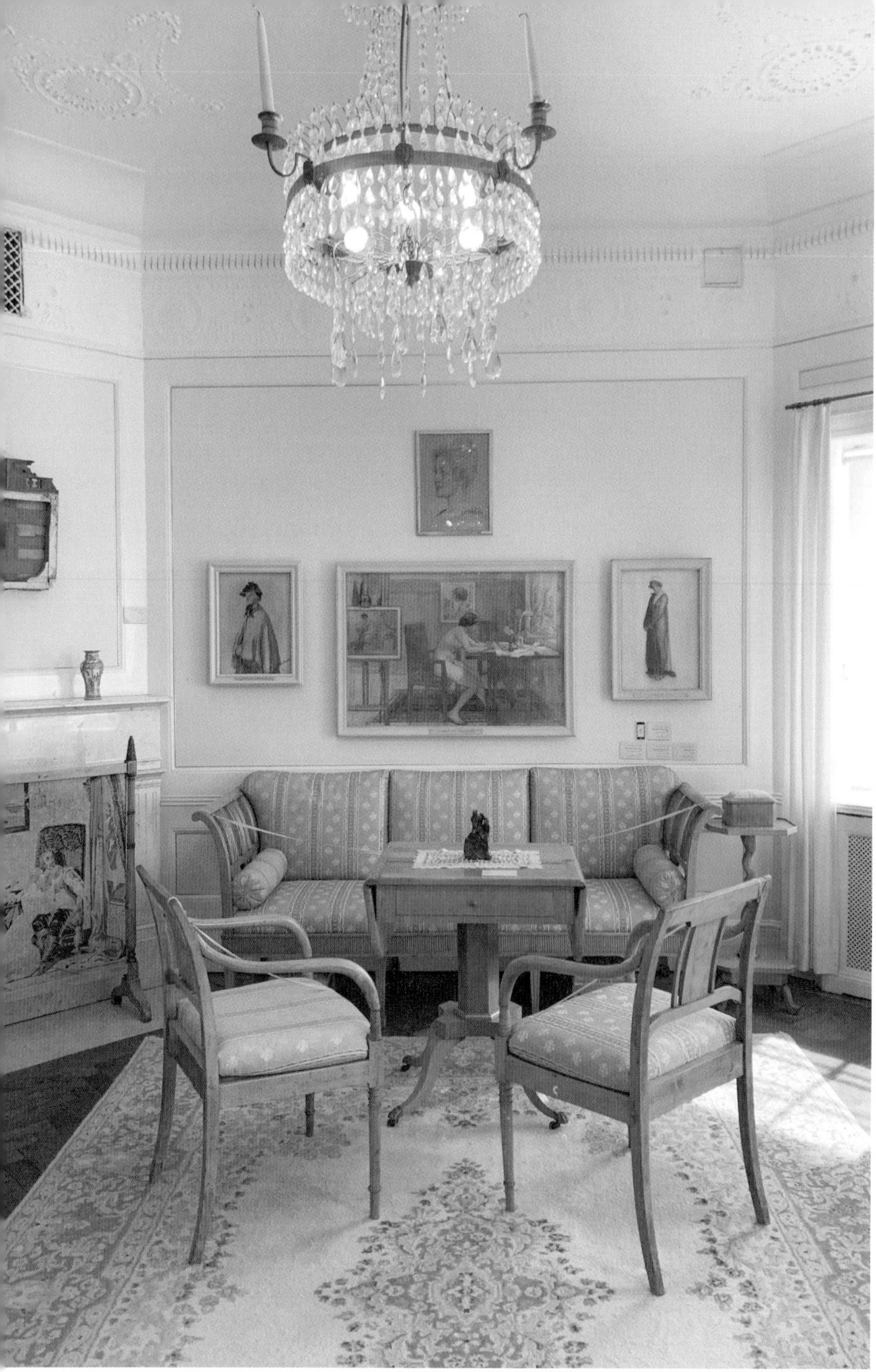

관 건물 옆의 별관은 예전에 마구간과 하인들의 숙소였던 곳으로, 지금은 사무실과 회의실로 사용되고 있다.

옛 주인의 흔적이 곳곳에

100여 년 전에 지어진 스웨덴 컬렉터의 집은 어떻게 생겼을까? 궁금증을 안고 내부로 들어섰다. 입구의 층계를 따라 올라갔더니, 매표소를 겸한 안내소가 있었다. 여기가 1층이다. 나무 계단 위는 양탄자가 깔려 있어 마치 저택에 들어서는 기분을 들게 한다. 천장이며 벽이며 북유럽 미술가들의 작품들로 장식돼 있다. 익숙한 작품도 있고 낯선 작품도 있었다.

1층은 카페와 다섯 개의 전시실로 구성돼 있다. 오전 시간이었는데도 카페 안에 손님이 가득했다. 알고 보니 스웨덴의 유명 요리사이자 요리책 저자인 모니카 알베리Monika Ahlberg가 운영하는 맛집이었다. 전시실은 예전에 티엘 가족이 침실로 쓰던 방들로, 주기적으로 기획전시가 열린다. 주로 스웨덴이나 북유럽 젊은 작가들이 초대되는 것 같았다. 흥미로운 점은 전시실 곳곳에서 발견되는 옛 주인의 흔적들이다. 티엘 부부가 쓰던 소파, 의자, 탁자, 샹들리에 등의 가구와 집기가 그대로 놓여 있어 스웨덴 컬렉터의 취향을 짐작하게 했다.

2층은 티엘의 아이디어에 따라 설계된 곳으로 두 개의 큰 전시장과 거대한 뭉크 홀Munch Hall로 구성돼 있다. 전시장의 천장은 유리로 마감돼 있어 낮에는 은은한 북유럽의 자연광이 들어온다. 티엘이 수집했던 19세기 말과 20세기 초의 북유럽 작가들 작품이 네 개의 벽면을 가득 채우고 있었다. 티엘의 초기 소장품인 <해변가의 아침 기분>도 걸려 있었다. 스웨덴 화가 브루노 릴리에포르스Bruno Liljefors가 바닷가에 모여 있는 야생 조류들을 그린 대형 회화다. 릴리에포르스는 19세기 후반과 20세기 초반 스웨덴에서 가장 영향력 있는 야생 그림 전문 화가였다. 평생 사냥꾼으로 살면서 야생 동물이나 새들을 자세히 관찰해 그렸다. 티엘은 1896년 이 그림을 소장하면서 본격적인 미술품 수집을 시작했다. 무채색 톤의 뒷모습 그림으로 유명한 함메르쇠이의 그림도 볼 수 있고, 바다 그림을 많이 그린 외젠 얀손과 스웨덴의 국민화가로 사랑받는 칼 라르손이 티엘 부부를 그린 초상화도 만날 수 있다. 흥미로운 건, 100여 년 전에 그려진 그림들이 젊은 현대 작가들의 작품과 함께 전시돼 새로운 맥락으로 읽힌다는 것이다.

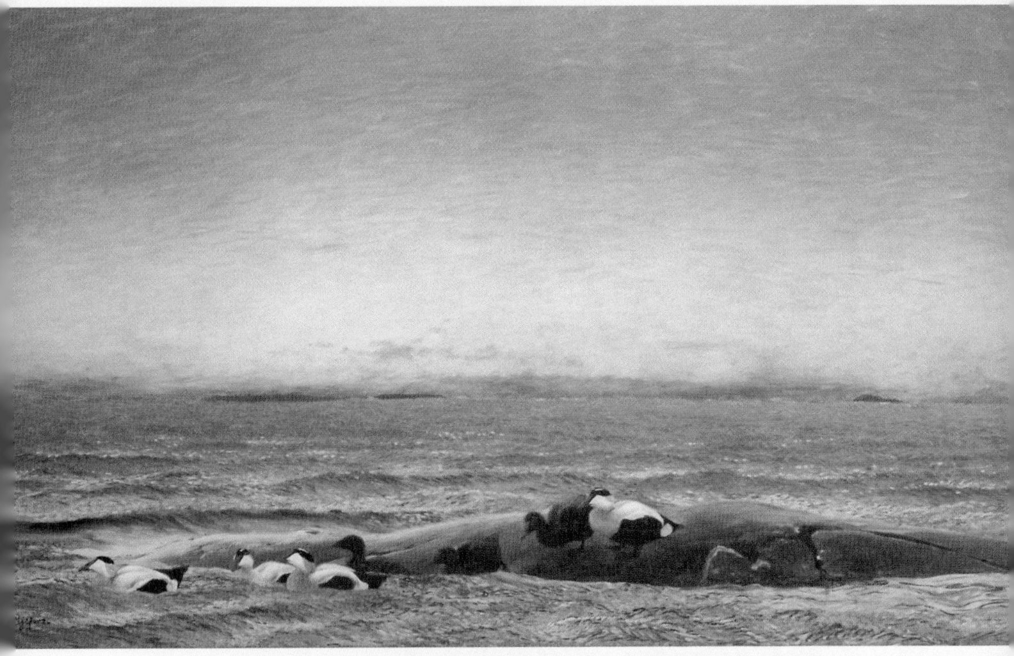

브루노 릴리에포르스, <해변가의 아침 기분>, 캔버스에 유채, 119×209cm, 1896년, 티엘 갤러리

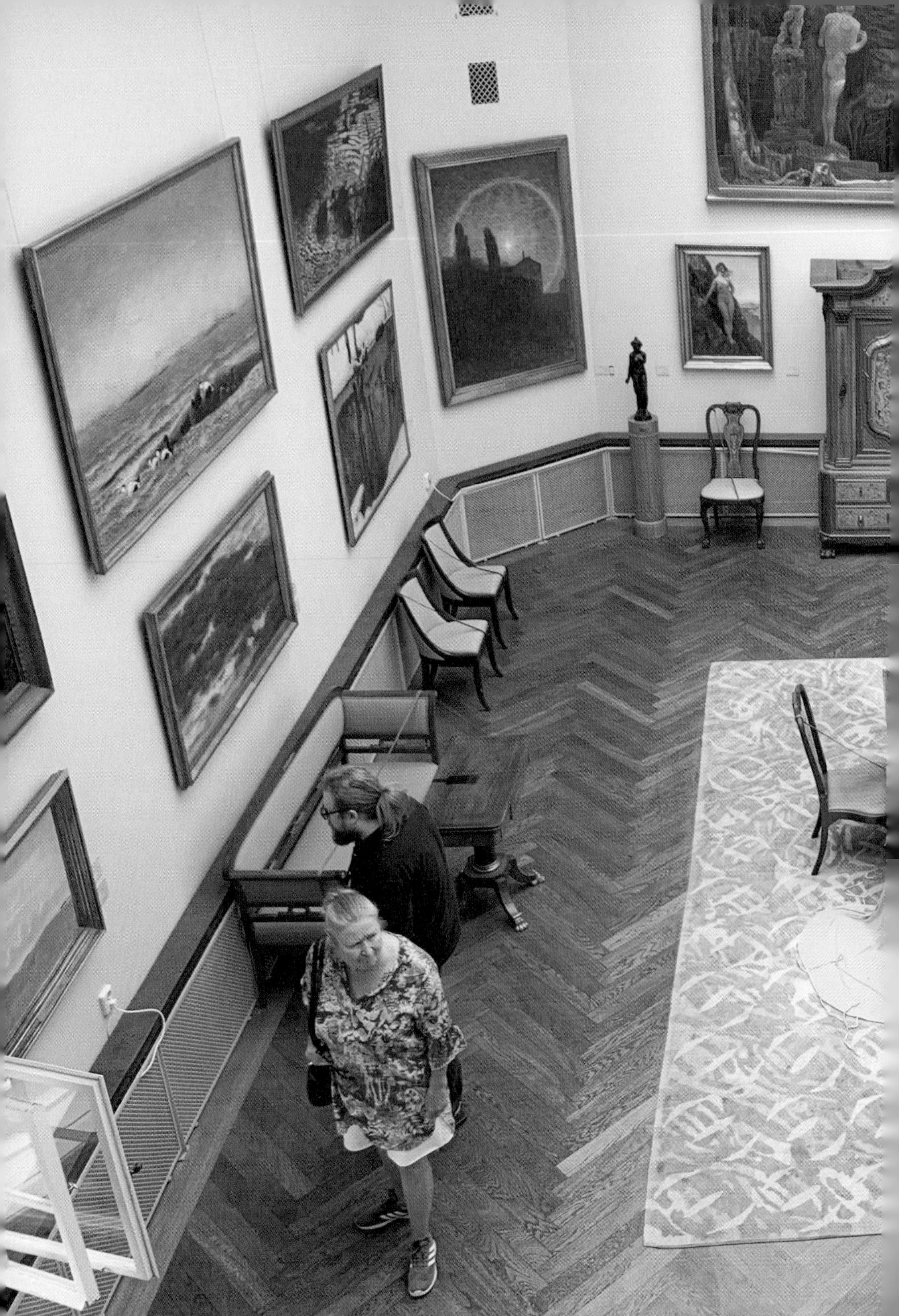

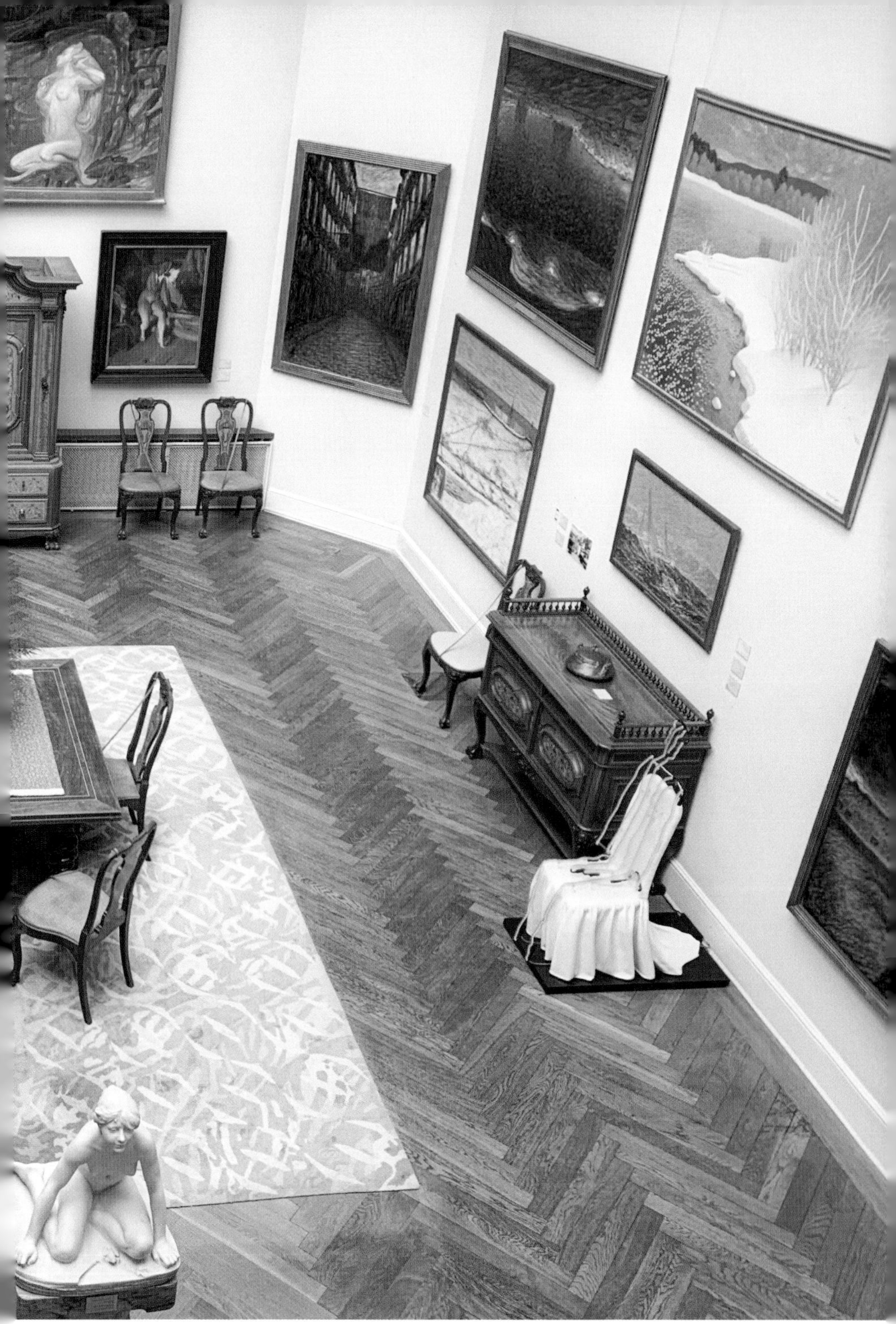

니체와 뭉크,
로댕을 만나다

무엇보다 놀라운 건, 방대한 뭉크 컬렉션이다. 층고가 높은 뭉크 홀의 벽면 모두 뭉크 작품으로 채워져 있었다. 티엘 부부의 초상화는 물론 뭉크의 대표작 중 하나로 손꼽히는 <아픈 아이>와 <절망>도 만날 수 있다. 티엘 갤러리는 뭉크가 그린 열두 점의 유화와 100점에 가까운 판화를 소장하고 있는데, 노르웨이를 제외한 세계에서 가장 큰 뭉크 컬렉션 중 하나로 손꼽힌다. 뭉크는 제2차 세계대전 중이던 1940년 노르웨이가 독일에 점령당하자 나치로부터 자신의 작품을 보호하기 위해 모든 작품과 소유물을 오슬로시에 기증했다. 오슬로에 뭉크 미술관이 세워진 이유다. 뭉크의 대표작들은 당연히 노르웨이를 가야 만날 수 있다고 생각하기 마련인데, 의외의 장소에서 그의 대표작들을 볼 수 있어 기뻤다.

그런데 노르웨이 화가의 작품이 스웨덴 컬렉터의 집에 왜 이리 많을까? 앞서 언급했듯, 티엘은 화가들과 적극적으로 교류하면서 작품을 의뢰하고 구입했다. 뭉크도 그중 한 사람이었다. 스톡홀름의 아름다운 섬 안에 지어진 이 하얀 궁전을 종종 찾았던 미술가 리스트에 뭉크 역시 포함돼 있었던 것이다.

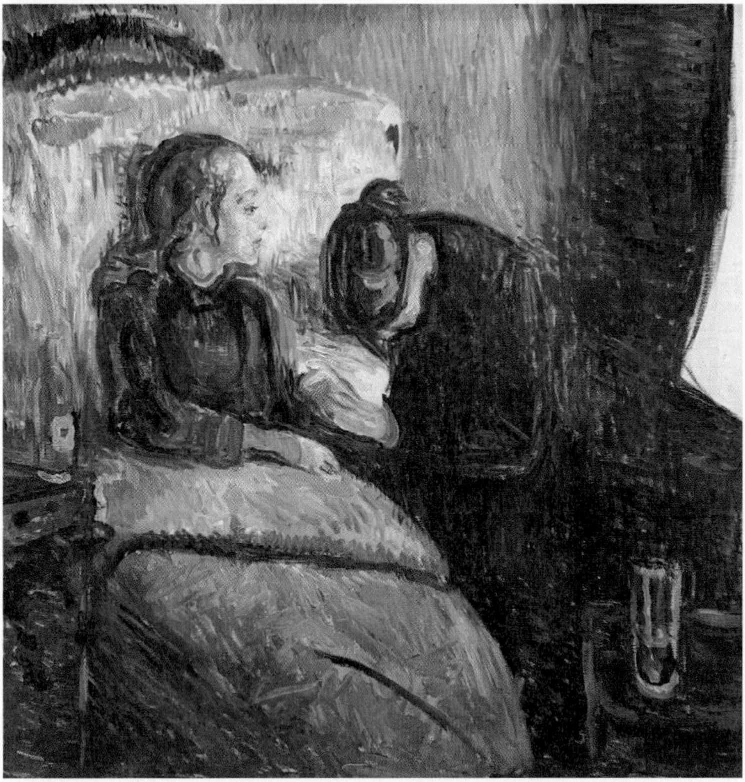

에드바르 뭉크, <아픈 아이>, 캔버스에 유채, 118×120cm, 1907년, 티엘 갤러리

갤러리의 소장품은 회화, 드로잉, 판화, 조각을 포함해 940여 점에 이른다. 미술품 외에도 160개의 가구와 디자인 오브제들을 소유하고 있는데, 대부분 티엘 부부가 수집한 것들이다.

꼭대기 층에 있는 타워 룸Tower Room에는 독일 철학자 프리드리히 니체의 데스마스크와 뭉크의 판화 작업들이 함께 전시돼 있다. 1900년 니체 사망 직후 만들어진 데스마스크가 여러 점의 에디션으로 제작됐는데, 그중 하나가 이곳에 있는 것이다. 티엘은 니체의 열렬한 팬이었다. 해서 데스마스크를 소유했을 뿐 아니라, 1906년 뭉크에게 의뢰해 니체의 초상화도 그리도록 했다. 다리 위에 서서 아래의 풍경을 응시하는 그 유명한 <프리드리히 니체>가 티엘 갤러리에 있는 이유다. 니체를 향한 존경심의 표현일까? 니체의 초상화 바로 옆에 티엘의 초상화도 걸려 있다.

아름다운 조각 공원도 명소다. 오귀스트 로댕, 구스타브 비겔란, 요한 토비아스 세르겔 등의 청동 조각이 설치돼 있다. 특히 로댕의 <그림자>는 그의 대표작 <지옥의 문>의 일부로 제작된 작품이다. 고개를 숙인 채 왼손을 뻗어 아래를 가리키는 남자는 오른손이 없는데, 로댕이 의도적으로 제거했다고 한다. 오른손이 조각 전체를 어지럽힌다고 생각해서였단다. 조각 아래에는 이 집의 원 소유주였던 티엘의 유골이 묻혀 있다.

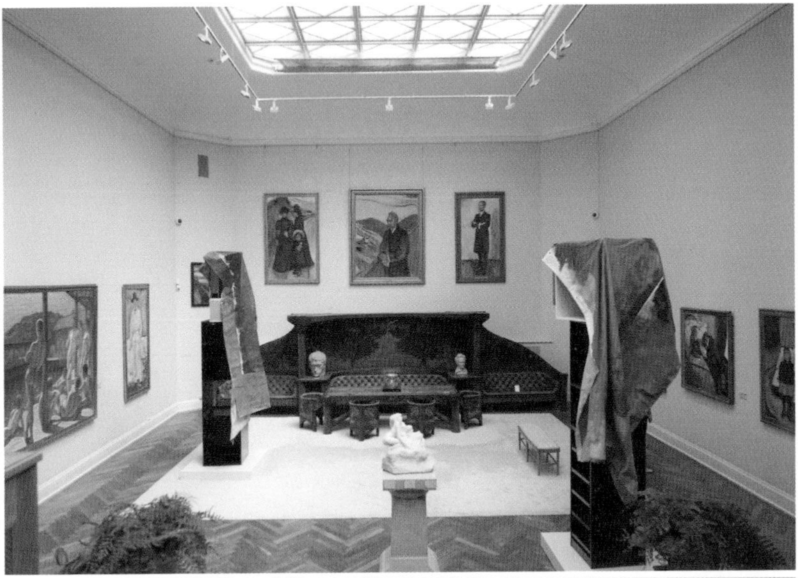

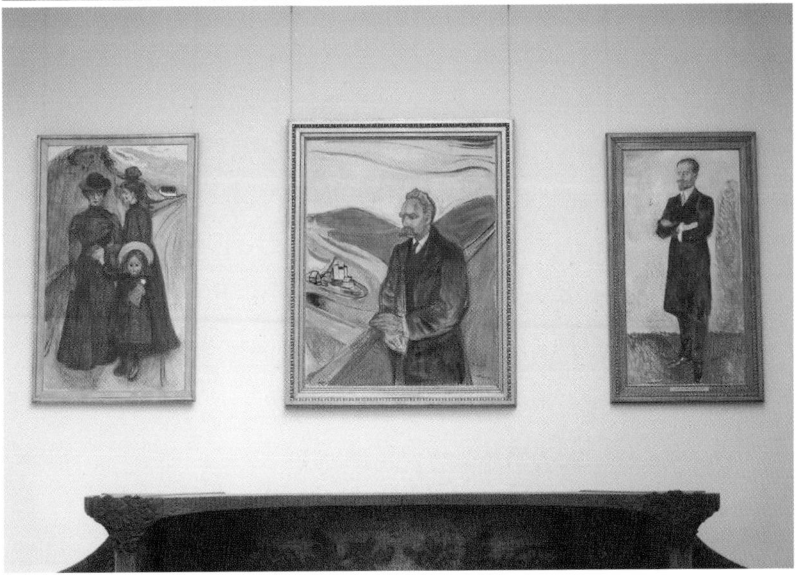

니체와 티엘의 초상화가 걸린 뭉크 홀

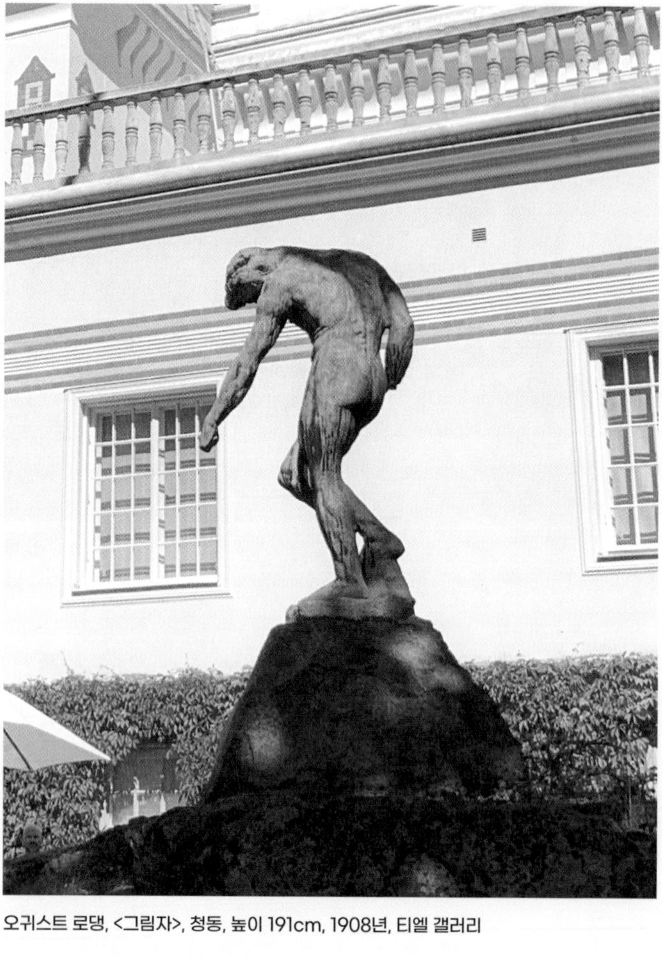

오귀스트 로댕, <그림자>, 청동, 높이 191cm, 1908년, 티엘 갤러리

"나는 모든 벽이 그림으로 장식된 집을 원합니다. 그것은 분명 즐거울 것입니다. 나는 그곳에서 살고 싶습니다." 티엘이 건축가 보베리에게 쓴 편지글이다. 자신이 사랑한 미술품들과 함께 영원히 즐겁게 살고자 했던 컬렉터의 꿈은 이렇게 죽어서야 실현된 것이다. 그의 꿈과 열정 덕분에 스웨덴 국민들은 어디에도 없는 보물 같은 새하얀 그림의 궁전을 만날 수 있었다.

Thiel Gallery
Add. Sjötullsbacken 8, 115 25 Stockholm, Sweden
Web. www.thielskagalleriet.se

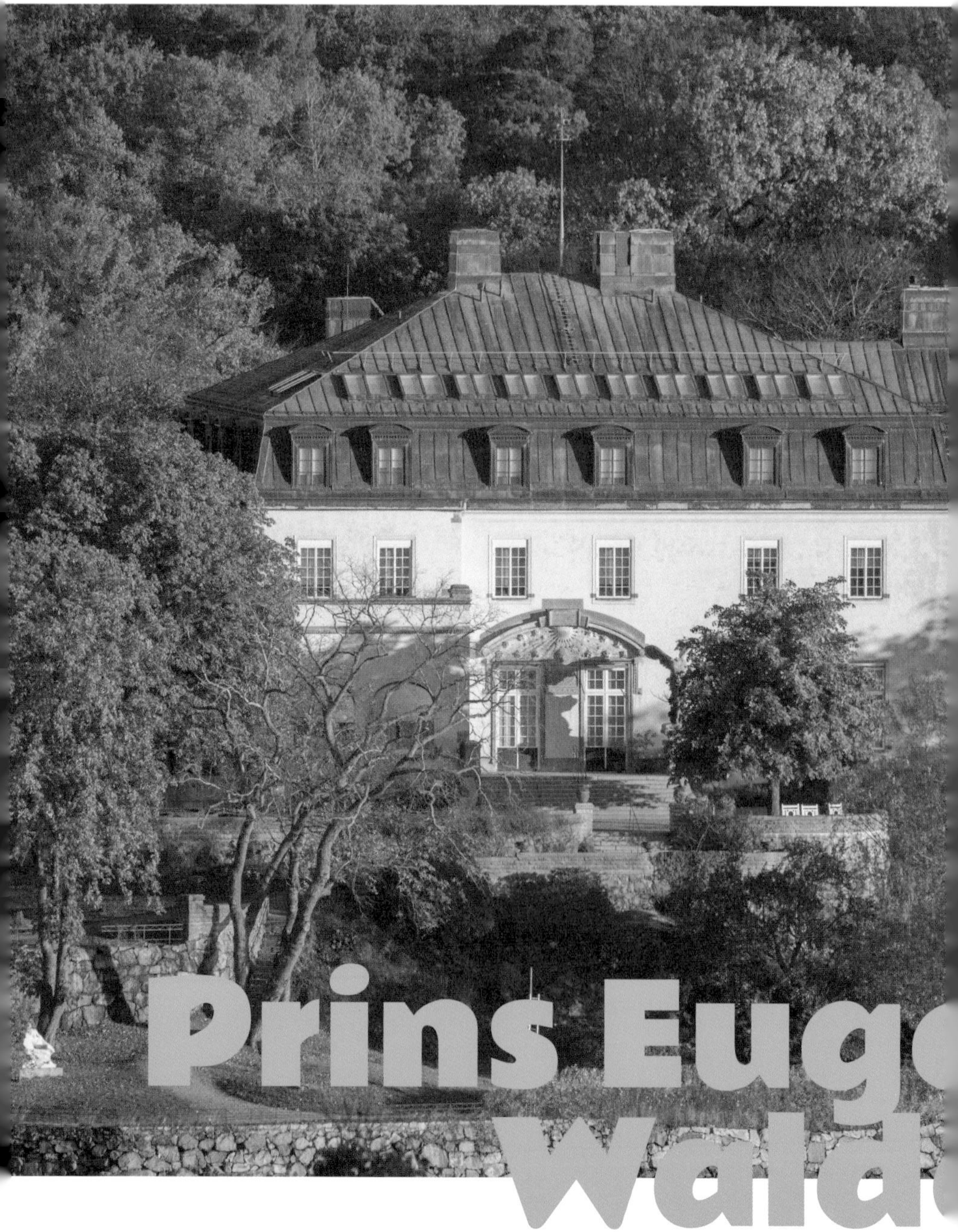

Prins Euge
Wald

스웨덴에서
가장 아름다운
미술관

에우옌
왕자
발데마르수데

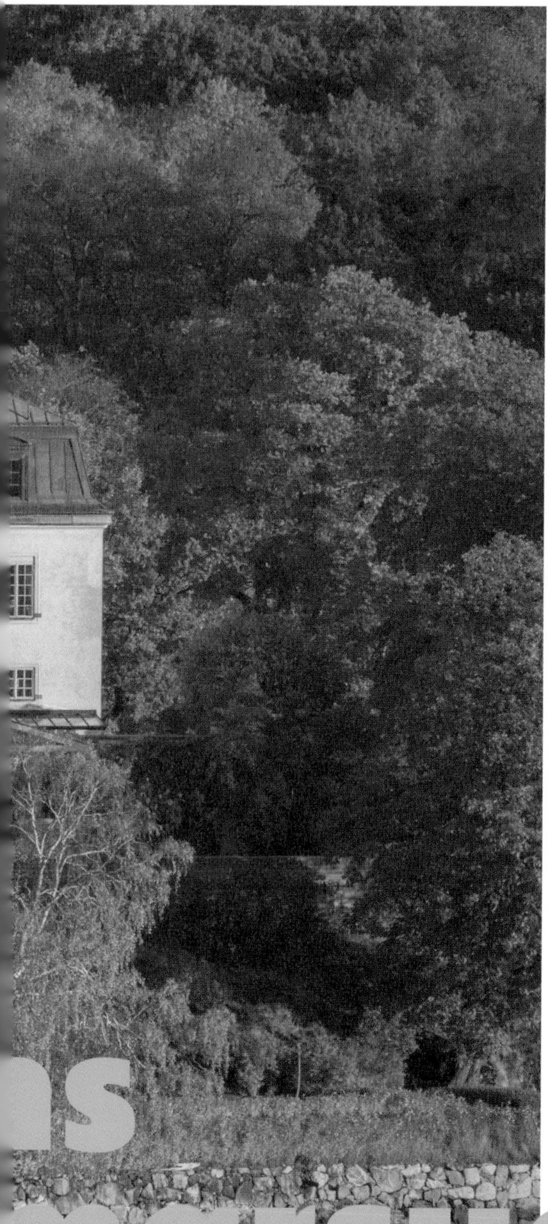

ns
marsudde

권력 대신 예술을 선택한 왕자가 있었다. 평생 결혼도 하지 않고 자식도 없이 화가이자 예술가들의 후원자로 살았던 왕자의 집은 그의 사후 스웨덴에서 가장 아름다운 미술관으로 탄생했다. 스톡홀름 방문객들에게 가장 인기 있는 미술관 중 하나인 에우옌 왕자 발데마르수데가 바로 그 주인공이다.

"스웨덴에서 가장 아름다운 미술관에 오신 걸 환영합니다." 에우옌 왕자 발데마르수데 홈페이지에 접속하면 가장 먼저 만나는 문구다. 이런 자아도취적인 소개 때문에 나 역시 그곳까지 찾아갔었다. 이곳은 스톡홀름 유르고르덴에 위치한 미술관이다. 아름다운 공원에 둘러싸인 섬 안에는 바사 뮤지엄, 아바 뮤지엄, 티엘 갤러리 등 유서 깊은 박물관과 미술관이 곳곳에 있어 예술의 섬을 방불케 한다. 에우옌 왕자 발데마르수데는 섬의 남쪽 바닷가에 위치해 있다.

개인 컬렉터의 집에서 국립미술관이 된 아름다운 티엘 갤러리를 본 다음 날, 다시 배를 타고 이곳을 찾았다. 같은 섬에 있고, 개인 저택을 개조한 미술관이라는 공통점이 있었기 때문이다.

그런데 잠깐! Prins Eugen Waldemarsudde. 이 예사롭지 않은 미술관의 명칭부터 좀 알아보자. 발데마르수데는 미술관

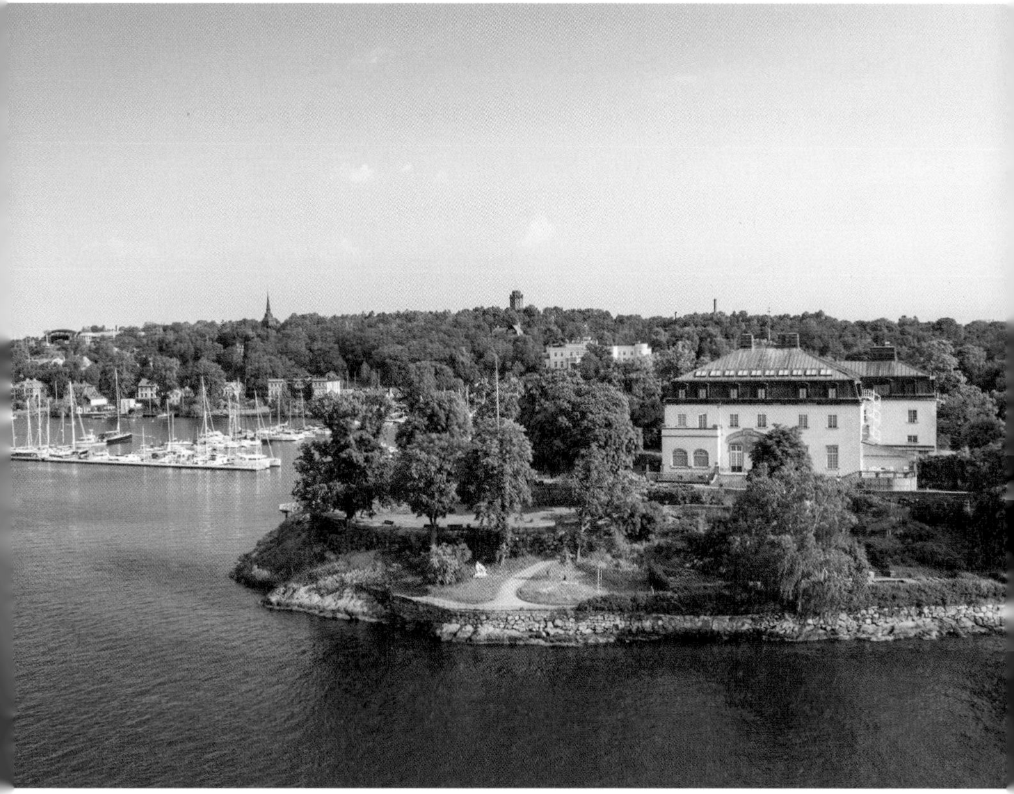

이 들어선 지역의 이름이다. 발데마르라는 독일인 남자 귀족의 이름에서 유래했고, '우데Udde'는 스웨덴어로 '곶'을 뜻한다. 그러니까 발데마르의 곶이란 뜻을 가진 지명인 것이다. 왕자의 이름 'Eugen'도 처음엔 어떻게 발음해야 할지 곤혹스러웠다. 영어로는 유진, 프랑스어로는 외젠, 독일어로는 오이겐, 그렇다면 스웨덴어로는? 에우옌으로 표기된다. 그러니까 에우옌 왕자와 발데마르수데라는 이곳 지명을 나란히 붙인 이름인 게다.

그렇다면 에우옌 왕자는 누굴까? 우리에게는 낯선 이름이지만 스웨덴 사람들에겐 큰 존경과 사랑을 받는 인물이다. 스웨덴 국왕 오스카르 2세의 막내아들로 스웨덴 문화예술 발전에 큰 공을 세운 화가이자 예술 후원자다. 당대 최고의 풍경화가 중 한 명이기도 하다.

왕자가 살던 예술의 집

왕자가 이 섬에 땅을 산 건 1899년, 세기가 바뀌던 시절이었다. 처음 몇 년간은 여름에만 농가에서 지내면서 그림을 그리다가 아예 이곳에 예술의 집을 짓기로 했다. 에우옌 왕자 발

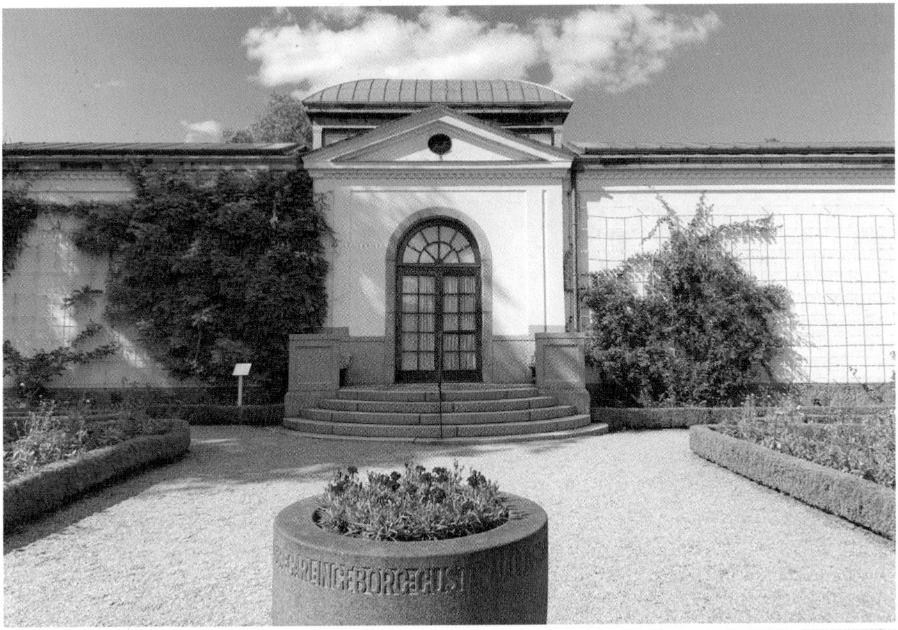

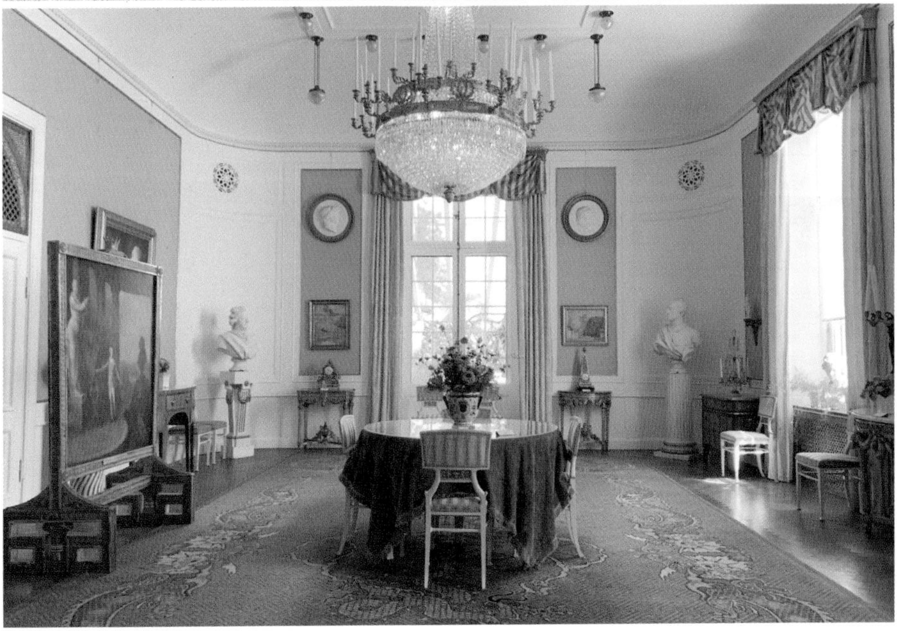

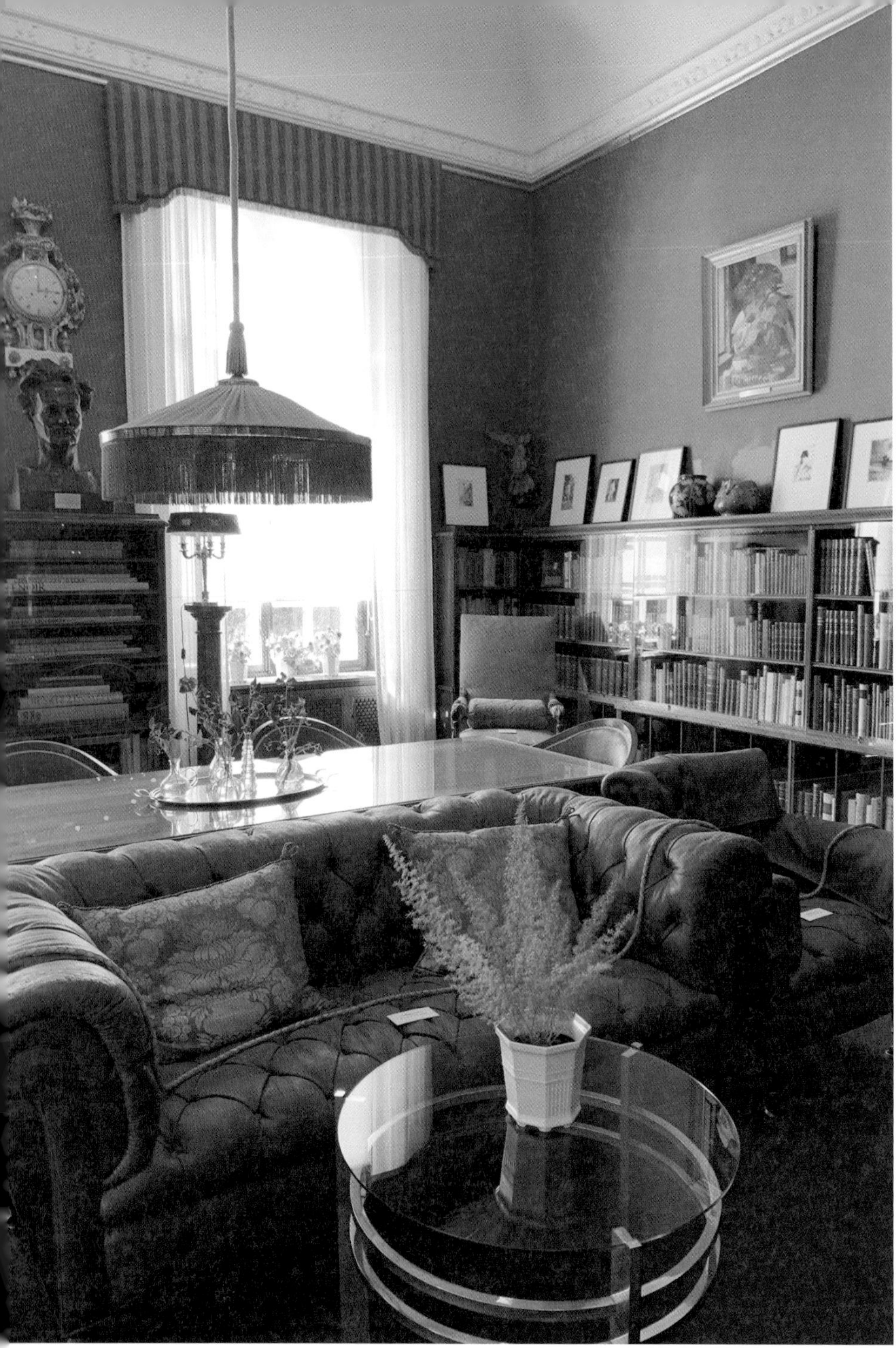

에우젠 왕자의 도서관

데마르수데 미술관은 크게 왕자의 주거지였던 '맨션'과 '갤러리' 건물로 나뉜다. 맨션은 2년의 공사 기간을 거쳐 1905년에 완공됐고, 갤러리는 1913년에 추가됐다. 두 건물 다 스웨덴의 유명 건축가였던 페르디난드 보베리가 설계했다. 보베리는 스톡홀름 시내의 백화점, 대사관, 우체국 등을 비롯해 귀족들의 저택도 많이 설계했는데, 앞서 소개했듯 티엘 갤러리도 그의 작품이다. 시기적으로 에우옌 왕자의 집을 먼저 지었고, 2년 후 티엘의 집도 완공했다.

메인 건물인 맨션은 군더더기 없는 상아색 건물 위에 갈색 지붕을 얹은 3층짜리 저택으로 귀족적 품격이 느껴지는 우아한 건물이다. 갤러리 건물 지붕은 초록색과 금색으로 장식돼 있어 조금 더 장식적이며 티엘 갤러리와 흡사한 느낌을 주었다. 맨션 내부에는 왕자가 살던 방과 거실, 도서관 등이 왕자의 수집품들과 함께 그대로 보존돼 있다. 티엘 갤러리에서도 그랬듯, 과거 이곳에 살았던 옛 주인의 흔적을 엿볼 수 있다. 주인이 일반 귀족이 아닌 왕자인 데다가 당대 뛰어난 풍경화가가 아니었던가. 왕자를 비롯한 당대 북유럽 화가들의 작품을 감상하는 것도 좋았지만, 고급스러운 샹들리에와 소파, 가구, 장식품 등 옛 주인의 취향을 보여주는 귀족적인 인테리어를 경험하는 즐거움도 컸다. 특히 다이닝 룸에서는 육중하고 화려한 샹들리에와 바다를 느끼게 하는 민트색 벽지, 이와 대비되는 붉은 카펫이 묘한 조화를 이루어 인상적이었다. 맨션의 2층은 원래 왕자의 개인 공간이었지만 지금은 소장품과 기획전시를 보여주는 전시실로 사용되고 있다. 왕자의 작업실이 있던 꼭대기 층 역시 기획전과 소장품 전시를 번갈아 여는 전시실로 개조됐다.

권력보다
예술을 선택한 왕자

그렇다면 에우옌 왕자는 왜 화가가 되었고, 그가 살던 집은 어떻게 공공미술관이 되었을까? 에우옌 왕자로 불리지만, 그의 본명은 에우옌 나폴레온 니콜라우스Eugen Napoleon Nicolaus다. 1865년 오스카르 2세와 소피아 왕비의 넷째이자 막내아들로 태어난 그는 어릴 때부터 예술적 재능을 보였다. 스무 살 때 웁살라 대학교에 입학해 미술을 전공하게 되면서 화가가 될 결심을 했다. 하지만 국왕 부부는 의심과 걱정이 앞섰다. 일국의 왕자가 취미로 그림을 그리는 것은 괜찮지만, 전문 화가가 된다는 것은 전혀 다른 문제였기 때문이다.

부모의 걱정에도 불구하고, 왕자는 1887년 아예 미술의 도시 파리로 유학을 떠났다. 2년 동안 체류하면서 레옹 보나를 비롯한 여러 화가 밑에서 수학했다. 파리는 그가 미술품 수집가로서 첫발을 내디딘 곳이기도 했다. 2년 후 귀국한 왕자는 스톡홀름에 있는 스웨덴 왕립미술아카데미의 첫 명예 회원이 되었고, 다음 해 국립미술품구매위원회의 대표로 선출되었다. 이러한 활동은 화가로서뿐 아니라 이후 여러 문화예술 단체 활동으로 이어져 스웨덴 문화예술 발전에 헌신하는 출발점이었다. 스웨덴으로 돌아온 후, 에우엔 왕자는 <봄Spring>(1891), <숲The Forest>(1892)과 같은 서정적인 그림으로 예술적 돌파구를 찾았다.

왕자는 예술가로 살고자 했으나 유혹이 없는 건 아니었다. 28세가 되던 1893년, 노르웨이 국왕의 적임자로 추천됐다가 아버지의 반대로 무산됐다. 그해 여름 스웨덴 남동부 순드뷔홀름 성에 머물며 그린 그림이 바로 이곳에 있는 <오래된 성The Old Castle>이다. 17세기에 지어진 성은 그림에서처럼 바다가 내려다보이는 언덕 위에 자리하고 있다. 권력에 대한 유혹과 예술에 대한 열정 사이에서 흔들렸던 걸까. 왕자는 맑은 여름날, 거대한 비구름이 몰려오고 있는 장면을 묘사했다. 흰 구름은 신의 계시나 이상 등을 상징하지만 먹구름은 난관이나 불길한 예감을 암시한다. 그림에는 흰 구름과 먹구름이 반반씩 섞

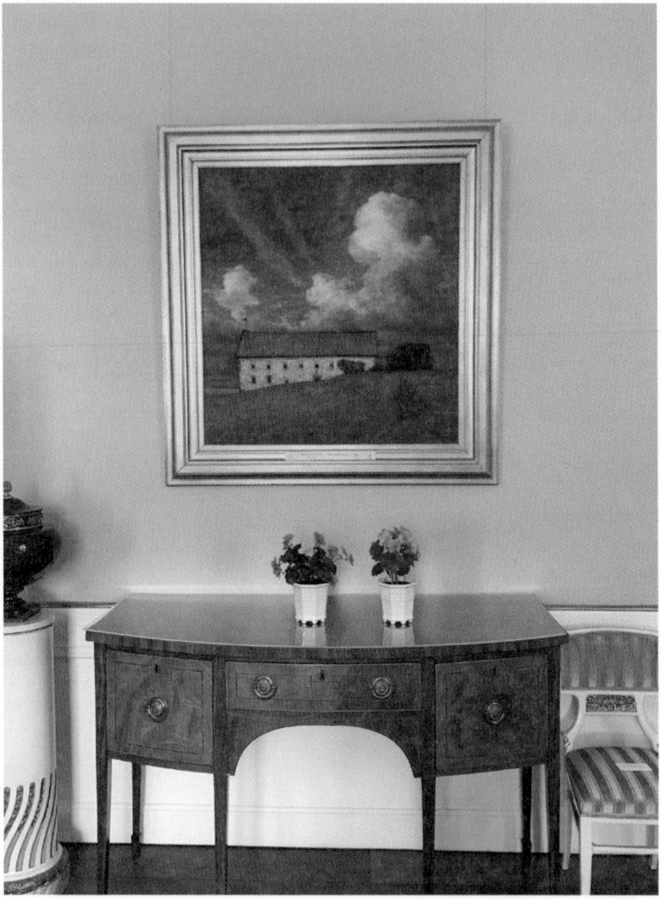

에우옌 왕자, <오래된 성>, 캔버스에 유채, 101×97cm, 1893년, 에우옌 왕자 발데마르수데

여 있어, 당시 그의 고뇌를 짐작하게 한다.

그가 발데마르수데에 부동산을 사서 예술의 집을 지은 건 30대 중반 때였다. 아마 이때부터 권력과 담을 쌓고 온전히 예술 속에서만 살리라 결심했던 듯하다. 왕자는 작가 발굴과 외국 작가를 국내에 소개하는 일에도 적극적이었다. 1893년 스웨덴 화가 에른스트 요셉손의 첫 주요 전시를 열어주었고, 이듬해 에드바르 뭉크의 작품을 처음으로 스톡홀름에 소개했다.

왕자에겐 디자인 재능도 있었다. 이곳에서 만날 수 있는 화분뿐 아니라 의자와 은색 보석도 그가 디자인했다. 그는 스웨덴 공공예술 분야에도 헌신했는데, 그의 작품들은 스톡홀름 곳곳의 학교, 병원, 교회 등에서 찾아볼 수 있다. 가장 유명한 건 스톡홀름 시청의 프린스 갤러리에 있는 <물 옆 도시City by the Water>(1916-22)로, 길이만 40m가 넘는 대형 벽화다.

보수적인 왕실의 일원이었지만 급진적인 사고를 지녔던 왕자는 사회 비판도 서슴지 않았다. 제2차 세계대전 동안에는 히틀러의 나치즘을 비판하며 정치적 폭력에 반대하는 목소리를 내기도 했다.

그렇다고 활동가나 정치가가 되지는 않았다. 왕자는 아름다운 자연과 예술에 둘러싸인 한적한 섬 집에서 82세까지 행복하게 살았다. 그림을 그리고, 꽃을 가꾸고 책을 읽으면서 말이다. “예술 다음으로, 꽃은 나의 큰 기쁨이라 생각한다.” 왕자가 지인에게 보낸 편지에 쓴 문구다. 미술관 안팎 곳곳에 유독 아름다운 꽃과 식물들이 많은 이유가 설명된다. 왕자는 이곳에 살면서 직접 꽃과 나무, 식물들을 정성껏 심고 가꾸었다. 권력 대신 예술과 꽃에 둘러싸여 행복한 생을 살았던 그는 1947년 세상을 떠나며 자신의 소장품과 부동산을 모두 국가에 기증했다. 평생 결혼도 하지 않고 예술과 함께 살았던 왕자의 집은 1948년부터 박물관이 되어 대중에게 개방되고 있다.

스웨덴 최대 규모의 개인 컬렉션

현재 미술관 소장품 규모는 7,000여 점으로 에우엔 왕자가 평생 수집한 것들이다. 1947년 왕자가 사망했을 때, 그의 작품 3,200여 점과 450여 명의 다른 예술가들 작품 3,500여 점을 남겼는데, 개인 컬렉션으로는 스웨덴에서 가장 큰 규모라 할 수 있다. 그 이후로 미술관 컬렉션은 기증과 구매를 통해 몇 작품만 추가되었을 뿐이다.

소장품은 풍경화가 주를 이루지만 정물화와 초상화도 많다.

초상화를 그린 화가나 모델들은 주로 왕자의 친한 친구들이나 예술적 동료들이다. 당시 초상화가로 유명했던 오스카르 비에르크Oscar Björck의 작품이 유독 많은데, 그가 왕자의 절친이었기 때문이다. 스웨덴 화가들의 작품이 대다수지만, 노르웨이의 에드바르 뭉크나 덴마크의 비고 요한센Viggo Johansen 같은 다른 북유럽 국가 화가들의 작품도 만날 수 있다. 물론 파블로 피카소나 앙드레 드랭 같은 프랑스 화가들의 작품도 있다. 특히 피카소의 입체파 양식은 왕자가 스톡홀름 시청 벽화를 그릴 때 영향을 주었다. 오귀스트 로댕, 칼 밀레스 등의 야외 조각과 꽃으로 예쁘게 꾸며진 야외 정원도 이곳의 또 다른 볼거리다.

사실 왕이 되지 못한 왕자의 운명이 평탄한 경우는 드물다. 형제가 많을수록 피비린내 나는 권력 투쟁이 있기 마련이다. 하지만 넷째아들로 태어난 에우엔 왕자는 영리했다. 일찌감치 권좌를 탐하는 대신 예술을 택했으니까. 부모의 반대를 무릅쓰고 파리 유학을 통해 실력파 풍경화가로 거듭난 그는 화가로서뿐 아니라 공공미술가, 디자이너, 무엇보다 예술의 후원자로서 스웨덴 근현대미술을 보호하고 발전시키는 데 큰 역할을 했다. 왕자는 알고 있었던 듯하다. 권력은 잠깐이지만 예술은 영원하다는 것을. 사후 70여 년이 지났으나 스웨덴 국민들은 여전히

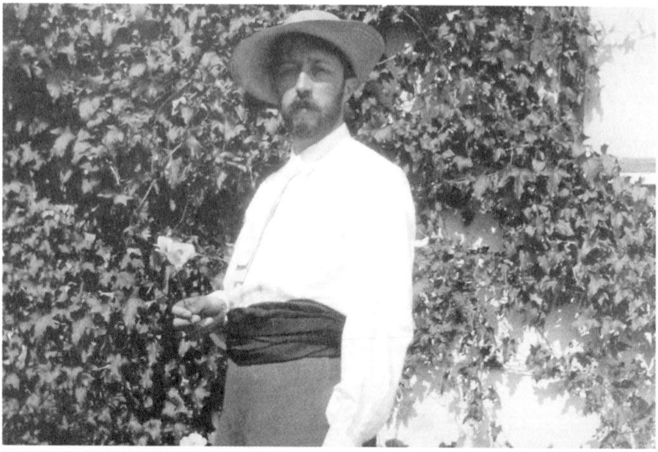

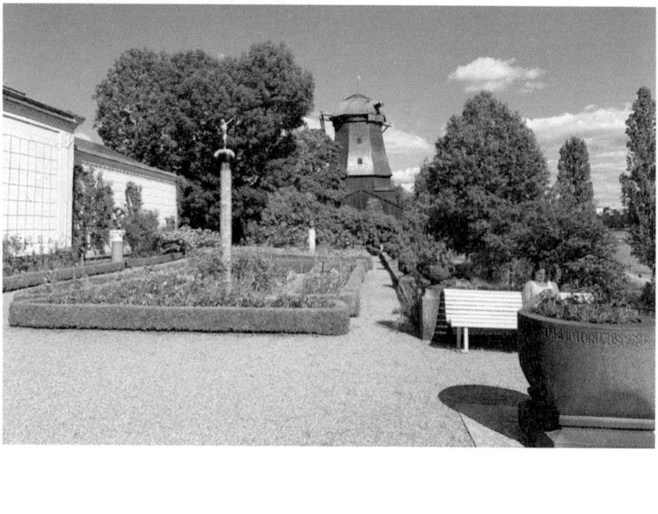

그에게 사랑과 존경을 보내고 있다. 아마 그가 평생 권력가로 살았다면 불가능했을 것이다. 권력 대신 예술을 선택한 왕자의 인생과 헌신을 온전히 품은 집이 스웨덴에서 가장 아름다운 미술관인 이유다.

Prins Eugens Waldemarsudde
Add. Prins Eugens Väg 6, 115 21 Stockholm, Sweden
Web. waldemarsudde.se

⊕ Plus Page

작지만 알찬 미술관
말뫼 현대미술관

Add. Ola Billgrens plats 2-4, 211 29 Malmö, Sweden
Web. www.modernamuseet.se/malmo/sv

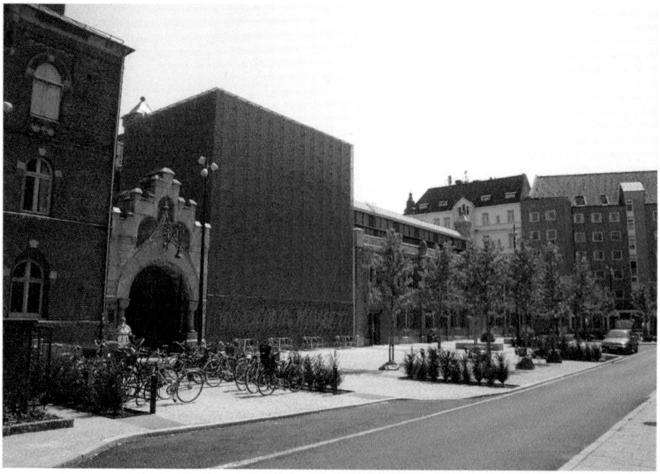

Moderna Museet MALMÖ

스톡홀름 현대미술관의 분관이다. 말뫼는 남북으로 긴 스웨덴의 남서쪽 끝 외레순 해협에 위치한 도시다. 스톡홀름에선 멀고, 코펜하겐에서는 다리만 건너면 닿을 수 있어 코펜하겐 여행자들이 많이 찾는다. 말뫼 현대미술관은 도시재생 프로젝트의 일환으로 탄생했다.

현재의 건물은 1901년에 지어진 전력발전소를 재활용한 것이다. 1988년에서 2006년까지 로세움 현대미술센터Rooseum Centre for Contemporary Art로 쓰였다가 개조 공사를 한 후 2009년 12월에 스톡홀름 국립현대미술관의 분관으로 문을 열었다. 리모델링 설계는 스톡홀름 현대미술관과 마찬가지로 스페인 건축가 라파엘 모네오가 맡았다. 붉은 벽돌로 된 낡은 발전소 건물 사이에 새로 들어건 신관은 선명한 빨간색 메탈로 마감을 해서 멀리서도 눈에 띈다.

현대미술관의 분관이다 보니 자체 소장품을 보여주는 상설전시보다 기획전 위주의 전시 프로그램을 운영한다. 2020년 4월에는 미술사 최초의 추상화가로 주목받고 있는 스웨덴 여성화가 힐마 아프 클린트의 대규모 회고전을 열어 큰 호응을 얻은 바 있다.

⊕ Plus Page

전망 좋은 사진 전문 갤러리
포토그라피스카

Add. Stadsgårdshamnen 22, 116 45 Stockholm, Sweden
Web. www.fotografiska.com/sto

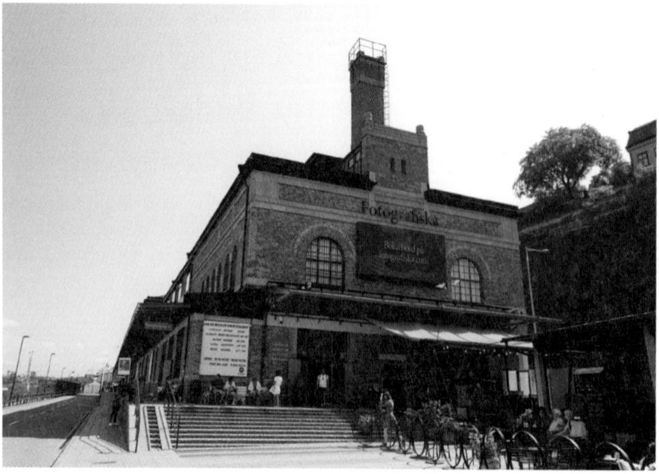

Fotografiska

얀 & 페르 브로만Jan & Per Broman 형제가 설립한 국제적인 사진 전문 갤러리로 발트해에 면한 스톡홀름 항구 지역 스타스고르덴Stadsgården에 위치하며 뉴욕, 탈린, 베를린에도 지점을 두고 있다. 갤러리는 1906년에서 1910년 사이 지어진 역사적인 세관 건물 '스토라 툴후셋Stora Tullhuset'에 자리한다. 20세기 초 스톡홀름의 주요 건축가였던 페르디난드 보베리가 설계한 세관 건물은 2007년부터 대대적인 리모델링을 시작해 2010년 5월 사진 전문 갤러리로 재탄생했다.

개관전은 미국 초상 사진가 애니 리버비츠Annie Leibovitz의 개인전 '사진가의 삶 1990-2005'이었다. 리버비츠는 존 레논과 오노 요코 부부의 유명한 폴라로이드 사진을 찍은 작가로, 레논이 살해당하기 다섯 시간 전에 찍은 그 사진으로 세계적인 명성을 얻었다. 개관전 이후 안톤 코르베인Anton Corbijn, 닉 브란트Nick Brandt, 헬렌 레빗Helen Levitt, 로버트 메이플소프Robert Mapplethorpe, 사라 문Sarah Moon, 거스 밴 샌트Gus Van Sant, 크리스터 스트룀홀름Christer Strömholm 등 국제적인 사진작가들의 전시회를 꾸준히 개최해왔다.

포토그라피스카는 정기적으로 여는 전시회 외에도 교육이나 강의, 다양한 워크숍 등을 주최하고, 전망 좋은 카페와 레스토랑, 아트숍도 운영하고 있다.

4

핀란드
Finland

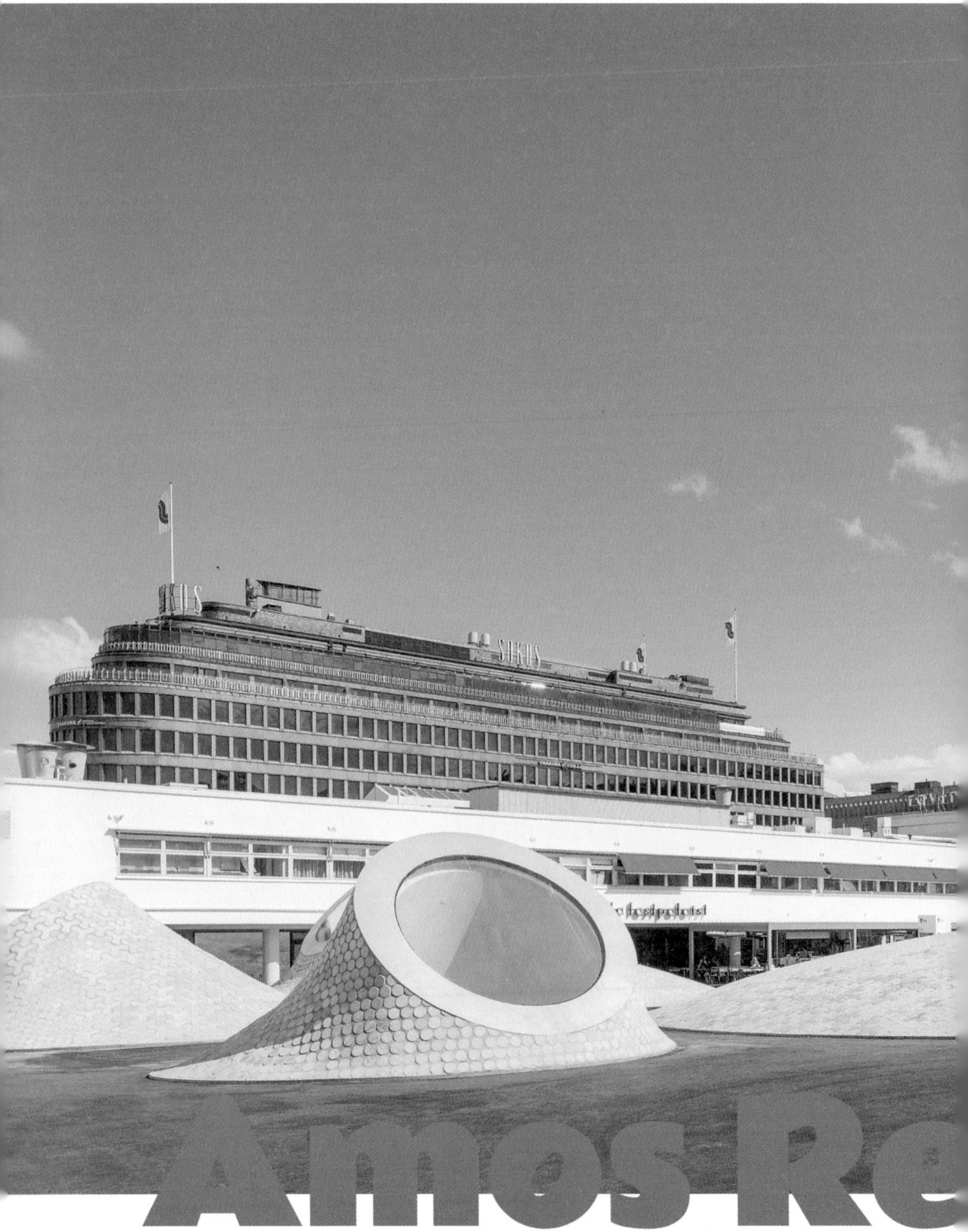

Amos Re

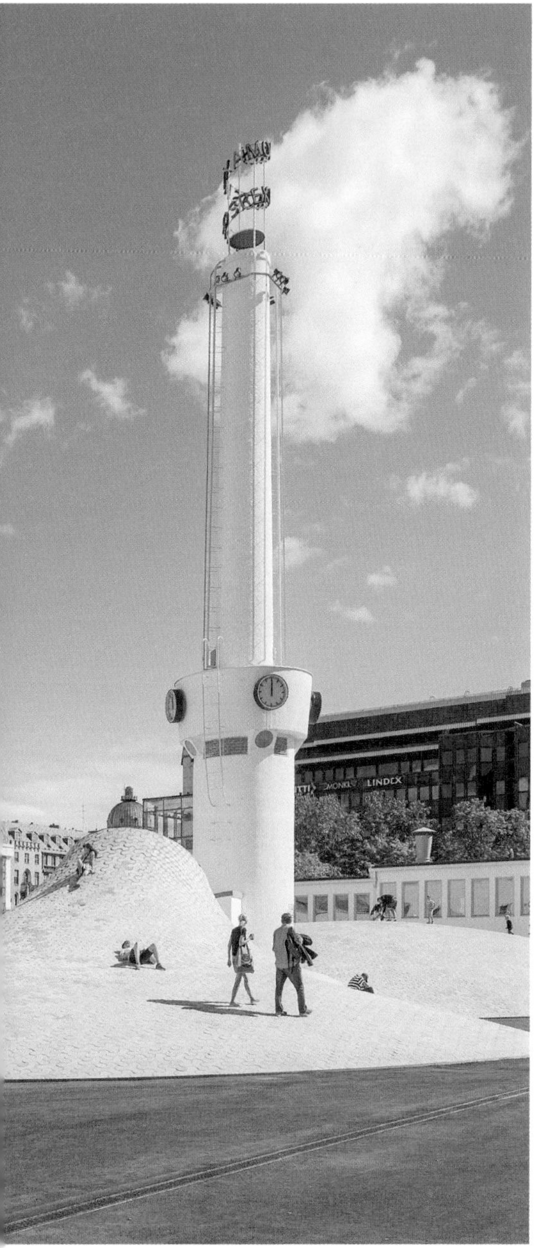

행복한 나라의 동화 같은 미술관

아모스 렉스

세계에서 가장 행복한 나라로 손꼽히는 핀란드. 해마다 UN이 발표하는 세계 행복지수에서 2023년에도 1등을 차지했다. 핀란드는 세계 최고 수준의 복지제도와 무상교육은 물론 성평등 국가로도 유명하다. 1906년 유럽 최초로 여성 참정권을 부여했을 뿐 아니라 2000년에 여성 대통령을 배출했고, 1985년생 산나 마린이 2019년부터 2023년까지 총리를 맡았다. 핀란드는 혁신적인 디자인과 건축의 나라로도 잘 알려져 있다. 모더니즘 건축의 선구자 알바르 알토, 세계적인 라이프스타일 브랜드 마리메코, 귀여운 무민 캐릭터를 탄생시킨 토베 얀손 등이 모두 핀란드가 낳은 자랑스러운 문화유산이다. 특히 수도 헬싱키는 최근 들어 파격적인 도시재생 건축 프로젝트를 연이어 성공시키며 세계인의 이목을 끌고 있다. 그중에서도 초현실적인 외관의 아모스 렉스는 2018년 완공되자마자 헬싱키의 새로운 랜드마크로 떠오르며 주목받고 있다.

척박한 환경에서 태어난 새로운 랜드마크

헬싱키로 향하는 비행기 안에서 내내 의구심이 들었다. 이

방인들의 눈에 비친 핀란드는 지상 천국의 모습에 가까워 보이지만 과연 실제로도 그럴까? 사실 핀란드는 국토의 3분의 1이 북극권에 속하기 때문에 1년 중 6개월이 춥고 어두운 겨울이다. 겨울 동안 하루 서너 시간밖에 해를 못 보는 척박한 자연환경을 가지고 있다. 행복은커녕 우울증 걸리기 딱 좋은 환경이다. 게다가 오랫동안 주변 강대국의 지배를 받았던 고통과 치욕의 역사도 가지고 있다. 12세기부터 600년 이상 스웨덴의 지배를 받았고, 1809년부터 100년 넘게 러시아 치하에 있다가 1917년 독립했다. 독립 이후에도 러시아와 두 차례 전쟁을 치렀고, 패전국으로서 막대한 배상금을 지불하며 전 국민이 고통을 분담했다. 그러니까 오늘날 핀란드가 이룬 성과는 제2차 세계대전 이후 약 70년 동안의 피나는 노력의 결과인 것이다.

인구 65만 명이 사는 수도 헬싱키는 16세기에 처음으로 도시의 모습을 갖추기 시작했다. 다른 유럽의 주요 도시들과 비교해 상대적으로 역사가 짧고 문화유산도 풍부하지 않다. 그런데도 헬싱키는 2012년 세계 디자인의 수도로 선정되었고, 최근에는 도심 전체에 혁신 디자인의 바람이 불면서 북유럽에서 가장 핫한 문화도시로 주목받고 있다.

헬싱키에 도착하자마자 라시팔라치 광장으로 향했다. '헬싱키의 심장부'라 불리는 이 광장을 중심으로 파격과 실험성을 내건 건축물들이 속속 들어서고 있기 때문이다. 아모스 렉스 역시 이 광장에 위치해 있다. 평평한 광장에 크고 예쁜 잠망경들이 언덕처럼 튀어나와 있고, 가운데에는 1930년대에 지어진 하얀 굴뚝이 높이 솟구쳐 있었다. 판타지 동화 속 세상을 닮은 이곳이 바로 아모스 렉스의 지붕이다. 구불구불한 지붕 위를 오르락내리락할 수 있고, 잠망경의 둥근 창문을 통해 지하 내부를 들여다볼 수 있어서 재밌는 놀이터 같았다. 미술관을 지하로 보내되 지붕 경관을 활용해서 헬싱키 시민들이 즐길 수 있도록 디자인한 것이다. 이 혁신적인 디자인은 핀란드 건축회사 JKMM 아키텍트의 작품이다. 2010년 상하이 엑스포 핀란드관을 설계했던 회사다.

아모스 렉스는 핀란드의 유명 예술후원자이자 언론사 소유주였던 아모스 안데르손이 설립한 핀란드 최대 규모의 사립미술관이다. 1965년 개관해 2017년까지 운영되었던 아모스 안데르손 미술관Amos Anderson Art Museum이 그 전신이다. 광장은 원래 네모나고 평평했으나 2018년 새 미술관 건물이 들어서면서 어디서도 본 적 없는 독특하면서도 초현실적인 놀이 공간으로 탈바꿈했다. 5,000만 유로(약 668억 원)가 투입된 아모스 렉스는 개관 1년 만에 50만 명 이상이 다녀가며 단숨에 헬싱키의 새로운 랜드마크가 되었다.

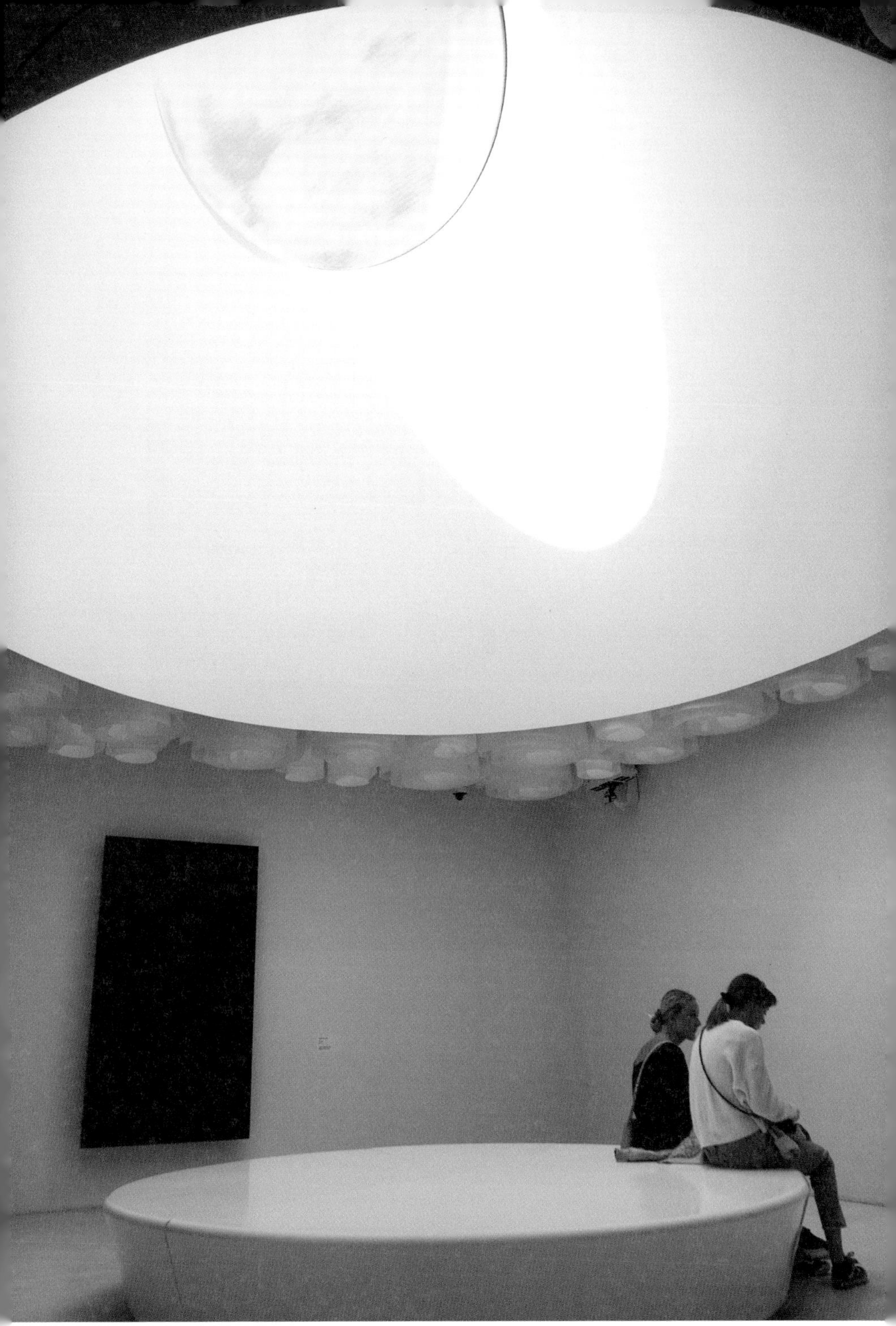

과거와 현재,
미래를 잇는 미술관

아모스 렉스는 1930년대에 지어진 '라시팔라치Lasipalatsi' 건물을 통해 내부로 들어갈 수 있다. '유리 궁전Glass Palace'이란 뜻을 가진 이 건물은 1936년 세 명의 건축학도가 설계했는데, 레스토랑과 상점, 극장이 함께 있는 실험적인 복합문화공간이다. 이후 건물은 도심 개발을 위해 몇 차례 철거 위기를 겪었지만 시민들의 반대로 보존될 수 있었다. 한때 헬싱키는 관광 활성화를 위해 세계적인 구겐하임미술관의 분관 설립을 추진했었다. 하지만 막대한 건축비와 로열티, 운영비에 대한 부담으로 헬싱키 시민 70% 이상이 반대해 무산됐다. 대신 역사성 있는 광장 복원과 지역 미술관을 키우자는 의견에 힘이 실리면서 추진된 도시재생 프로젝트의 결과가 바로 아모스 렉스 미술관인 것이다.

라시팔라치 건물 1층에는 맛집으로 유명한 레스토랑과 매표소, 아트숍 등이 있고, 2층에는 유서 깊은 비오 렉스 영화관이, 그리고 지하에 새로 생긴 현대미술관이 위치한다. 미술관 로비에서 고개를 위로 들어 올리자 동그란 천창을 통해 바깥의 굴뚝과 파란 하늘이 선명히 보였다. 마치 한 폭의 풍경화 같았다. 계절이나 날씨에 따라 완전히 다른 그림을 연출할 것이다. 지붕 위로 난 대형 채광창들 덕분에 전시장은 지하 6m에 있지만 전혀 지하 같지 않았다. 지하와 지상이 서로 유기적으로 연결돼 있는 느낌을 주었다. 곡선 천장이 인상적인 전시장은 총 2,200m²(665평) 크기로 기둥이 전혀 없는 구조라서 실제보다 더 넓어 보였다.

아모스 렉스의 소장품은 핀란드에서 가장 큰 개인 미술 컬렉션 중 하나다. 회화부터 조각, 그래픽, 사진 등 7,000여 점의 근현대미술 작품으로 이루어져 있다. 여기에는 설립자 안데르손이 수집한 250여 점의 미술품과 그가 쓰던 가구와 물건들도 포함된다. 소장품 대부분이 안데르손 사후에 기증받거나 구입한 것이다. 핀란드의 유명 건축가 시구르드 프로스테루스Sigurd Frosterus의 컬렉션도 아모스 렉스에 소장돼 있다. 1905년에서 1915년 사이 미술평론가 겸 에세이스트로 활동하던 시절에 모은 미술품이 대부분이다. 마그누스 엔켈Magnus Enckell, 알프레드 윌리엄 핀치Alfred William Finch, 피에르 보나르, 폴 시냐크 등 핀란드와 프랑스 인상파 화가들의 작품이 많다.

상설전시실이 있긴 하지만 아모스 렉스는 미래지향적인 기획전 중심으로 운영된다. 재밌고 혁신적인 전시로 입소문이 나면서 늘 관람객으로 북적인다. 개관전은 몰입형 미디어아트로

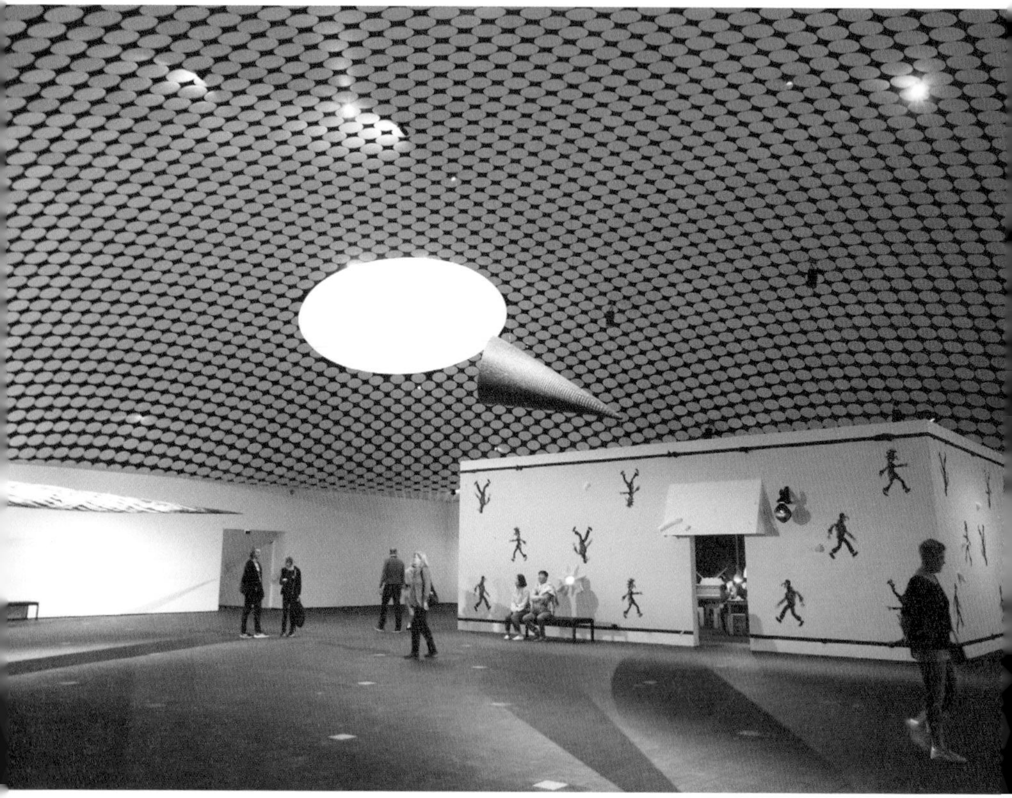

아르스 페니카 전시가 열리는 주 전시장 모습

유명한 일본 그룹 팀랩의 전시였다. 이후 20세기 초현실주의의 대가 르네 마그리트의 핀란드 첫 개인전, 암스테르담에서 활동하는 스튜디오 드리프트의 전시를 열었다. 2019년 여름에는 핀란드의 가장 권위 있는 미술상인 '아르스 페니카Ars Fennica' 전시를 이곳에서 개최했다. 잠재력 있는 젊은 작가 5인의 전시를 열고 1등을 뽑아 4만 유로의 상금을 주는데, 심사에 시민 참여 투표도 반영된다. 독특한 점은 시민 참여를 이끌어내는 방식이다. 관람객들은 전시를 둘러본 뒤 지지하는 작가에게 구슬로 투표하는데, 투표기가 거대한 과학 완구를 연상시켰다. 그래서인지 관람객들이 투표에 매우 적극적이었다. 아모스 렉스는 핀란드의 미래를 열어갈 젊은 예술가 발굴에도 적극적이다. 2017년 15세에서 23세 이하의 젊은 작가 발굴을 위한 공모전인 '세대Generation' 전시를 처음 연 뒤 트리엔날레 형식으로 3년마다 개최하고 있다. 2023년 3월에 열린 세 번째 '세대' 전시 공모에는 무려 528명이 지원해 51명이 선정됐다. 회화에서 조각, 사진, 미디어아트, 설치미술까지 다양한 매체의 작품들을 선보이며 핀란드 미술의 내일을 보여주었다.

이렇게 아모스 렉스는 낡은 건물을 재활용한, 성공한 도시 재생 프로젝트이자 핀란드의 과거와 현재, 미래를 잇는 미술관이다. 또 신나는 놀이터와 영화관, 식당과 아트숍이 함께 있는

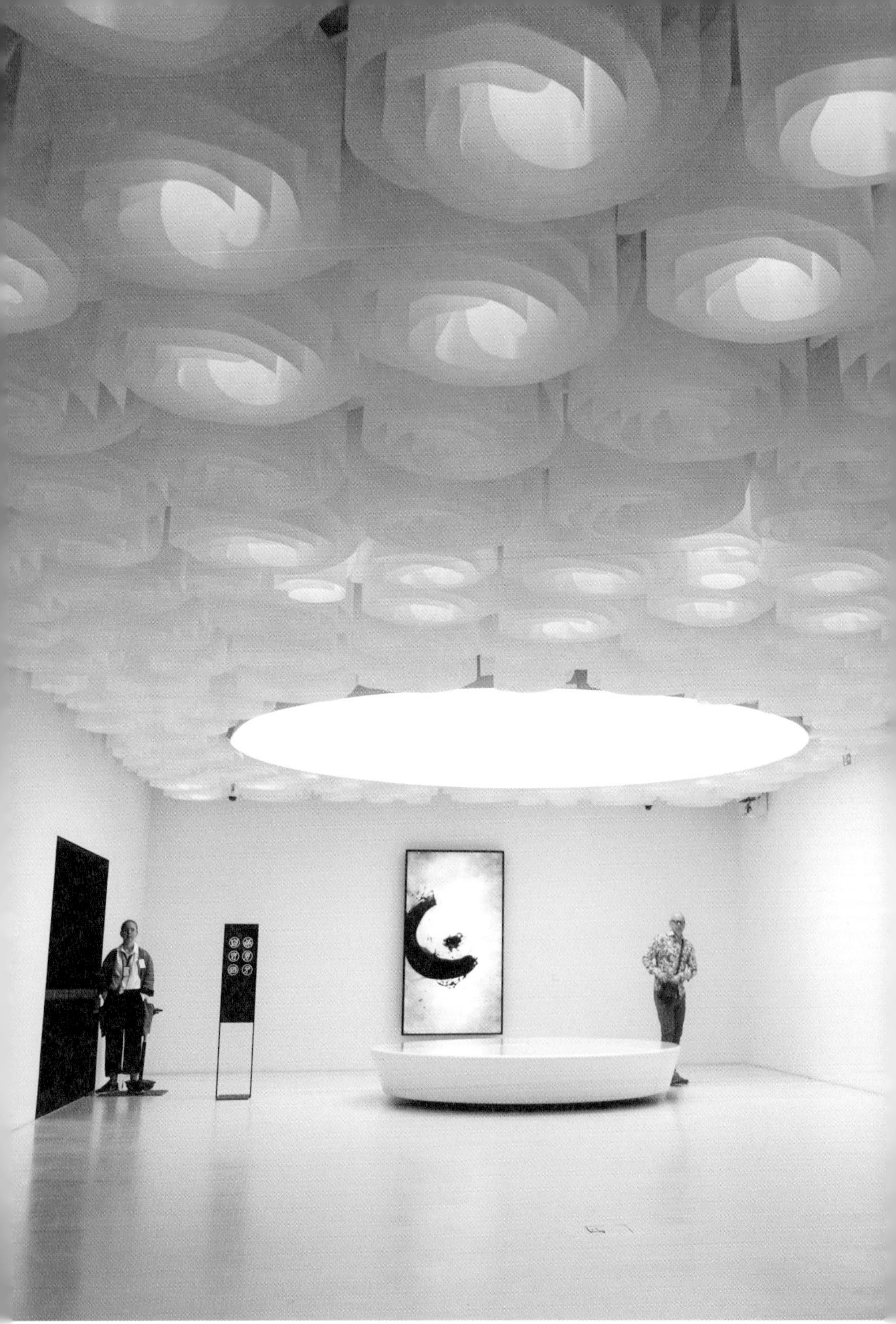

21세기형 복합문화공간이다. 미술관의 문턱을 낮춘 게 아니라 사람들의 발아래 있기를 자처한 이곳에 오면 누구나 즐거워진다. 미술관은 어쨌든 재미난 곳이란 생각이 들게 하니 어찌 다시 오고 싶지 않을 수 있을까. 이곳을 나서면서 핀란드 사람들이 행복한 이유를 조금이나마 짐작할 수 있었다.

Amos Rex
Add. Mannerheimintie 22-24, 00100 Helsinki, Finland
Web. amosrex.fi

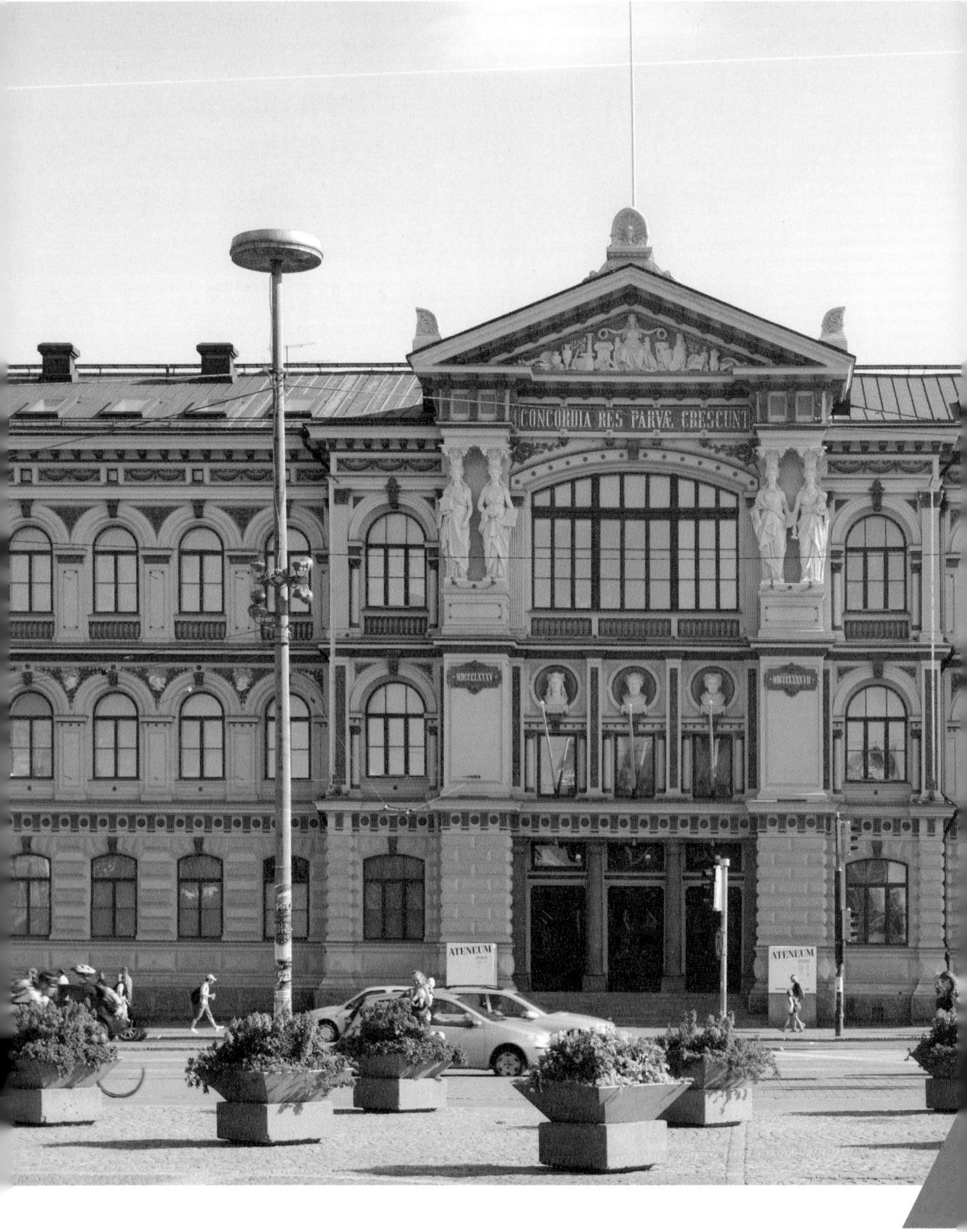
CONCORDIA RES PARVÆ CRESCUNT
ATENEUM
ATENEUM

핀란드 근대미술의 집결지

아테네움

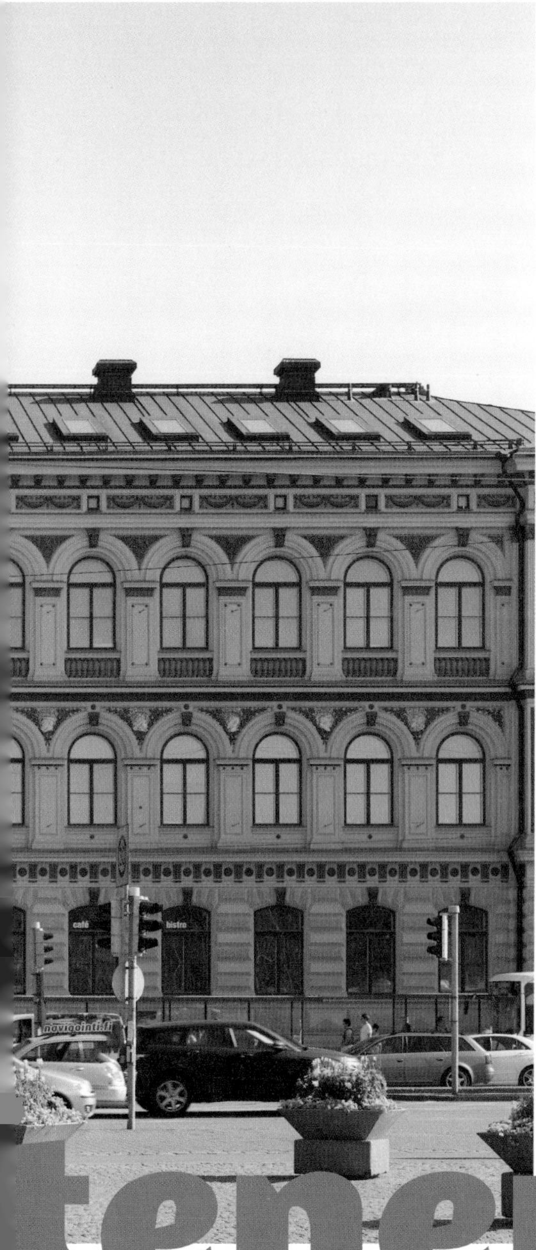

teneum

핀란드의 역사를 살펴보면 우리나라와 닮은 데가 많다. 핀란드는 중세부터 수백 년 동안 스웨덴 왕국 지배하에 있다가 1808년부터 1917년 독립할 때까지 100년 이상을 제정 러시아 지배하에 있었다. 제2차 세계대전 중에는 구소련과 두 번이나 전쟁을 치렀다가 패배해서 많은 땅을 빼앗겼다. 지정학적으로도 스웨덴과 러시아 두 강대국 사이에 끼여서 늘 침략과 지배를 당하고 눈치를 봐야 했던 나라였다. 중국과 일본 사이에 낀 우리나라와 처지가 비슷하다는 생각이 절로 든다. 그래서일까. 다른 북유럽 국가보다 핀란드나 핀란드 예술에 더 친근감이 든다.

헬싱키에는 핀란드의 3대 국립미술관Finnish National Gallery이 다 모여 있다. 시네브리코프Sinebrychoff Art Museum, 아테네움Ateneum Art Museum, 키아스마Museum of Contemporary Art Kiasma 이렇게 세 곳인데, 핀란드 중세미술과 근대미술은 시네브리코프 미술관에서 볼 수 있고, 핀란드 사람들과 보통의 미술 애호가들이 가장 좋아하는 유럽과 핀란드의 근현대미술은 아테네움 미술관에, 1960년 이후의 현대미술은 키아스마 현대미술관에 소장돼 있다. 그중 아테네움 미술관은 핀란드에서 가장 크고 중요한 국립미술관일 뿐 아니라 이곳의 근대미술 컬렉션은 핀란드에서 가장 큰 규모를 자랑한다.

네오 르네상스 양식으로 지어진 건물은 상당히 웅장하고 규모도 크다. 1887년 완공된 미술관은 1888년 10월 13일에 개관했다. 루브르나 우피치 같은 서유럽의 유명 미술관들에 비해 역사가 오래됐다고 할 수는 없지만 핀란드 역사에서 국립미술관 개관은 역사적 사건이었다. 왜냐면 당시 핀란드는 독립된 나라가 아니라 러시아의 지배를 받는 식민지 상황이었기 때문이다. 우리나라로 치면 일제 강점기 때 조선미술을 보여주는 대형 국립미술관이 문을 연 것이니 당시 핀란드인들에게 아테네움 개관은 그 의미가 정말 컸을 테다.

'아테네움'이라는 미술관 이름은 그리스 신화에 나오는 여신 팔라스 아테나의 신전을 뜻한다. 그리스에 있는 파르테논 신전도 아테네의 수호 여신인 아테나에게 바친 신전이었다. 파르테논은 아크로폴리스에서 가장 아름답고 웅장한 건축물로, 지난 2,500년 동안 서구 건축의 모델이자 원형이 되어왔다. 유럽의 유명 교회나 관공서, 미술관, 박물관 건물들을 보면 파르테논 신전을 본떠 만든 게 정말 많다. 또 아테나는 전쟁과 지혜의 여신이기도 하다. 수많은 전쟁과 침략을 겪었던 핀란드 입장에서는 국가를 지켜줄 수호신이 필요했을 테다. 그래서 아테네움을 미술관 이름으로 택한 것이라 여겨진다.

순수미술과 응용미술이 한 지붕 아래에

미술관 설계를 맡은 건 테오도르 회이예르Theodor Höijer라는 저명한 핀란드 건축가였다. 천장이 높은 3층짜리 석조로 된 건물은 출입구부터 예사롭지 않다. 정면 파사드는 다양한 상징과 부조로 장식돼 있는데, 핀란드 조각가들의 작품이다. 출입구 바로 위 2층 벽면에는 위대한 예술가 3인의 흉상이 있다. 바티칸 성베드로 성당을 설계했던 르네상스 건축가 브라만테, 르네상스 3대 미술 거장으로 손꼽히는 화가 라파엘로, 그리고 고대 아테네의 최고 조각가이자 건축가였던 페이디아스다. 페이디아스는 파르테논 신전 건축과 장식을 주도했던 건축가다. 3층 벽면에는 페디먼트를 떠받치고 있는 네 개의 여신 조각이 있다. 페디먼트는 고대 그리스 양식 건축에서 지붕 아래 위치한 삼각형 부분을 말한다. 아테네움 미술관의 페디먼트에는 아테네 여신이 가운데 앉아서 양팔을 벌리고 다양한 예술작품들을 축복하는 장면이 새겨져 있다. 2층과 3층 사이 외벽에는 열여섯 명의 초상이 새겨져 있는데, 모두 핀란드의 유명한 예술가들이다. 이렇게 파사드 자체가 이야기를 담은 하나의 예술작품이다. 파사드 장식에서 또 하나 중요한 부분은 페디먼트 바로

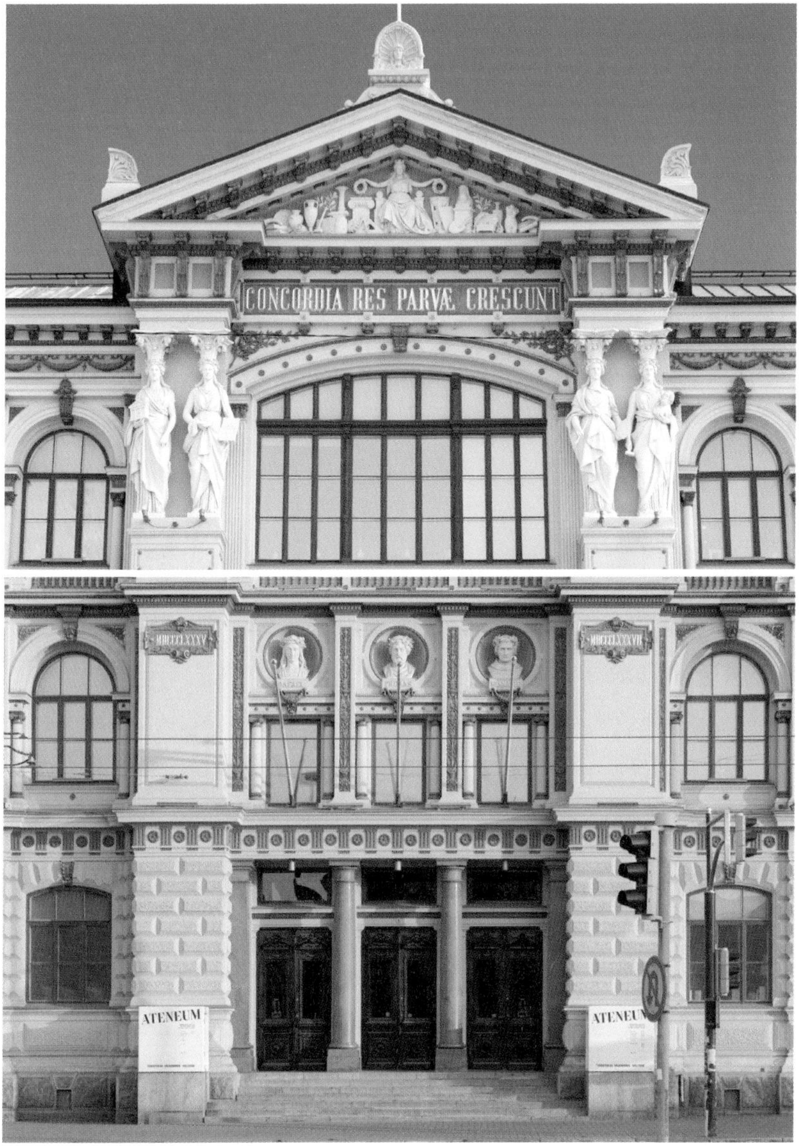
CONCORDIA RES PARVÆ CRESCUNT
ATENEUM
ATENEUM

아래에 금색으로 새겨진 라틴어 문구다. CONCORDIA RES PARVAE CRESCUNT, 해석하면 '화합을 통해 작은 것들이 성장한다'는 뜻이다.

이건 핀란드의 첫 국립미술관이 탄생하기까지 핀란드 미술계가 겪었던 오랜 대립과 논쟁의 역사를 의미하는 것으로 이해된다. '100만 마르카(옛 핀란드 화폐)의 궁전'이라 불릴 정도로 막대한 비용이 든 아테네움 건립은 큰 관심을 불러일으킨 한편 반대의 목소리도 높았다. 미술관은 처음에 '시각예술과 응용예술이 함께 발전할 수 있는 예술의 집'을 목표로 설립됐다. 따라서 미술관 건물 안에는 핀란드 미술협회의 소장품과 드로잉 학교, 핀란드 공예 및 디자인협회 소장품과 디자인 학교가 함께 입주해 있었다. 이 아이디어를 낸 사람은 칼 구스타브 에스틀란데르Carl Gustaf Estlander라는 미학과 교수였는데, 그의 생각은 당시 핀란드 예술가들한테 환영받지 못했다. 특히 1846년 창립된 핀란드 미술협회 회원들의 반대가 심했다. 이들은 순수미술을 '진짜 미술', 응용미술이나 공예품은 '보통의 미술'이라 보고, 순수미술을 응용미술과 함께 전시하면 순수미술의 지위가 격하된다고 생각했다. 오늘날에는 미술관에서 디자인 전시를 여는 게 별문제가 되지 않지만, 당시만 해도 순수미술은 고급미술, 디자인은 공예품으로 인식했던 시대다. 긴 논쟁과 의

견 차이가 있었지만 어렵게 타협이 이루어져서 1887년 마침내 아테네움 미술관이 개관하게 됐다. 건물 정면 파사드 위에 새겨진 '화합을 통해 작은 것들이 성장한다'는 문구는 그 논쟁의 역사를 기념하는 모토인 것이다. 나라도 독립하지 못한 처지에 어렵게 국립미술관을 만드는 건데, 미술인들끼리 서로 싸우면 안 된다는, 화합을 해야 이탈리아 르네상스 미술처럼 발전하고 번영할 수 있다는 의미다.

한 지붕 아래서 순수미술과 응용미술이 공존한 시간은 그리 길지 않았다. 개관한 지 몇십 년도 안 돼 전시 공간 부족으로 결국 공예 및 디자인 소장품들은 새로운 장소를 물색해 이전해 나갔다. 그렇게 따로 설립된 게 바로 핀란드 디자인 박물관이다. 나중에 응용미술학교와 핀란드 미술협회의 드로잉 학교도 이전해 나가면서 결국 아테네움은 순수미술관으로 거듭나게 됐다. 이들 미술학교는 유럽에서 가장 혁신적인 미술학교 중 하나로 처음부터 여학생과 남학생 모두를 받아들였다. 특히 1848년 설립된 드로잉 학교는 아테네움 개관 초기부터 1980년대까지 미술관과 한 건물을 쓰면서 핀란드의 수많은 화가를 배출했다. 그동안 핀란드 미술협회가 운영해오던 미술관은 1991년 정부 산하의 국립미술관에 통합됐고, 2014년 소장품들은 모두 핀란드 국가 소유가 되었다.

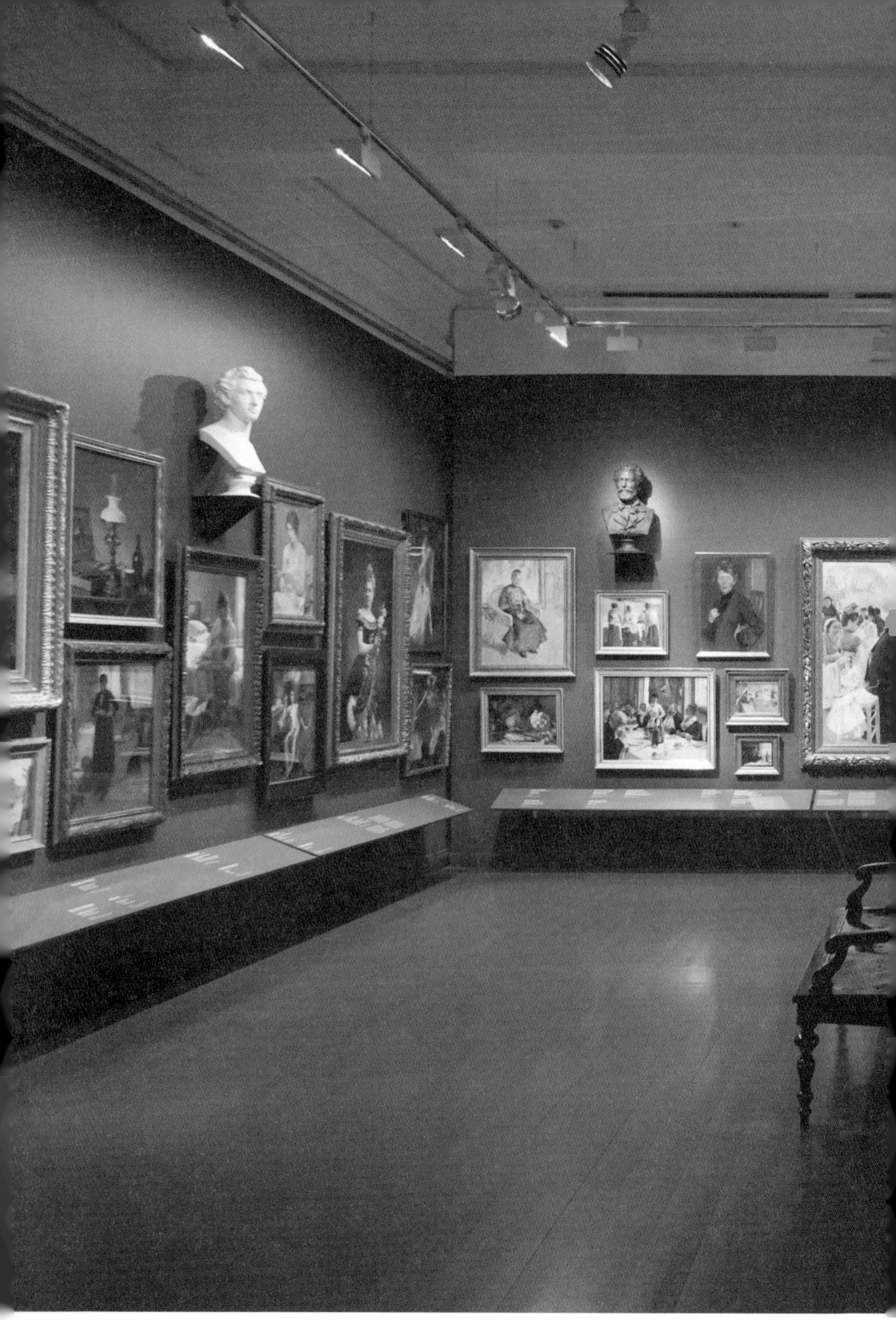

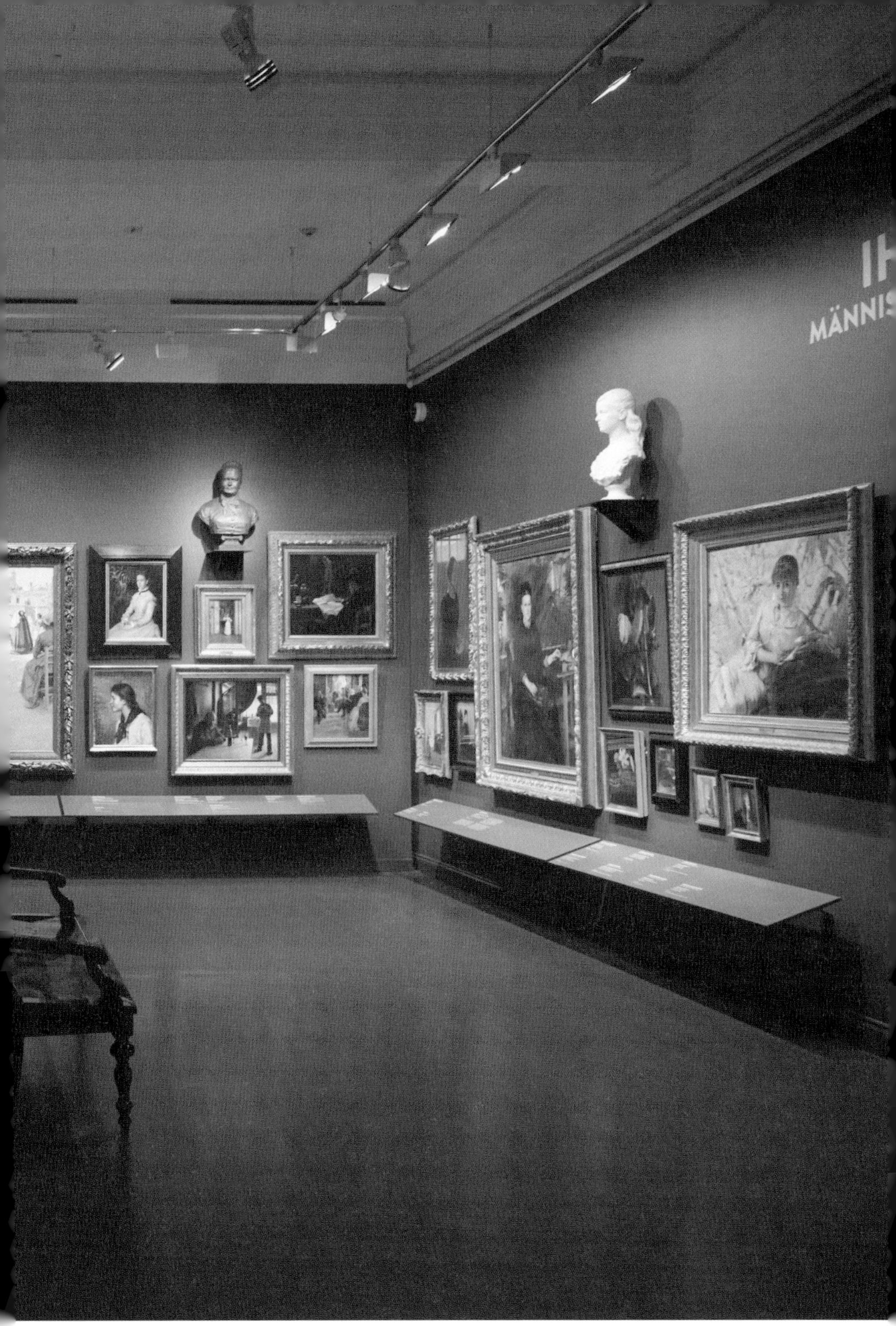

18세기 로코코미술에서 20세기 모던아트까지

기둥 장식과 아치형 창문, 대형 중앙 계단, 높은 천장 등 미술관 내부는 전형적인 이탈리아 궁전을 닮았다. 밖에선 3층으로 보이지만 실제로는 네 개 층으로 구성돼 있다. 매표소가 있는 지상층에도 일부 전시실이 있긴 하지만 카페와 아트숍 같은 관객 편의 시설로 채워져 있고, 대부분의 전시실은 3층과 4층에 위치한다. 2층에는 각종 공연이나 강연 같은 이벤트가 열리는 강당이 있다. 그렇다면 전시실에선 어떤 작품들을 만날 수 있을까?

아테네움의 소장품은 핀란드에서 가장 오래되고 또 가장 큰 규모다. 18세기 로코코 시대부터 20세기 실험적인 미술까지 약 3만 점을 소장하고 있다. 빈센트 반고흐, 폴 고갱, 폴 세잔, 페르낭 레제, 마르크 샤갈, 오귀스트 로댕, 에드바르 뭉크 등 세계적인 거장들의 작품 650여 점을 비롯해 다른 데서는 보기 힘든 핀란드 근대미술의 걸작들도 대거 소장하고 있다. 회화만 4,300점이 넘고, 조각은 750여 점, 판화나 드로잉도 수백 점에 이른다. 미술작품뿐 아니라 핀란드나 북유럽 작가와 관련된 각종 문서나 기록물까지 소장하고 있어 핀란드 예술의 보고라 할 수 있다.

아테네움 미술관이 이렇게 방대한 소장품을 갖출 수 있었던 건 무엇보다 핀란드 미술협회의 공이 크다. 1846년, 그러니까 미술관이 개관하기 40여 년 전에 핀란드 미술협회가 먼저 설립되고 2년 후부터 협회 주도로 미술품 수집이 시작되었다. 협회는 기부금을 통해 소장 가치가 있다고 여겨지는 미술작품을 구입하는 한편, 협회 회원들의 작품 기증도 받아들였다. 물론 핀란드 정부도 기금을 마련해 핀란드 작가들의 작품을 조금씩 수집했다.

20세기 초, 핀란드 근현대작품 위주였던 미술관이 국제적인 컬렉션을 갖추게 되는 획기적인 사건이 일어난다. 헤르만 프리티오프 안텔이라는 핀란드의 의사 겸 컬렉터가 자신이 평생 모은 수집품과 함께 미술관이 새로운 소장품을 정기적으로 구입할 수 있는 자금까지 아테네움 미술관에 기부한 것이다. 그의 컬렉션에는 유명한 핀란드 근현대 작가들뿐 아니라 고흐, 고갱, 세잔, 뭉크 같은 유럽을 대표하는 작가들의 작품들이 대거 포함돼 있었다. 안텔의 기증 덕분에 아테네움은 국제적인 미술관 반열에 조금 더 가까워질 수 있었다.

고흐의 작품을 최초로 소장한 미술관

고흐 작품이 이곳에 온 사연은 특별하다. 1890년 고흐는 죽기 전 몇 점의 작품을 그렸는데 그중 하나가 <오베르쉬르우아즈의 거리>라는 풍경화다. 보통 고흐의 마지막 작품이라 하면 <까마귀가 나는 밀밭>을 꼽는데, 몇 해 전 <나무뿌리>가 마지막 그림이라는 주장이 제기되었다. 반고흐 미술관 측에서도 일리가 있다고 반응해 학계에서도 받아들이는 분위기다. 어쨌든 이 모든 그림이 오베르쉬르우아즈를 배경으로 그린 것이다.

오베르쉬르우아즈는 고흐가 생애 마지막 살았던 프랑스 북부의 작은 시골 마을이다. 고흐는 이 마을의 라부 여관에서 두 달 정도를 지내면서 70여 점의 작품을 완성했다. 하루에 한 점 이상을 그렸다는 거다. 이곳에서 교회, 시청사, 밀밭, 마을 시골길 같은 풍경을 즐겨 그렸다. 어렸을 때 살던 네덜란드 시골 풍경과 비슷해서 좋아했던 것으로 알려져 있다. 아테네움에 있는 그림도 이 오베르쉬르우아즈의 시골집과 들판을 그린 풍경화다. 집이나 길은 황토색 톤으로 비뚤비뚤하게, 하늘은 파란색으로 고흐 특유의 굵고 짧은 붓질로 메워져 있다. 왼쪽 하늘은 흰색을 그대로 두었다. 여백의 미를 살리고자 일부러 남긴 건 아

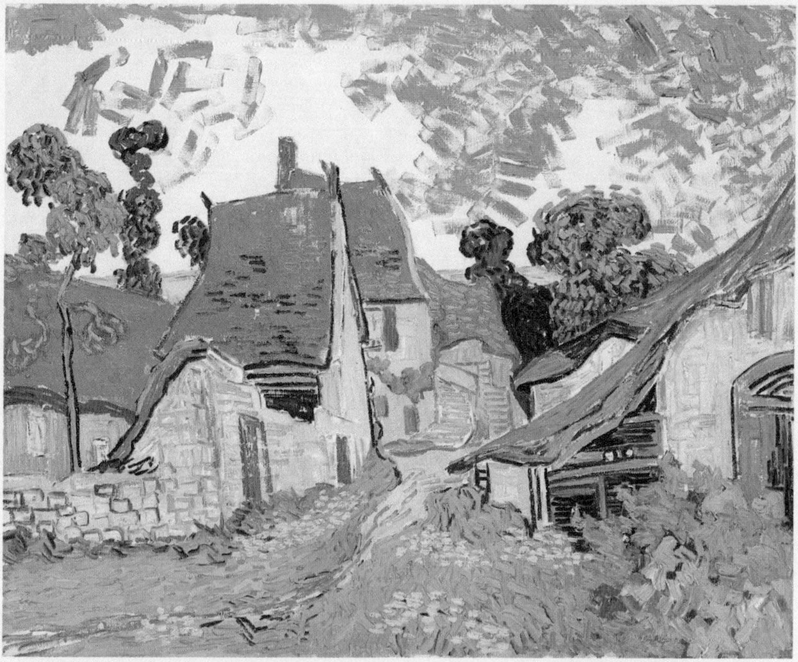

빈센트 반고흐, <오베르쉬르우아즈의 거리>, 캔버스에 유채, 73.5×92.5cm, 1890년, 아테네움

니었을 테고, 미완성인 상태다. 고흐는 말년에 정신적으로 워낙 불안한 상태에다 건강도 안 좋았기 때문에 이렇게 미완성으로 남긴 작품들이 꽤 많다.

고흐가 죽고 6개월 뒤 동생 테오마저 사망하자 그의 유작들은 모두 테오의 부인 요한나가 맡게 된다. 그중 <오베르쉬르우아즈의 거리>를 요한나가 프랑스 비평가 쥘리앵 르클레크에게 팔았다. 르클레크는 고흐 사망 1년 후 파리에서 고흐의 회고전을 최초로 기획해 연 인물이다. 그러니까 고흐의 작품 가치를 누구보다 일찍 알아봤던 이다. 그는 핀란드 여성 파니 플로딘과 결혼했는데, 파니는 1903년 이 그림을 미술품 수집가 안텔에게 팔았고 안텔은 자신의 모든 소장품을 아테네움에 기증했다. 안텔 덕분에 아테네움은 고흐의 작품을 세계 최초로 소유한 미술관이 되었다.

핀란드의 국민화가 악셀리 갈렌 칼렐라

사실 우리는 핀란드 화가들을 잘 모른다. 서양미술사 책에서 만나는 화가들은 대부분 프랑스나 이탈리아, 혹은 독일이나 스페인 같은 서유럽 출신들이기 때문이다. 아테네움은 핀란드 예술의 역사를 보여주는 곳이라는 미션을 안고 설립됐기 때문에 핀란드 근현대 작가들 작품이 굉장히 많다. 그중 악셀리 갈렌 칼렐라Akseli Gallen-Kallela의 작품은 꼭 눈여겨봐야 한다. 핀란드의 국민화가로 불리는 중요한 화가이기 때문이다.

칼렐라는 1865년 핀란드 포리라는 작은 도시에서 태어났다. 법관이었던 아버지의 바람대로 열한 살이 되자 헬싱키에 있는 인문계 학교에 다녔다. 3년 후 아버지가 사망하자 어렸을 때부터 원했던 미술 공부를 시작할 수 있었다. 첫 3년간은 핀란드 미술협회에서 운영하는 드로잉 학교를 다니며 미술에 대한 기초를 배웠고, 열아홉 살 때 파리로 향했다. 19세기 후반은 파리가 국제미술의 중심지였기 때문에 칼렐라뿐 아니라 파리로 유학 가는 핀란드의 화가들이 많았다.

칼렐라는 스물다섯 살에 결혼했는데, 신혼여행을 핀란드 동쪽 끝, 러시아 국경 지역인 동카렐리아로 갔다. 그런데 신부는 안중에도 없고, 향후 작품의 주요 소재가 되는 자료들을 수집하며 시간을 보냈다. 핀란드 서사시 『칼레발라』에 나오는 배경에 대한 일종의 리서치 여행이었던 셈이다.

『칼레발라』는 핀란드인들의 자긍심을 높여주는 민족 서사시다. 핀란드의 의사였던 엘리아스 뢴로트Elias Lönnrot가 핀란

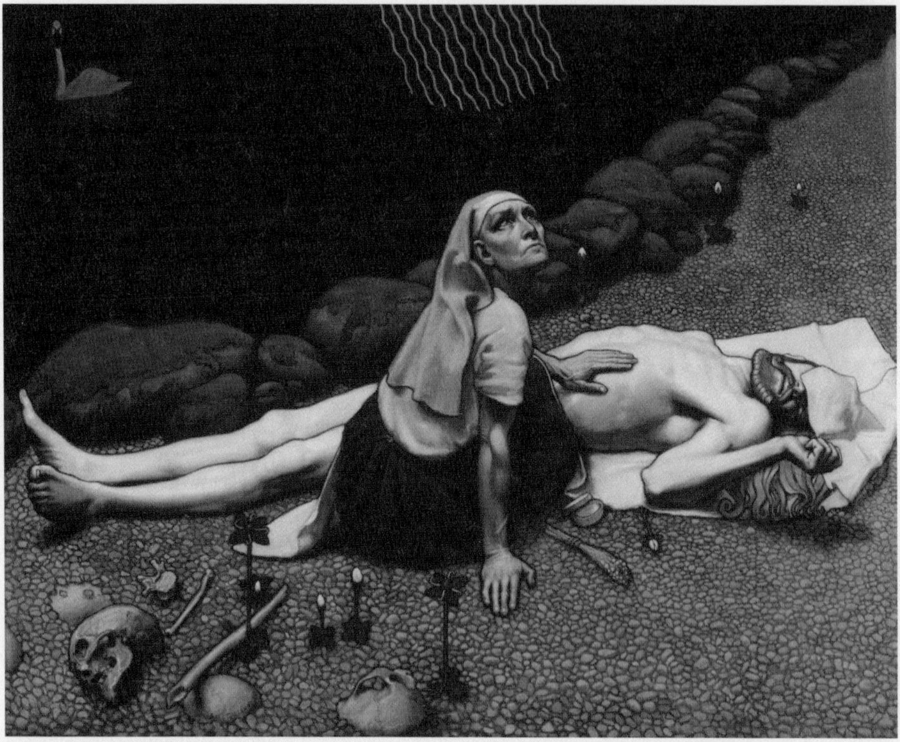

악셀리 갈렌 칼렐라, <렘민케이넨의 어머니>, 캔버스에 템페라, 85.5×108.5cm, 1897년, 아테네움

드 동쪽 끝 산야를 거닐면서 농민들 사이에서 구전되던 핀란드의 오랜 전설이나 신화, 서사시를 수집 정리해 1835년 책으로 출간했다. 50장으로 구성된 총 2만 행이 넘는 서사시로 핀란드 민중예술의 극치라는 평가를 받고 있다. 그 시에 나오는 내용을 칼렐라는 화가답게 시각적으로 표현했다.

아테네움의 대표 소장품 중 하나인 <렘민케이넨의 어머니 Lemminkäinen's Mother>도 『칼레발라』의 한 장면을 보여준다. 검은 강가에 벌거벗은 한 청년의 시신이 뉘어져 있고, 베일을 쓴 나이 든 노모가 그 옆에 앉아서 절박한 눈빛으로 하늘을 쳐다보고 있다. 그 위로 벌 한 마리가 날고 있고, 강물에는 백조 한 마리가 떠 있다. 이 정도만 얘기하면 핀란드 사람들은 무슨 이야기인지 다 안다. 그들에게 익숙한 렘민케이넨 설화이기 때문이다.

렘민케이넨은 칼레발이라 불리는 영토에 사는 주술을 사용할 줄 아는 청년이었다. 북쪽에 이웃한 나라 포욜라에는 아름다운 여성이 많이 살았는데, 그곳의 여성 통치자였던 로우히의 딸한테 반해 청혼했다. 로우히는 세 가지 과제를 내주며 이를 해결하면 딸을 주겠다고 했다. 첫 번째는 악마의 사슴을, 두 번째는 악마의 불을 내뿜는 말을 잡아 오는 거였는데, 어렵게 두 과제를 완수한다. 그런데 세 번째이자 마지막 과제가 투오넬라의 백조를 잡아 오라는 거였다. 투오넬라는 이승과 저승이 나뉘는 세계로 주로 검은 강물로 표현된다. 용감했던 렘민케이넨은 사막을 지나고 강도 건너 투오넬라로 갔다. 이어 백조를 발견하고 잡으려다 그만 독사한테 물려 죽고 만다. 이때 투오넬라를 지배하는 신 투오니가 나타나 렘민케이넨의 시신을 토막 내 강물에 던져버렸다. <투오넬라의 백조>는 칼렐라와 같은 해에 태어난 핀란드의 음악가 장 시벨리우스가 곡으로 만들기도 했다.

렘민케이넨의 어머니는 아들을 찾기 위해 그 무섭다는 투오넬라강을 향해 떠난다. 강물에 뛰어들어 아들의 토막 난 시신을 다 건져낸 뒤 몸 형태로 꿰맸다. 아들은 살아났을까? 현실에서는 불가능해도 신화에선 어머니의 간절함이 하늘에 닿았다. 어머니는 신의 사신인 벌에게 빌었다. 아들을 살릴 수 있는 유일한 약인 꿀을 가져다 달라고. 왜 그림 속 어머니의 머리 위에 벌이 날고 있는지, 검은 강에 백조가 있는지 설명된다. 그림이 주는 교훈은 두 가지다. 사랑을 얻기 위해서는 목숨을 거는 용기가 있어야 한다는 것과 하늘마저도 감동시키는 어머니의 강한 모성애가 기적을 일으킨다는 것.

화가는 설화 속 어머니를 그리기 위해 자신의 어머니를 모델로 세웠는데, 실제로도 아들에 대한 모성애가 굉장히 강한

분이었다고 한다. 아들에게 렘민케이넨의 이야기를 들은 어머니는 절망스럽고도 괴로운 표정을 지었는데, 아들은 그 표정을 포착해 화폭에 담았다.

칼렐라의 그림은 발표되자마자 큰 반향을 일으켰다. 민족주의 부흥이라는 당시의 사회적 분위기도 한몫했다. 우리나라로 비유하자면 일제 강점기 때 조선의 화가가 단군신화나 김수로왕 이야기를 주제로 그림을 그려 한국의 역사성, 정체성, 민족성을 고취시켰다고 보면 된다.

핀란드에서 가장 중요한 그림들

이곳에는 칼렐라보다 더 사랑받는 화가인 알베르트 에델펠트의 그림도 많다. 핀란드에서는 미술관 방문객이나 온라인 설문을 통해 핀란드의 '국민그림'을 뽑는다. 2013년 1월, 9,400명이 참여해 '핀란드에서 가장 중요한 그림'을 뽑았는데, 1위를 차지한 그림이 바로 에델펠트의 <해변에서 노는 소년들Boys Playing on the Shore>이었다. 여름 해변가를 배경으로 금발의 남자아이 세 명이 장난감 범선을 바다에 띄우며 즐겁게 노는 장면을 묘사한 그림이다. 아이들의 평범한 일상을 표현한 것 같지만, 이면에는 좀 더 깊은 의미를 담고 있다.

에델펠트는 1854년 핀란드 남부 포르보에서 태어났지만 벨기에와 프랑스 파리에서 유학하면서 핀란드 예술의 우수성을 해외에 처음으로 알린 작가다. 1886년 파리 살롱전에서 프랑스 최고 훈장이라고 할 수 있는 '레지옹 도뇌르'를 수상했고, 1889년 파리 만국박람회에서 금메달을 따며 국제적인 명성을 얻었다. 우리가 아는 많은 프랑스 인상파 화가들도 파리 살롱전에 낙선했었다. 그런데 유럽의 변방인 핀란드에서 온 화가가 금메달을 받았으니 당시 핀란드 사람들에게는 그의 존재 자체가 큰 자부심이었다.

<해변에서 노는 소년들>은 그의 고향인 포르보 군도를 배경으로 그려졌다. 자작나무 숲과 바다로 둘러싸인 아름다운 포르보 군도는 무민 이야기를 쓴 토베 얀손을 비롯한 수많은 핀란드 예술가들에게 영감을 준 장소다. 작가는 해맑게 놀고 있는 아이들을 통해 핀란드의 희망찬 미래를 표현한 것일지도 모른다. 아이들이 바다에 띄운 배는 조국 핀란드의 독립과 자유에 대한 화가의 강한 염원을 상징한다. 핀란드인들이 2013년 이 그림을 가장 중요한 그림으로 뽑은 이유일 테다.

후고 심베리가 1903년에 그린 <다친 천사The Wounded

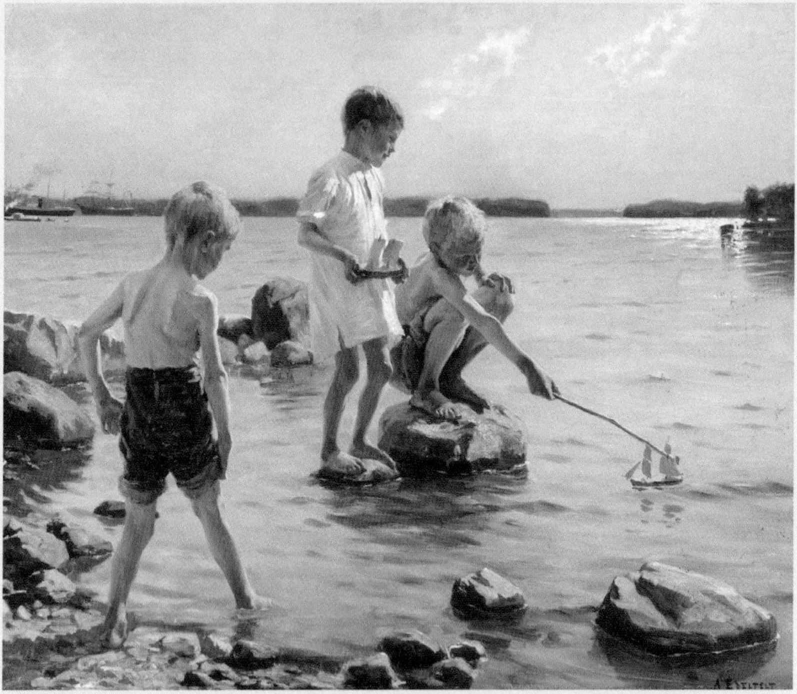

알베르트 에델펠트, <해변에서 노는 소년들>, 캔버스에 유채, 90×107.5cm, 1884년, 아테네움

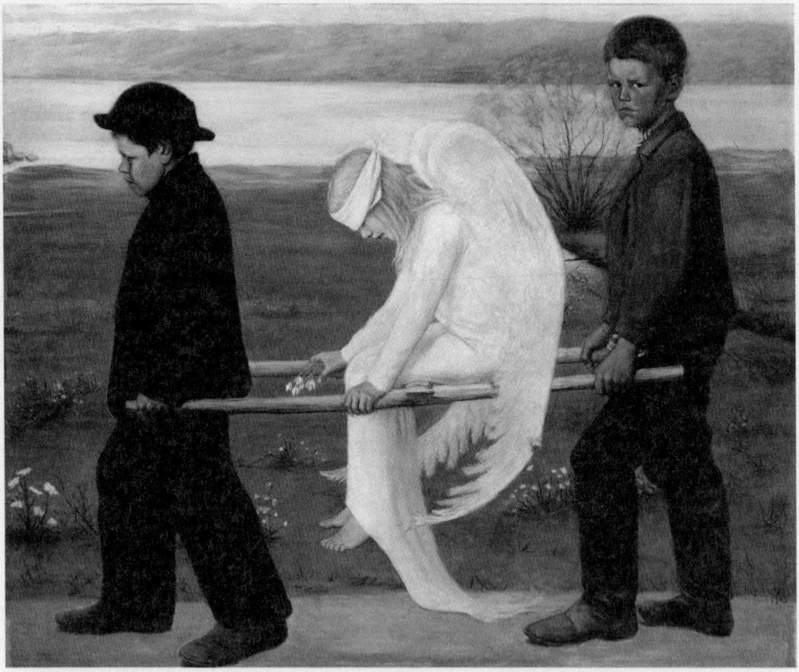

후고 심베리, <다친 천사>, 캔버스에 유채, 127×154cm, 1903년, 아테네움

Angel>는 그 투표에서 2위를 차지했다. 2006년 '핀란드를 대표하는 그림'을 묻는 투표에서는 1위를 차지한 작품이기도 하다. 강이 보이는 황량한 들판 위에 두 소년이 부상당한 천사를 들것에 싣고 걸어가는 장면을 묘사한 그림이다. 들것을 든 앞의 소년은 마치 장례식 복장처럼 머리부터 발끝까지 온통 검은 옷을 입었고, 갈색 재킷을 입은 뒤쪽 소년은 심각한 표정으로 화면 밖 관객을 응시하고 있다. 그림은 전체적으로 침울한 분위기다. 핀란드가 러시아 지배하에 있을 때 그려진 그림이라 피 흘리는 천사는 핀란드의 모습을 형상화한 것으로 여겨졌을 테다. 그 때문에 그림 속 하얀 스노드롭이 독립에 대한 희망과 염원으로 해석되기도 한다.

핀란드의 모던아트를 이끈 여성 화가들

이 밖에도 엘렌 테슬레프Ellen Thesleff, 마리아 위크Maria Wiik, 헬렌 셰르브베크Helene Schjerfbeck 같은 19세기 핀란드를 대표하는 여성 화가들의 작품도 다수 만날 수 있다. 이들은 동료 남성 화가들처럼 정규 미술 교육을 받고 파리로 유학을 가거나 외국 여행을 통해 견문을 넓혀 핀란드 모던아트 발전에 기여했다. 핀란드 미술학교가 여학생까지 받아들였기에 가능한 일이었다.

화가의 딸로 태어난 테슬레프는 핀란드 미술협회의 드로잉 학교를 마친 뒤 1891년 파리로 유학을 가, 이탈리아 조각가 필리포 콜라로시Filippo Colarossi가 세운 사립미술학교인 아카데미 콜라로시에 다녔다. 국립미술학교인 에콜 데 보자르는 여학생의 입학을 허락하지 않았기 때문이다. 처음엔 인상파 화가 마네의 영향을 받았지만 이후 표현주의로 전향했다. 귀국 후 핀란드에서 평생 활동하며 많은 풍경화를 남겼는데, 아테네움이 다수를 소장하고 있다. 전시실에서는 그의 대표적 풍경화인 <봄 밤>(1894), <장식적 풍경>(1910)뿐 아니라 주변 인물들을 그린 다양한 초상화도 만날 수 있다.

마리아 위크가 1889년에 그린 <세상 밖으로Out into the World>는 가정집 실내에 있는 두 여성을 보여준다. 테이블에 앉은 나이 든 여성은 책을 읽다 말고 고개를 들어 쳐다보고 있고, 검은 드레스를 입은 젊은 여자는 지금 막 떠나려는지 일어서서 매무새를 가다듬고 있다. 커튼으로 가렸지만 밖에는 햇빛이 조용히 비치고 있다. 마치 엄마 세대와 달리 딸은 더 넓은 세상을 향해 주저하지 않고 나아간다는 의미로 읽힌다. 위크는 이 그

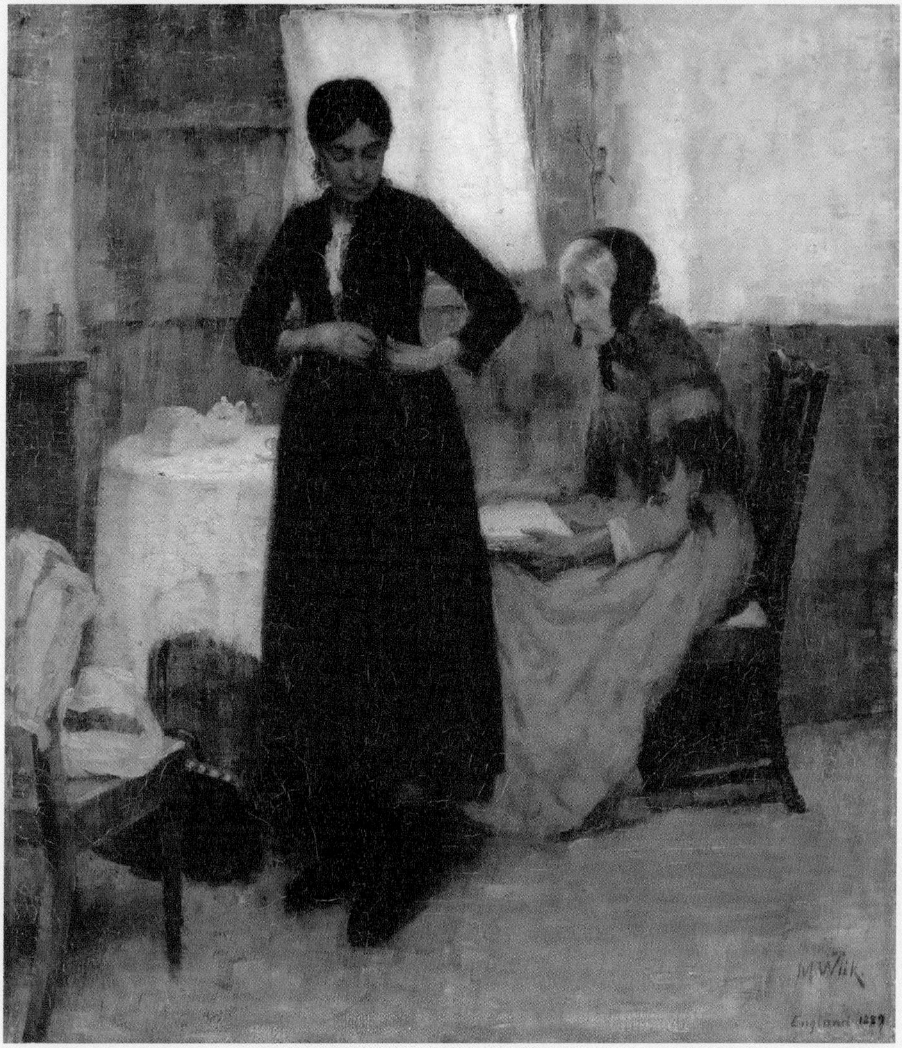

마리아 위크, <세상 밖으로>, 캔버스에 유채, 69×61cm, 1889년, 아테네움

림으로 1900년 파리 만국박람회에서 동메달을 받으며 파리 화단에서도 인정받았고, 1905년 발간된 『세계의 여성 화가들』이란 책에도 실렸다.

헬렌 셰르브베크는 가난한 환경에서 자랐지만 뛰어난 재능 덕에 장학금을 받고 핀란드 미술아카데미에 입학해 정식으로 미술을 배웠다. 그가 스물여섯 살 때 영국 콘월 지역에서 그린 <회복기The Convalescent>는 아픈 아이가 건강을 회복하고 있는 모습을 묘사하고 있다. 창을 통해 들어오는 밝은 햇빛과 나뭇가지의 새순은 봄의 상징으로, 아이가 다시 건강해질 것을 암시한다. 이 그림은 사실 화가의 아픈 경험이 투영돼 있다. 셰르브베크는 네 살 때 계단에서 넘어져 심각한 부상을 당했는데 가난 때문에 제때 치료받지 못해 불편한 다리로 살았고, 이것이 평생 콤플렉스였다. 또 이 그림을 그릴 당시, 파혼의 상처에서 회복 중이었다. 그러니까 몸과 마음의 상처에서 회복되고픈 화가의 의지를 담은 그림인 것이다. 이 그림은 1888년 파리 살롱전에서 큰 호평을 받았고, 핀란드에서 전시된 후 아테네움 미술관에 영구 소장되었다.

이렇게 아테네움은 핀란드를 대표하는 여성 화가들의 작품을 많이 소장하고 있다. 양성평등을 강조하는 나라답게, 여느 유럽의 미술관보다 여성 작가 작품을 상대적으로 많이 전시하고 있다는 인상을 준다. 아테네움 역시 여성 미술가 작품과 핀란드인의 20세기 도시 생활을 보여주는 작품을 집중적으로 수집하고 있다고 공개적으로 밝힌 바 있다. 어느 한쪽으로 기울어지지 않은 핀란드 근대미술의 정수를 보고 싶다면 가장 먼저 방문해야 할 1번지가 이곳인 이유다.

Ateneum
Add. Kaivokatu 2, 00100 Helsinki, Finland
Web. ateneum.fi

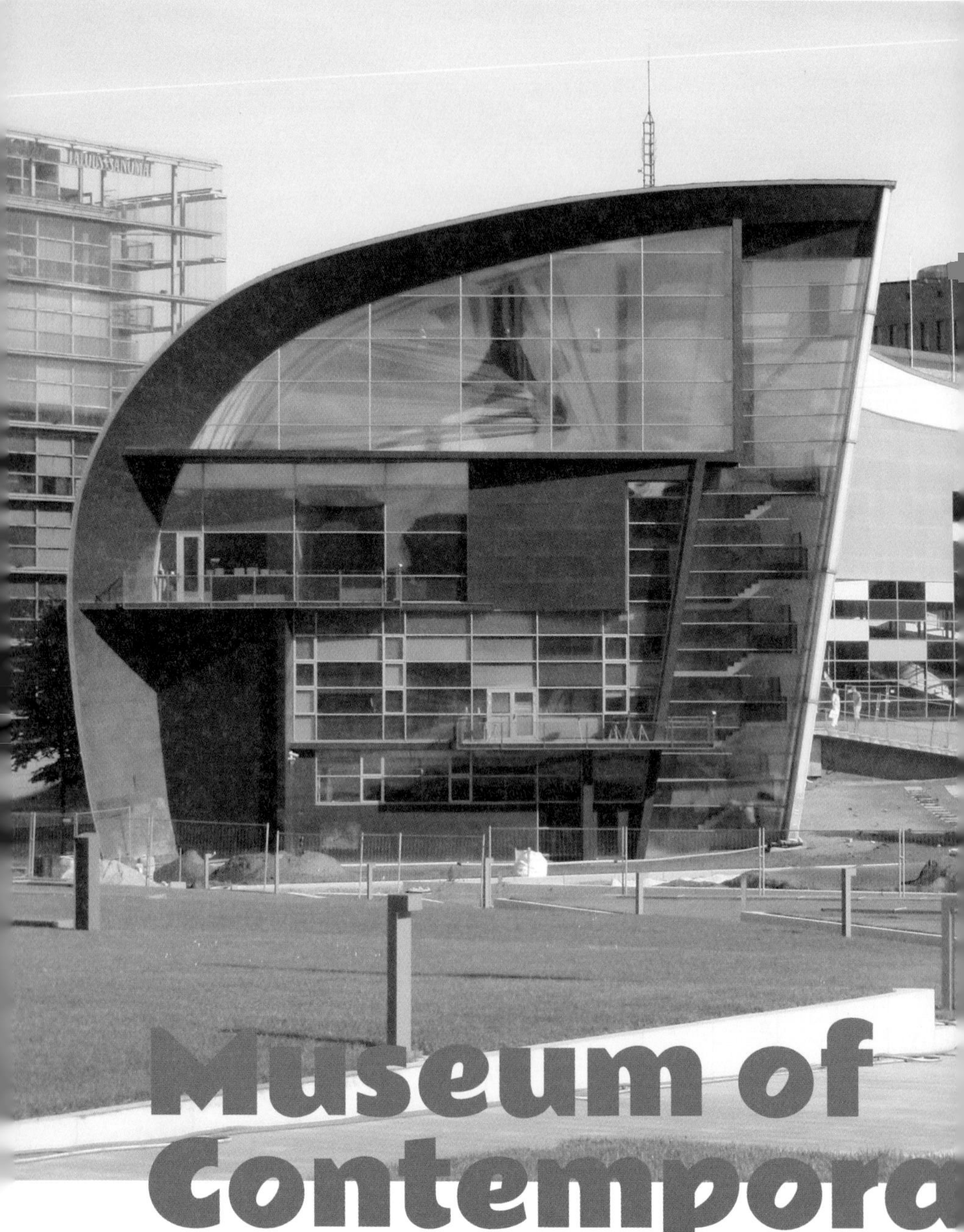

Museum of Contempora

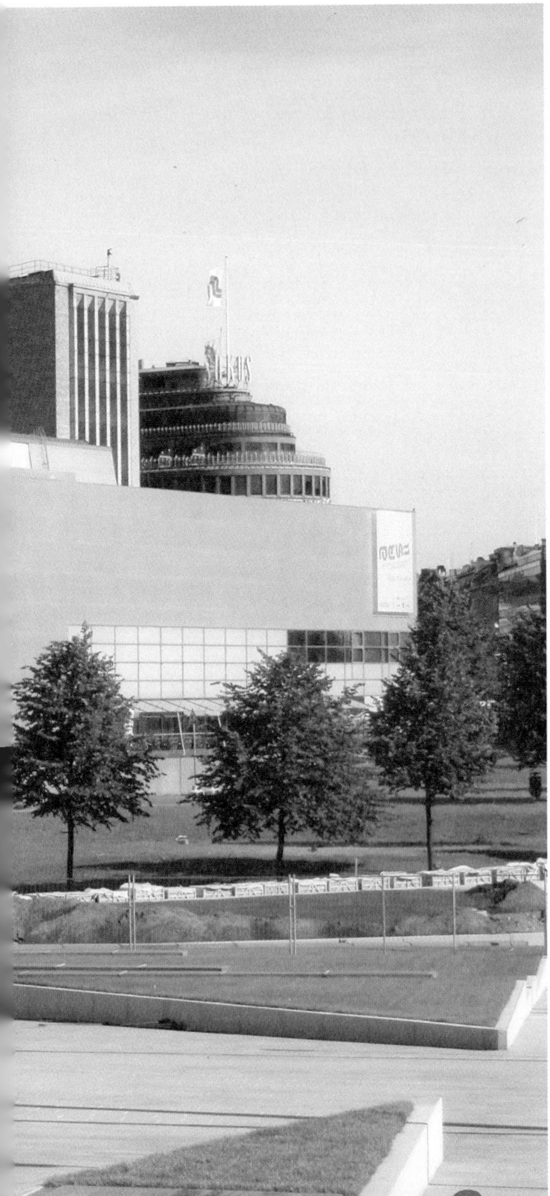

북유럽
현대미술의
보고

키아스마 현대미술관

Art Kiasma

키아스마 현대미술관은 우리나라로 치면 국립현대미술관에 해당한다. 미술관 주변에는 헬싱키 중앙역을 비롯해 국회의사당과 클래식 공연장인 헬싱키 뮤직센터, 혁신적인 디자인의 헬싱키 중앙도서관 오디까지 있어 그야말로 사람들이 가장 붐비는 헬싱키의 심장부에 위치한다. 아모스 렉스도 도보 2분 거리에 있다.

키아스마가 개관한 건 1998년. 2018년 아모스 렉스가 인근에 들어서기 전까지만 해도 헬싱키의 랜드마크 건축이었다. 미국 출신의 세계적인 건축가 스티븐 홀Steven Holl이 설계한 미술관은 건물 자체가 하나의 예술작품이다. 1993년 실시된 국제건축공모에서 516:1의 치열한 경쟁을 뚫고 당선된 작품이다. 이 키아스마 건축으로 홀은 1998년 권위 있는 알바르 알토상을 수상했다. 홀은 이론과 실무 경험을 겸비한 건축가로 빛의 효과를 살린 감성적이면서도 실용적인 건축을 주로 설계해왔다. 그는 건축 콘셉트가 정해지면 건물 안에서 밖으로 작업해 나가는 방식을 취한다. 그만큼 건물 이용자의 경험이나 편의를 중요하게 생각한다. 키아스마도 이런 그의 건축 철학을 그대로 담아낸 걸작으로 평가받고 있다.

'키아스마Kiasma'는 핀란드어로 '두 선이 만나는 교차점'이

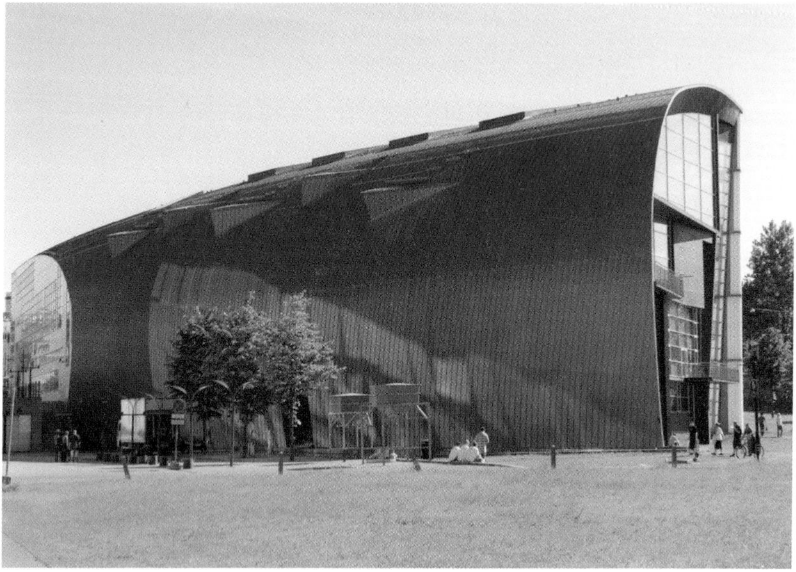

란 뜻이다. 그러니까 미술관 이름이 건축의 콘셉트를 대변한다고 봐야 한다. 밖에서 보면 기다란 직육면체 건물이 곡선으로 구부러져 있는 형태인데, 한쪽 면이 직선이면 마주한 다른 면은 곡선이다. 홀은 빛을 굉장히 중요하게 생각하는 건축가답게 건물 파사드를 유리로 마감해 자연광을 최대한 내부로 스며들게 했다. 이렇게 유리로 된 파사드는 자연의 빛과 인공조명 빛이 만나는 교차점이 된다. 미술관은 보는 각도와 시간대, 날씨 변화에 따라 완전히 다른 모습을 보여주기 때문에, 방문 시기와 시간대에 따라 전혀 다른 경험을 하게 된다.

미술관 내부에 들어서면 층과 층을 잇는 곡선의 경사로가 시선을 압도한다. 곡선의 미학이 담긴 외관, 군더더기 없는 무채색의 깔끔한 인테리어, 자연광을 최대한 끌어들인 밝은 실내, 높은 층고 등 무척 현대적이면서 세련된 인상을 준다.

미술관은 총 5층 규모다. 1층에 매표소와 카페, 아트숍, 극장 등이 위치하고, 전시실은 2층부터 5층까지다. 전시실들은 층마다 분리된 느낌을 주지 않으려고 경사로를 통해 자연스럽게 이어지게 했다. 틈새 공간마다 관객을 위한 소파와 테이블이 놓여 있어 눈길을 끈다. 관객에 대한 미술관의 세심한 배려를 엿볼 수 있는 부분이다.

스티븐 홀 건축의 가치는 직접 들어가서 경험해봐야 알 수

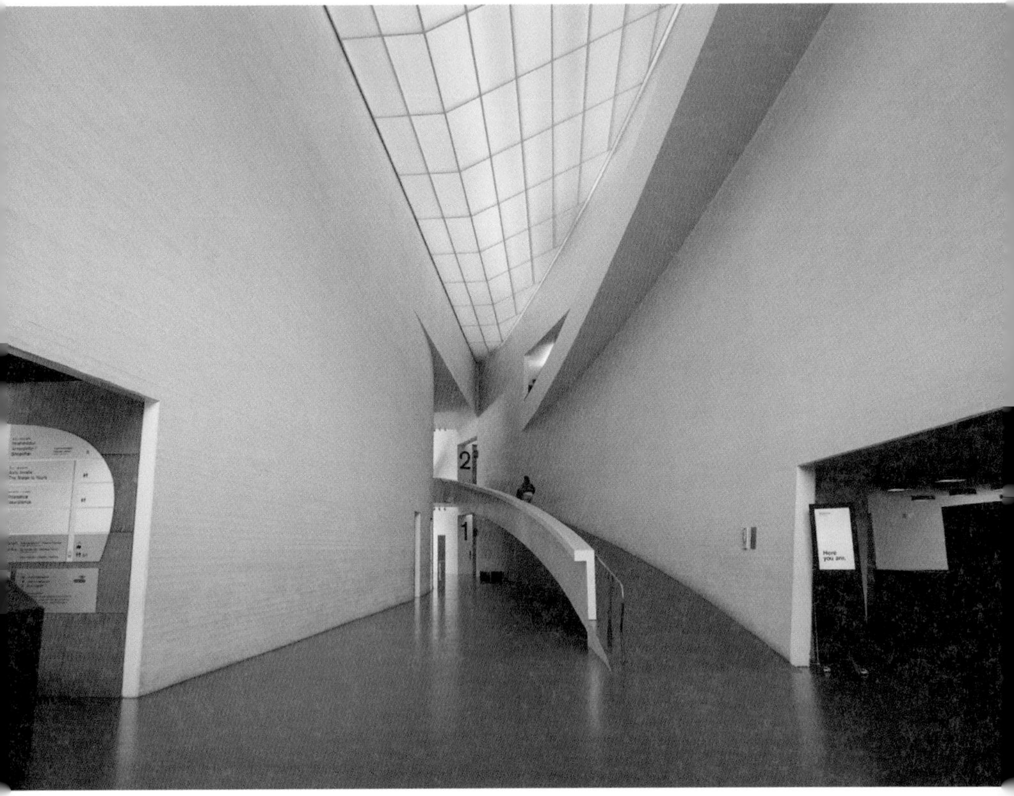
2
1
Here you are.

있다. 한번 들어가면 나오기가 싫을 정도로 구조도 재밌고, 편안한 공간이다. 홀은 원래 화가 지망생이었다는데, 화가가 안 되고 건축가가 되어서 천만다행이란 생각도 든다.

화가가 될 뻔했던 건축가 스티븐 홀

홀은 진짜로 화가가 될 뻔했다. 그는 미국 워싱턴 대학교에서 건축을 공부한 후 영국 런던의 유명 건축학교인 AA스쿨에서 석사를 마쳤다. 처음부터 건축에 대한 열망이 있었던 건 아니고 재미 삼아 건축과에 들어갔다고 한다. 그런데 막상 건축과에 들어갔더니 수업이 너무 고루해서 건축에 대한 흥미를 완전히 잃게 된다. 대신 어렸을 때부터 좋아했던 그림을 그리면서 화가로 전향할 생각을 한다. 실제로 그는 건축과 수업보다 미술학과 수업을 더 즐겨 들었다. 하루는 자신에게 학점을 잘 준 미대 교수를 찾아가 상담을 받았다. 그림을 보여주면서 화가가 되려 하는데 괜찮겠냐고 물어본 것이다.

교수는 뭐라고 했을까? 화가보다는 건축에 더 소질이 있으니까 그냥 건축가가 되는 게 좋겠다고 했단다. 그 교수도 원래는 건축을 전공했다가 화가로 진로를 바꿔서 성공한 경우였다. 미술과 건축 양쪽 세계를 다 아는 교수의 조언이니, 홀 입장에서는 따르지 않을 도리가 없었을 게다. 어쩌면 그 교수는 화가의 길이 너무 배고프고 힘드니까 그래도 돈벌이를 할 수 있는 건축 쪽으로 유도한 것일지도 모른다. 아니면 예술적 재능을 가진 홀이 건축을 하면 더 크게 성공할 수 있을 거란 확신에서 그렇게 권했을 수도 있고. 어쨌든 그 미대 교수의 조언 덕에 홀은 건축가가 되었다.

미대 교수와 함께 홀의 진로 선택에 영향을 준 또 한 사람이 있다. 같은 대학에서 건축 역사와 이론을 가르쳤던 헤르만 푼트라는 교수였다. 그의 강의는 진정한 건축의 세계에 눈을 뜨게 해줬다. 홀은 그 교수 덕에 건축 이론과 역사에 먼저 관심을 가지며 깊이 파고들었고 실기도 열심히 하게 됐다. 푼트 교수도 홀을 좋게 봤는지 그의 추천으로 홀은 로마 건축상을 받고 로마 유학의 기회도 얻게 된다. 그렇게 유럽의 건축 세계를 만난 후 대학원도 영국의 AA스쿨을 선택했다. 당시 AA에는 피터 쿡, 렘 콜하스 같은 건축계의 스타들이 모여 있었다. 동대문 디자인 플라자 DDP를 설계한 자하 하디드도 이곳에서 수학하고 교수로 지냈다.

홀은 건축가로서 최고의 환경에서 공부하고 실무를 익힌

끝에 자신만의 철학을 가진 세계적 대가가 될 수 있었다. 2001년 《뉴욕타임스》는 홀을 "눈과 정신을 만족시키는 건물"을 짓는 "미국 최고의 건축가"라고 극찬했다.

살아있는 현대미술을 만나는 곳

키아스마 현대미술관 소장품은 8,000여 명 작가들의 현대미술로 이루어져 있다. 클라스 올든버그, 도널드 저드, 프랭크 스텔라 같은 국제적인 작가들도 있지만 북유럽 현대 작가들의 작품을 많이 소장하고 있다. 어딜 가나 있는 세계적인 대가들의 작품이 아니라 지금 한창 활동하고 있는 북유럽 미술가들의 생생한 현대미술 작품을 만날 수 있는 것이다. 현대미술의 다양한 담론을 제시하는 다채로운 주제의 전시들을 주기적으로 여는데, 전시와 연계한 다양한 퍼포먼스나 공연, 이벤트, 워크숍 등도 항상 열리기 때문에 헬싱키 시민들에게 큰 호응을 얻고 있다.

2019년에는 그해 베니스 비엔날레 아이슬란드관 대표 작가였던 숍리프터Shoplifter의 개인전이 열려 크게 주목받았다.

숍리프터는 색색의 기다란 인공 털을 이용한 대형 설치 작품으로 유명하다. 전시실 천장에 수백 미터 길이의 기다란 모피 목도리를 트리 장식처럼 주렁주렁 매달아놓은 작품을 선보였는데, 그 작품 아래서 시민들을 위한 음악회가 열리기도 했다.

2022년 8월에는 역대 베니스 비엔날레 최고의 화제작으로 손꼽히는 <태양과 바다Sun and Sea> 오페라 퍼포먼스가 열려 큰 인기를 끌었다. 2019년 제58회 베니스 비엔날레 국가관 황금사자상 수상작인 <태양과 바다>는 리투아니아의 영화 제작자이자 감독인 루자일 바르즈카이테Rugilė Barzdžiukaitė와 극작가 바이바 그라이니테Vaiva Grainytė, 예술가이자 작곡가인 리나 라펠리테Lina Lapelytė가 공동 작업했다.

작품은 오페라 형식을 빌린 라이브 퍼포먼스다. 미술관 내부에 조성한 인공 해변에서 한가롭게 시간을 보내는 휴양객들의 평온한 모습을 보여주며 시작된다. 어린아이부터 노인까지 다양한 연령대의 배우 20여 명은 수영복 차림으로 해변 휴양객을 연기하며 자신의 생각을 큰 목소리로 노래한다. 일상의 아름다움이나 즐거움을 노래하는가 싶은데 가사 내용은 전혀 다르다. 장엄한 오페라 곡은 이들이 마주한 세상에 대한 불안을 담고 있다. 절정은 배우들이 바다 환경에 대한 우려를 한 목소리로 합창할 때다. 해변에서 먹고 마시고 놀며 보내는 평범

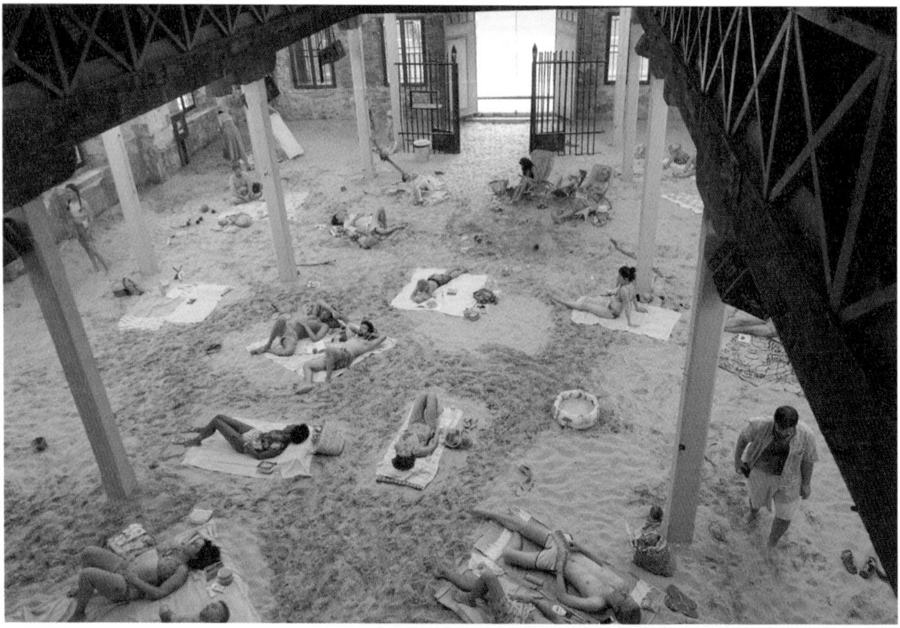

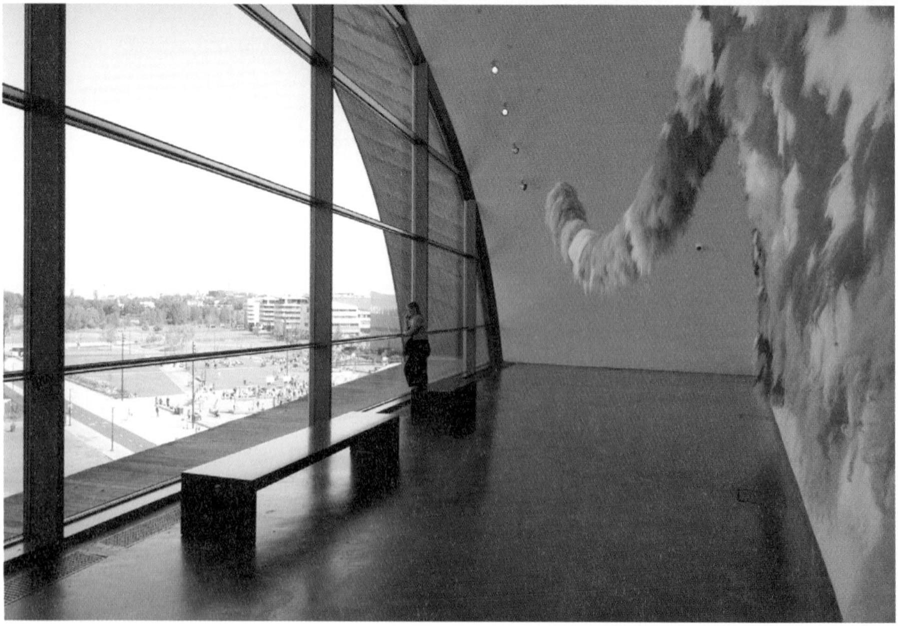

(위) 2019년 베니스 비엔날레 황금사자상을 수상한 <태양과 바다>, (아래) 자연광을 최대한 끌어들인 실내. 오른쪽에 숍리프터의 작품 일부가 보인다.

한 일상이 실은 플라스틱 같은 쓰레기를 끊임없이 남기는 행위이자 환경 파괴를 초래하는 일일 수도 있다는 경고를 담고 있다. 이 작품은 기후 위기 시대의 불안감과 환경 재앙에 대한 경고를 현대적인 오페라로 재치 있게 풀어냈다는 호평을 받으며 그해 리투아니아 국가관에게 처음으로 황금사자상을 안겼다.

이렇게 키아스마 현대미술관은 미술사 책에 박제된 예술이 아니라, 지금 현재 가장 주목받는 작품들을 초대해 선보이고 새로운 담론을 만들어가는 장소다. 북유럽에서 살아있는 생생한 현대미술을 만나고 싶다면 무조건 추천하는 미술관이다.

Museum of Contemporary Art Kiasma
Add. Mannerheiminaukio 2, 00100 Helsinki, Finland
Web. kiasma.fi

⊕ Plus Page

헬싱키 시민의 거실
오디

Add. Töölönlahdenkatu 4, 00100 Helsinki, Finland
Web. oodihelsinki.fi

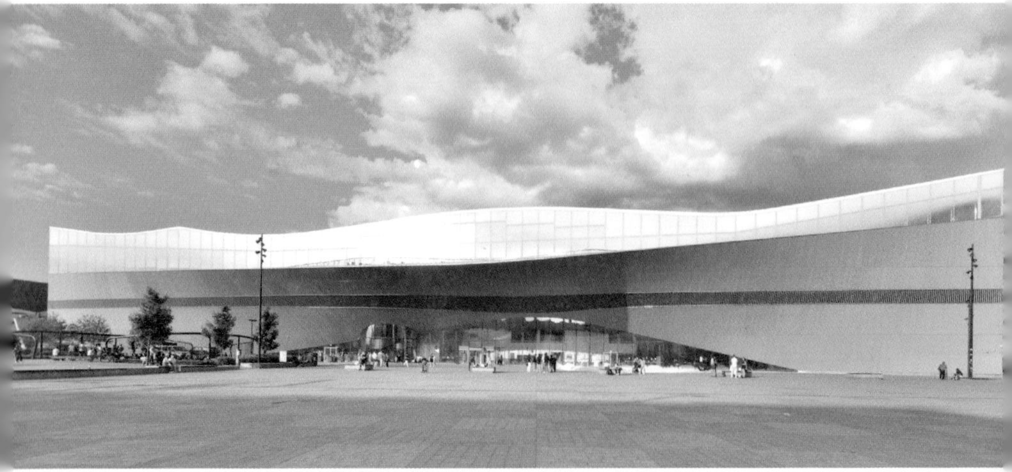

Oodi

키아스마와 이웃한 중앙도서관 오디는 핀란드 디자인과 건축의 정수를 보여준다. '헌정'이란 뜻을 가진 오디는 핀란드 독립 100주년을 기념해 2018년 12월 5일에 개관했다. 20년의 시간을 두고 시민들의 요구를 적극 반영해 탄생한 곳으로, 21세기 도서관의 기능과 역할이 어떠해야 하는지 보여주는 혁신 건축의 상징이다.

1층은 다양한 정보를 제공받을 수 있는 만남과 정보의 공간이고, 2층은 시민들이 삼삼오오 모여 회의와 활동을 하는 배움과 소통의 공간으로 뜨개질이나 재봉틀로 옷 만드는 것을 배우거나, 요리를 배울 수도 있고, 3D 프린터 출력이나 컴퓨터 게임도 할 수 있다. 3층은 10만 권의 장서를 보유한 도서관으로 가족들이 함께 놀고 쉬고 책을 읽는 공간이다. 도시 전망을 만끽하도록 창가에 휴게 의자도 비치해 두었다. 그야말로 독서하고 뜨개질하고 요리하고 게임도 하는 핀란드 가정의 일상 공간을 공공의 공간으로 옮겨온 것이다. 그래서 핀란드 사람들은 오디 도서관을 '헬싱키 시민의 거실'이라 부른다. 오디 도서관은 혁신적인 디자인과 공공성을 인정받아 국제도서관연맹에서 주는 '2019년 올해의 공공도서관'으로 선정된 바 있다.

⊕ **Plus Page**

침묵의 교회
캄피 예배당

Add. Simonkatu 7, 00100 Helsinki, Finland
Web. www.kampinkappeli.fi

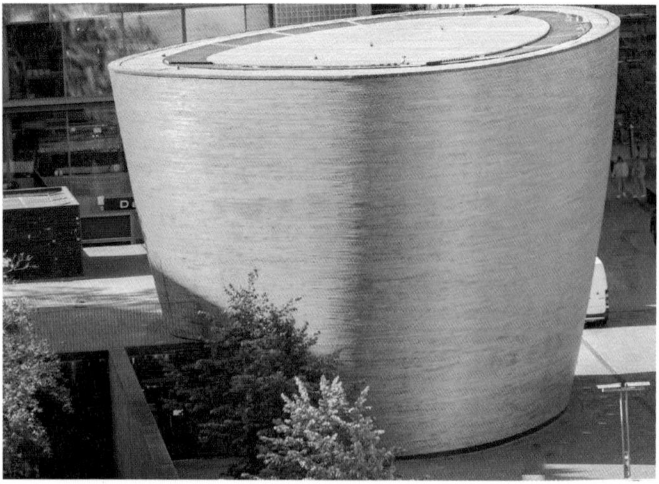

Kampin Kappeli

아모스 렉스 바로 옆 나린카 광장Narinkka Square에는 독특한 외관의 캄피 예배당이 있다. 2012년 헬싱키가 세계 디자인 수도로 지정된 해에 완공됐다. 커다란 원형 나무통을 세워놓은 것 같은 독특한 교회 건물은 만들어지기 전부터 혁신적인 디자인의 목재 건축물로 주목받았고, 2010년 세계건축상을 수상했다.

심플한 나무 의자와 낮은 조명 빛으로만 채워진 조용한 내부에 들어서면 이곳이 왜 '침묵의 교회'로 불리는지 금세 이해할 수 있다. 실제 예배가 열리지는 않고 시민 누구나 들러서 조용히 묵상하고 기도하는 공간이다. 교회 건물임에도 이곳 역시 연간 50만 명 이상의 관광객이 찾는 헬싱키 최고의 명소 중 하나다.

⊕ **Plus Page**

핀란드 최대 복합문화공간
카펠리

Add. Kaapeliaukio 3, 00180 Helsinki, Finland
Web. www.kaapelitehdas.fi

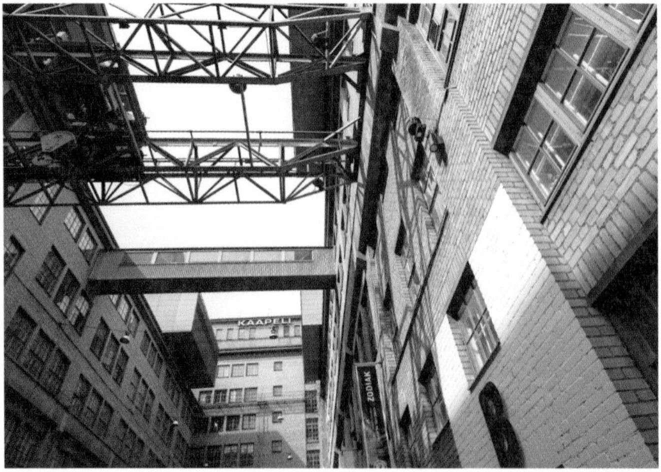

Kaapeli

1943년에 지어진 케이블 공장을 개조해 만든 복합문화공간으로, 핀란드에서 가장 큰 규모를 자랑한다. 세 개의 박물관과 여섯 개 이상의 갤러리, 무용 극장, 서커스단, 미술학교, 예술가 작업 공간, 음악 밴드 리허설 공간 외 여러 회사가 입주해 있다. 미술 전시나 박람회, 축제, 공연 등 다양한 이벤트를 위한 독특한 공간도 마련돼 있다. 자격 요건을 갖추면 누구나 단기간 대여 가능하다.

카펠리는 시 소유의 유한회사지만, 재정적으로는 자립했다. 케이블 공장과 수빌라티라는 두 개의 명소를 관리한다. 둘 다 산업유산을 문화공간으로 재활용했으며 매년 50만 명이 방문하는 헬싱키의 '핫플'이다. 다양한 식당과 숍들이 즐비하고 아침부터 저녁 늦게까지 문을 열기 때문에 늘 문전성시를 이룬다.

5

네덜란드
Netherlands

Rijk

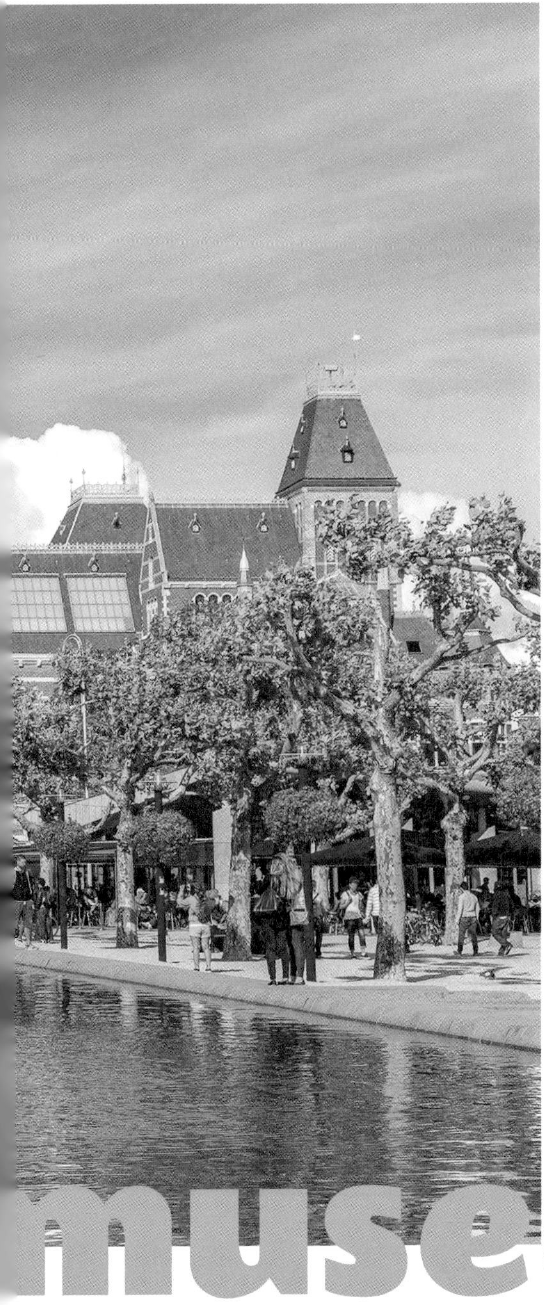

네덜란드의
보물

암스테르담 국립미술관

museum

네덜란드는 작지만 강한 나라다. 17세기에는 해상 무역을 주도해 세계 무역과 상업, 예술의 중심지로 황금기를 누렸다. 이를 네덜란드의 황금시대라고 부른다. 빛의 화가 렘브란트, 페르메이르, 프란스 할스 등의 화가들이 이 시대에 활동하면서 찬란한 예술의 꽃을 피웠다. 특히 수도 암스테르담은 예로부터 상업과 예술의 중심지로, 많은 화가들이 이곳에서 활동하며 걸작을 남겼다. 암스테르담의 중심은 중앙역과 왕궁이 있는 담 광장Damplein이지만 관광객들이 가장 많이 찾는 명소는 남부 '자위트Zuid(남쪽)' 지구에 있는 뮤지엄 광장Museumplein이다. 녹음이 우거진 뮤지엄 광장에는 국립미술관, 반고흐 미술관, 스테델레이크라 불리는 시립미술관 이렇게 네덜란드가 자랑하는 3대 미술관이 모여 있어 1년 내내 사람들로 붐빈다.

그중 가장 역사가 오래된 국립미술관은 네덜란드 정치인이자 재무장관이었던 이사크 호헬의 아이디어로 설립됐다. 1795년 호헬은 루브르 박물관 같은 국립박물관이 국익에 도움이 될 것이라 주장했고, 그 의견이 받아들여져 1798년 설립이 결정됐다. 1800년 헤이그 왕궁 안에 개관했던 국립미술관은 1808년 나폴레옹 보나파르트의 동생이자 네덜란드 왕이었던 루이 보나파르트의 명으로 암스테르담 왕궁으로 옮겨왔다. 처음에는 네덜란드연방공화국 총독들이 수집한 200여 점의 회화와 역사적인 기록물들을 전시했다. 그러다 렘브란트 판레인의 <야간 순찰>을 비롯한 암스테르담시 소유의 작품들이 국가 소유가 되면서 소장품 수가 늘어나자 현재의 장소에 새 건물을 지어 1885년에 개관했다.

10년의 기다림 끝에 다시 태어난 뮤지엄

국립미술관은 네덜란드 최대 규모의 미술관이다. 'Rijks'가 국립이란 뜻이 있어 현지어로는 '레이크스 뮤지엄Rijksmuseum'이다. 네덜란드 건축가 피에르 카위퍼르스Pierre Cuypers가 설계한 건물은 'ㅁ' 자 구조의 붉은 벽돌 건물로 네오고딕 양식으로 지어졌다. 개관 이후 몇 번의 증축 공사가 있었지만 현재의 모습은 비교적 최근에 있었던 개조 공사의 결과물이다. 개관 후 125년간 네덜란드 최고의 미술관으로 자리매김했던 국립미술관은 지난 2003년, 새 시대에 알맞은 뮤지엄으로 거듭나기 위해 장기간 폐쇄를 단행했다. 우리 돈 5,500억 원이 투입된 대규모 공사가 시작된 것이다. 리모델링 설계를 맡은 스페인 건축회사 크루스 앤 오르티스Cruz y Ortiz는 네오고딕 양식의 기존

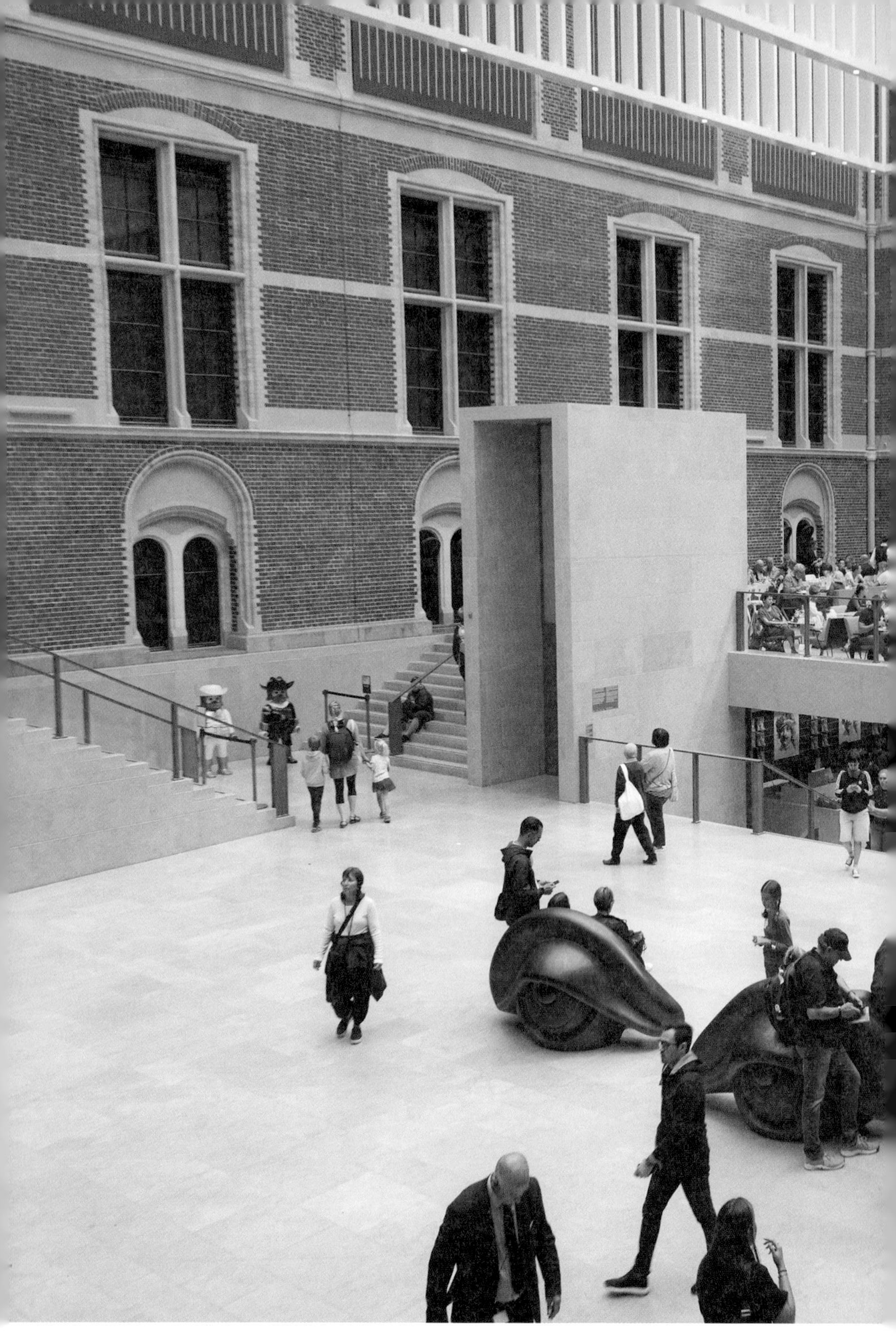

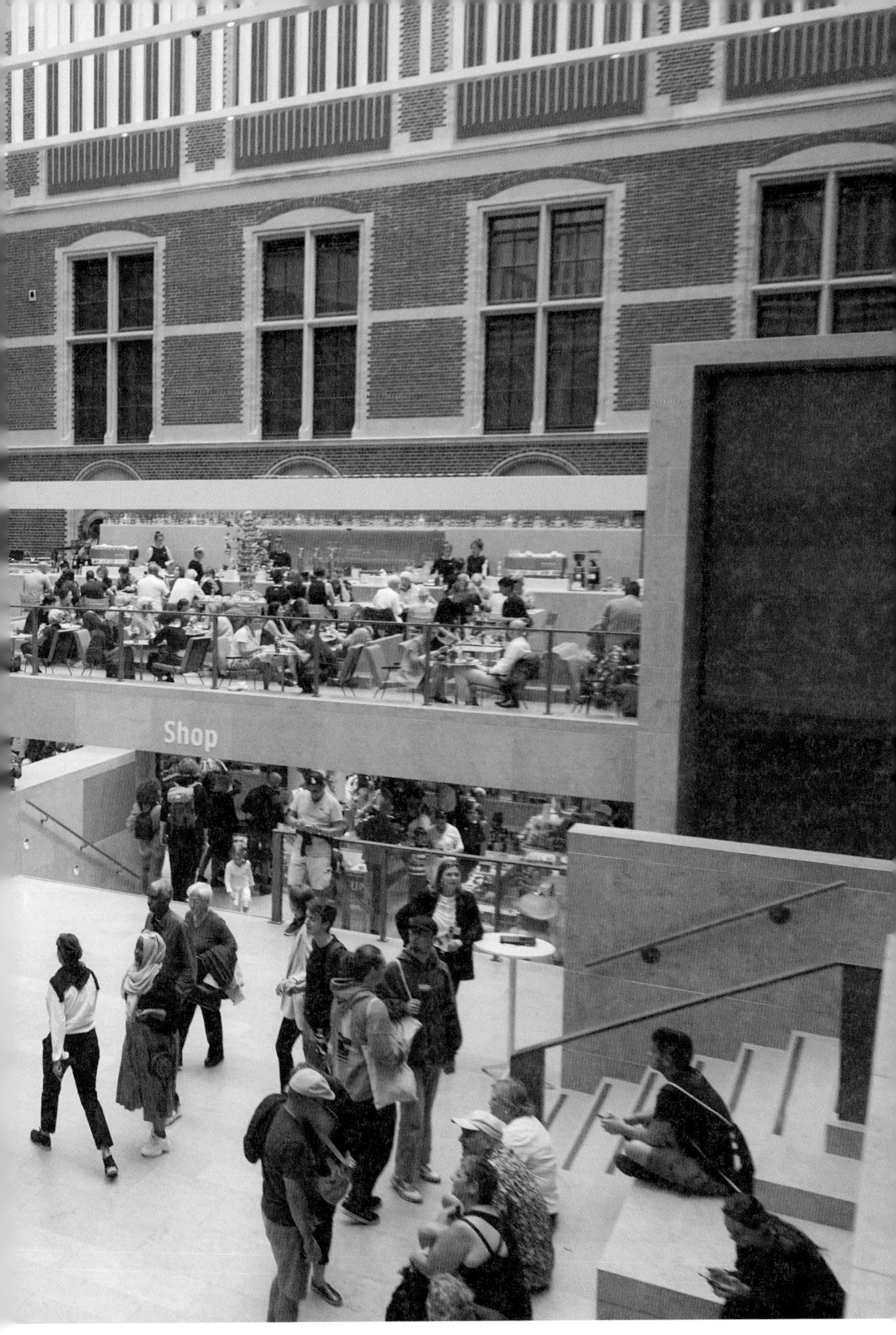
Shop

건물을 최대한 살리되 현대적인 공간과 최신 시설을 추가하는 데 역점을 두었다. 장장 10년의 기다림 끝에 2013년 4월 13일, 19세기의 웅장하고 역사적인 건물은 21세기의 경쾌하고 개방된 박물관으로 완전히 탈바꿈해 다시 관람객을 맞이했다. 과감한 투자와 기다림의 결과는 기대 이상이었다. 이전까지 연간 100만 명 정도가 찾았던 국립미술관 방문객 수가 재개관한 지 열 달 만에 200만 명을 넘어섰다.

새 미술관 입구로 들어서면 밝고 화사한 대형 아트리움이 관객을 가장 먼저 맞이한다. 예전에 있던 미술관 안뜰이 이렇게 거대한 로비 공간으로 변신한 것이다. 지상 3층까지 확 트인 공간이라 시야가 시원하다. 아트리움 서쪽 지하에는 아트숍이, 바로 그 위층에는 천장과 출입문이 따로 없는 개방형 카페가 새로 들어섰다. 또 아시아 파빌리온과 드로잉 학교, 강당, 레스토랑 등 관람객 편의 시설들이 대폭 늘어났다. 소음이 차단된 조용한 교회 같은 미술관이 아니라 열린 광장처럼 다양한 활동이 이루어지는 시끌벅적한 공공미술관임을 보여주는 듯하다. 전시실 내부도 달라졌다. 원래 있던 화려하고 장식적인 고딕 천장과 기둥은 그대로 살리면서 벽이나 바닥, 가구 등은 차분한 회색 톤으로 마감해 전체적으로 고급스럽고 세련된 인상을 준다.

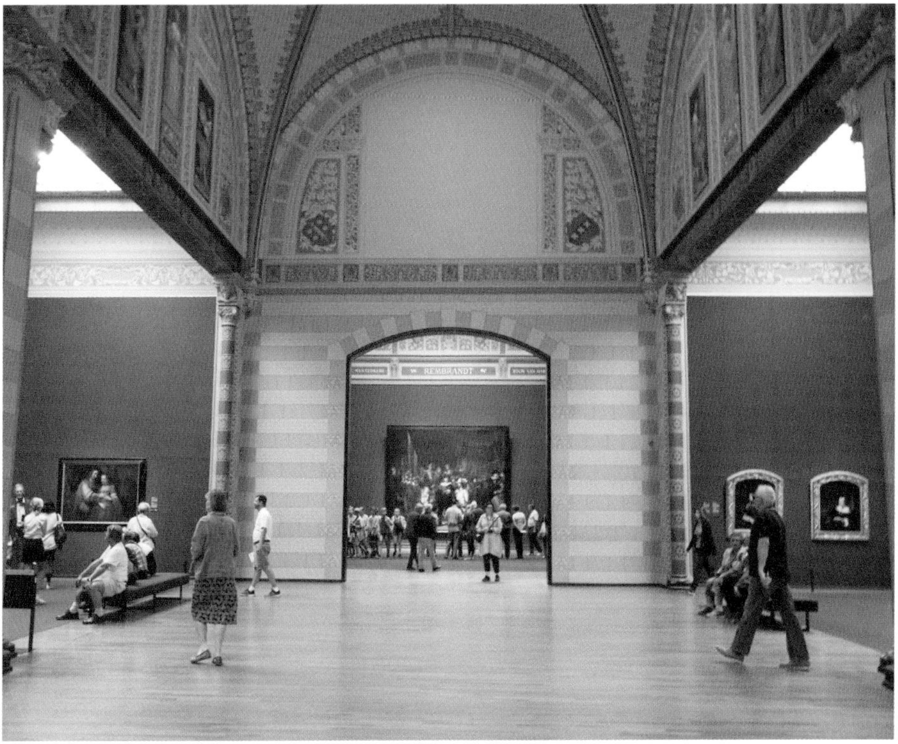

가장 인기 있는 명예 갤러리 전경

레이크스는 '네덜란드 보물의 성'으로 불릴 만큼 소장품 수가 방대하고 질적으로도 우수하다. 미술 교과서에서 봤던 익숙한 서양미술 거장들의 작품을 곳곳에서 만날 수 있다. 지상층(0층)부터 3층까지 이어진 80개의 전시실에선 1200년에서 2000년 사이에 제작된 유물과 예술품이 연대기별로 분류돼 전시된다. 총 소장품 100만 점 가운데 상설전시품만 8,000여 점에 이른다.

0층에선 중세미술과 르네상스미술을, 1층에선 18-19세기 근대미술을 볼 수 있다. 인기 있는 빈센트 반고흐의 자화상이나 프란시스코 고야 컬렉션은 1층에 있다. 2층에는 17세기 네덜란드 황금시대를 대변하는 작품들이 죄다 모여 있다. 특히 2층 중앙에 있는 명예 갤러리Gallery of Honor는 이곳에서 가장 인기 있는 전시실로, 렘브란트 판레인, 요하네스 페르메이르, 프란스 할스, 얀 스테인 등 인기 있는 17세기 네덜란드 미술사를 빛낸 화가들의 작품을 대거 만날 수 있다. 맨 꼭대기 층인 3층은 20세기 미술을 위한 공간이다. 규모는 작지만 추상미술의 선구자 중 한 명인 피에트 몬드리안을 비롯해 카럴 아펄, 콘스탄트 등 20세기 네덜란드 현대미술가들의 작품을 만날 수 있다.

온갖 시련을 견뎌낸 <야간 순찰>

렘브란트는 반고흐와 함께 네덜란드가 낳은 가장 위대한 화가다. 레이크스는 렘브란트의 청년 시절 자화상을 비롯해 50대에 그린 <사도 바울로서의 자화상>(1661), 성경에 나오는 이삭과 레베카 부부를 그린 <유대인 신부>(1665-69) 등 미술사 책에서나 보던 그의 대표작들을 대거 소장하고 있다. 회화만 22점, 소묘 작품은 60점, 판화는 300점이 넘는다. 특히 네덜란드의 보물로 불리는 <야간 순찰>은 국립미술관의 상징적인 작품이다. 루브르의 <모나 리자>처럼 이 그림 하나를 보기 위해 해마다 200만 명 이상이 이곳을 찾는다. 지금은 북유럽 미술의 최고 걸작으로 평가받지만 그림이 처음 공개될 당시에는 전혀 인정받지 못했을 뿐 아니라 온갖 수모를 당했다. 그림은 암스테르담 시민 민병대 중 하나인 클로베니르 부대원들의 집단 초상화로 대장의 지휘하에 부대원들이 출격하는 장면을 묘사하고 있다. 화면 가운데 검은 옷을 입은 키 큰 남자가 프란스 반닝 코크 대장이고, 밝은 황금빛 제복을 입은 남자가 빌럼 판 라위턴뷔르흐 부대장이다. 원래 제목은 '프란스 반닝 코크 대장 지휘하에 제2지구 민병대'였다. <야경> 또는 <야간 순

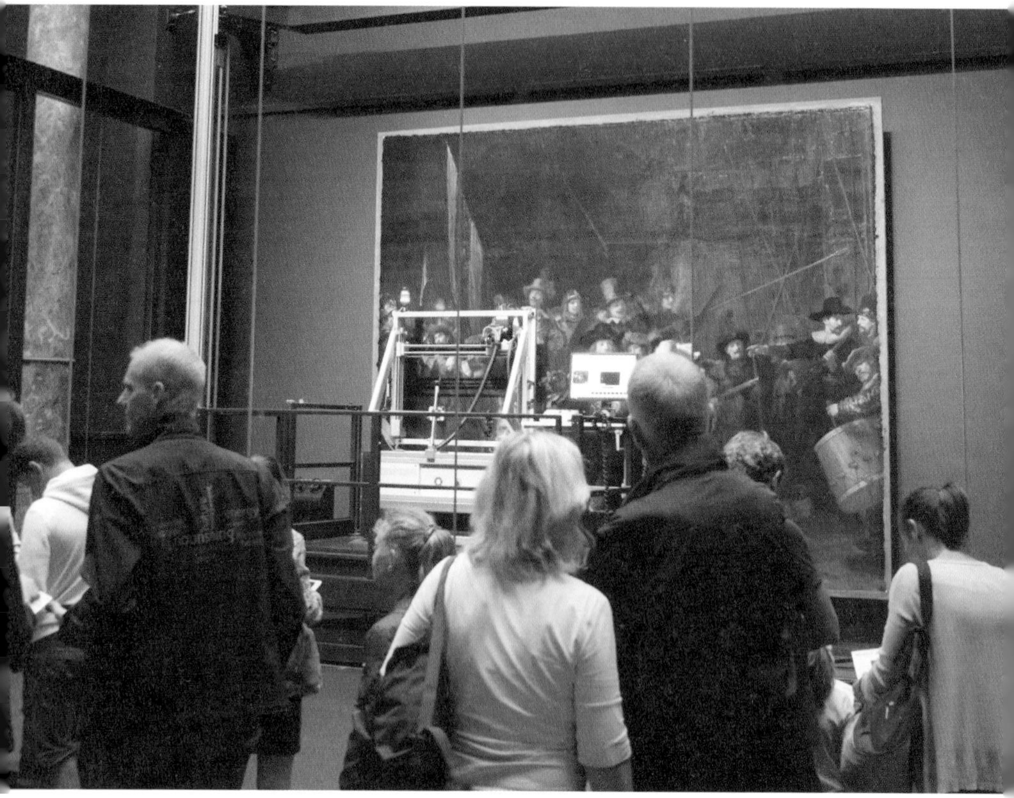

찰>이란 제목은 18세기에 붙여진 것으로 그림 위에 칠한 니스가 검게 변해 밤 장면을 그린 것으로 오인한 데서 기인했다. 그러다 1940년, 약 300년간 그림에 쌓인 먼지와 광택제를 벗겨내자 밤이 아니라 한낮의 장면을 그린 거라는 사실이 밝혀졌다. 그럼에도 사람들은 여전히 수백 년간 믿어왔던 대로 '야간 순찰Night Watch'이라고 부른다.

극적인 빛의 연출과 역동적인 인물들의 움직임, 강렬한 상징성으로 채워진 화면은 마치 연극의 한 장면처럼 생생하다. 렘브란트는 인물들을 일렬로 나열해 그리던 단체 초상화의 규범을 과감히 깨버리고, 역사에 남을 독창적인 명작을 완성시켰다. 하지만 시대를 앞선 그의 그림은 당대 사람들에게 큰 충격과 분노를 안겼다. 게다가 화가가 돈을 낸 열여덟 명의 주문자 외에도 열여섯 명의 인물을 더 그려 넣었기 때문에 주문자들의 불만이 엄청났다. 이 그림 때문에 렘브란트의 명성은 바닥으로 추락했고, 누구도 그에게 초상화를 주문하지 않았다.

<야간 순찰>은 당대에 인정만 못 받은 게 아니라 물리적 훼손까지 당했다. 1715년 암스테르담 시청에 그림을 설치하면서 작은 벽에 맞추느라 그림 일부가 잘려나갔고, 1885년 국립미술관이 개관하면서 현재의 전시실로 옮겨온 이후에도 몇 차례 반달리즘으로 훼손되었다가 어렵게 복원됐다. 2019년 여름

부터는 아예 전체 복원 작업에 들어갔다. 색이 희미해지고 일부는 형태를 알아보기 힘들 정도로 상태가 나빠졌기 때문이다. 앞으로 수년이 걸리고 수백만 유로가 소요될 이번 복원 작업은 투명한 특수 유리전시실 안에서 공개적으로 진행되고 있다.

렘브란트의 인기를 능가하는 페르메이르

렘브란트 못지않게 인기를 누리는 화가는 요하네스 페르메이르다. 페르메이르는 오늘날 17세기 네덜란드 황금기를 대변하는 화가 중 한 명이다. 그가 남긴 <진주 귀고리를 한 소녀>는 '북구의 모나 리자'로 불리며 다빈치급으로 사랑받고 있다. 하지만 그 명성에 비해 생애에 대해선 거의 알려진 바가 없다. 고향 델프트에서 활동했고, 일생 동안 남긴 작품이 30여 점밖에 되지 않는 데다 크기도 다 작다. 남긴 작품 수는 적지만 그에 대한 소설과 영화 덕분에 반고흐만큼이나 대중적 사랑을 받고 있다.

페르메이르의 대표작 넉 점도 이곳 소장품이다. 잘 알려진 명화 <우유를 따르는 여인>도 명예 갤러리에 전시돼 있다. 인기를 증명하듯 그림 앞은 언제나 관람객이 붐빈다. 하얀 머릿

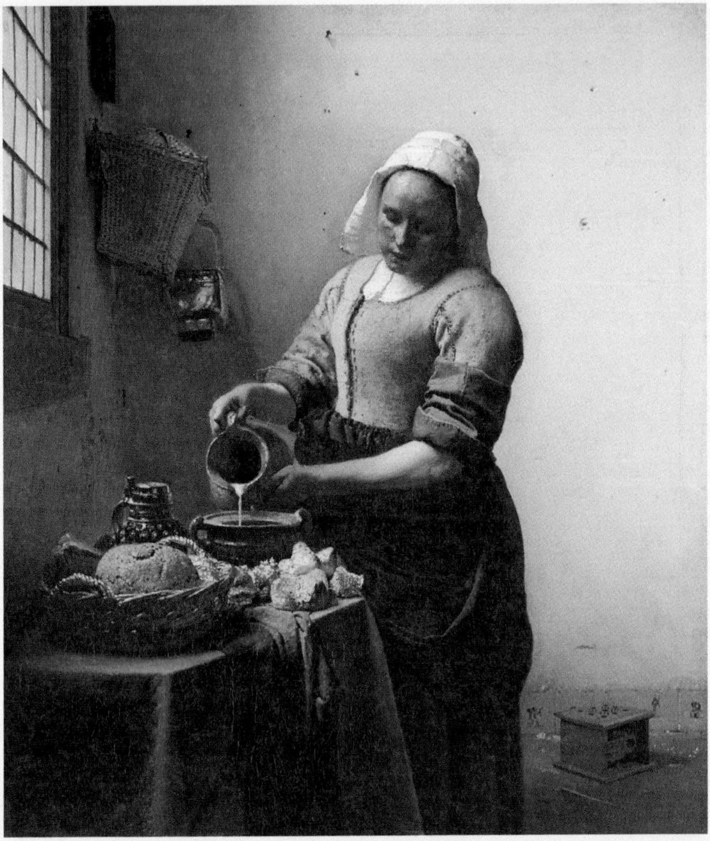

요하네스 페르메이르, <우유를 따르는 여인>, 캔버스에 유채, 45.5×41cm, 1660년경, 암스테르담 국립미술관

수건과 앞치마를 두른 여인이 부엌에 서서 아침 식사를 준비 중이다. 선반 위에 빵과 주전자, 흙으로 구운 항아리가 놓여 있는데 화가는 이 항아리에다가 여인이 우유를 따르는 장면을 포착했다. 소소한 일상의 장면인데도 페르메이르는 우유를 따르는 행위가 어떤 장엄한 의식처럼 여겨지게 신비스럽게 표현했다. 창가로 들어오는 신선한 새벽빛과 여성을 감싼 공기가 생생하게 느껴질 정도로 사실적이다. 자세히 보면 빵가루부터 벽에 난 작은 흠집, 가구나 주방 기기들도 사진처럼 정교하게 묘사돼 있다. 작은 캔버스에 구현한 화가의 솜씨가 놀라울 따름이다. 그림 속 모델은 화가의 가정부로 알려져 있다. 영문 제목이 '밀크메이드Milkmaid'인 걸 보면 이 여성은 페르메이르의 대가족이 먹을 소젖을 짜고 버터나 치즈 같은 유제품을 만들기 위해 고용된 듯하다. 우유 짜는 일을 하는 하층 계급의 여성이지만, 화가는 여느 귀부인처럼 존엄하고 정숙한 모습으로 그렸다.

<델프트의 집 풍경>이라는 그림도 이곳에서 만날 수 있다. 제목처럼 자신이 살던 델프트의 골목 풍경을 묘사한 그림이다. 3층 벽돌집과 골목길을 배경으로 마당 청소나 바느질 등 묵묵히 자기 일을 하는 여성들의 모습을 다정하게 담았다. <연애편지> 역시 델프트 중산층 가정의 실내 공간을 배경으로 한 그림이다. 노란색 드레스에 망토를 걸친 젊은 여성은 류트 연주를

하다가 잠시 멈추고 편지를 건네는 하녀를 올려다보고 있다. 몹시 놀란 표정을 보니, 숨겨진 연인에게서 온 편지임이 분명하다. 17세기 네덜란드 장르화의 특징은 상징과 암시가 많다는 거다. 연애편지가 주제이다 보니 그림 곳곳에 사랑 관련 상징물이 그려져 있다. 일단 류트는 사랑의 조화를 상징하는 악기다. 오른쪽 어두운 공간 속에 구겨진 악보는 함께 연주할 사람이 숨겨져 있다는 걸 암시한다. 아마도 그림 속 여인은 이루어질 수 없는 사랑에 빠진 듯하다.

사실 페르메에르는 이런 서사적 내용보다 행위를 통한 인물의 심리를 표현하는 데 더 주력했던 화가다. 그의 그림 속 여인들은 표정만 봐도 우리에게 뭔가 사연을 말하는 것 같다. 이것이 바로 크기는 작지만 감동은 큰 페르메이르 그림의 가장 큰 매력이 아닐까 싶다.

세기의 전시와 유서 깊은 도서관

국립미술관은 수준 높은 기획전을 여는 것으로 유명하다. 2019년 렘브란트 작품 400여 점을 동시에 전시한 세기의 회

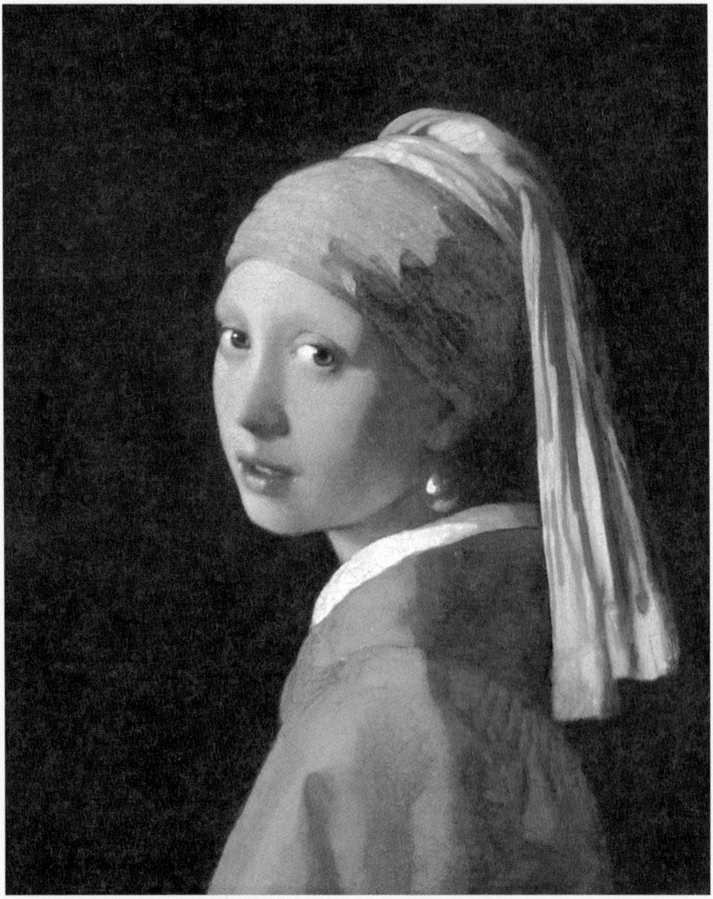

요하네스 페르메이르, <진주 귀고리를 한 소녀>, 캔버스에 유채, 44.5×39cm, 1665년, 마우리츠 하위스 미술관

고전을 연 데 이어, 2023년 2월에는 페르메이르의 역사적인 회고전을 열며 세계적 화제가 되었다. 페르메이르가 남긴 그림이 대략 37점으로 알려져 있는데 그중 28점을 한 자리에 모아 보여줬기 때문이다. 세계 도처에 흩어져 있는 작품을 한꺼번에 대여해옴으로써 레이크스의 능력과 신뢰를 입증했다. 이 전시를 위해 미국에 있던 그림 일곱 점이 200년 만에 고국으로 돌아왔다. 페르메이르의 가장 잘 알려진 명화 <진주 귀고리를 한 소녀>도 헤이그의 마우리츠하위스를 떠나 암스테르담으로 왔다. 7개국 14개 뮤지엄에서 온 작품을 사상 최초로 한자리에 모은 역대 최대 규모의 전시였다.

보도에 따르면, 미술관이 사전 판매를 개시한 지 단 며칠 만에 입장권 45만 장이 매진돼 20만 장을 추가 판매했다고 한다. 새벽 2시까지 관람 시간을 연장하는 등 미술관도 특단의 조치를 취했지만 예매 경쟁이 심해 암표까지 등장했고, 가격이 2,724달러(350만 원)까지 치솟았다. 16주간 진행된 전시에 115개국에서 총 65만 명이 찾았고, 이 중 절반 가까이가 외국인이었다. 전시 도록도 10만 부 이상 판매됐는데, 이는 국립미술관 전시 역사상 최대 판매 부수였다. 미술관 측에서 "세기의 전시" "생애 단 한 번의 기회"라고 광고한 게 결코 과장이 아니었다. 페르메이르 마니아가 그렇게 많다는 방증이다.

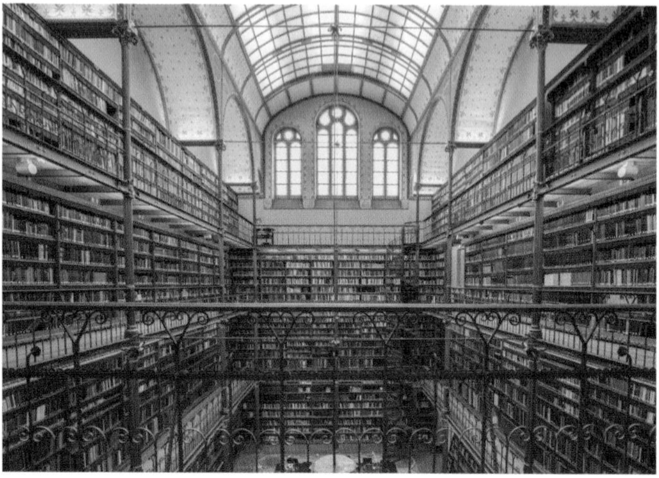

미술관 내부에서 관람객의 시선을 압도하는 또 한 곳이 있다. 바로 1885년 개관한 국립미술관 도서관이다. 네덜란드에서 가장 크고 오래된 미술사 연구 도서관으로 지금도 19세기의 모습을 그대로 유지하고 있다. 네오고딕 양식으로 지어진 도서관은 총 4층 규모다. 전 층 벽을 가득 메운 고서들, 아치형의 높은 천장과 창문이 매혹적이다. 중세 교회를 닮은 엄숙한 공간인데 천창에서 자연광이 들어와 운치가 있다. 시간만 허락한다면 이곳에서 하루 종일 책을 읽고 싶다는 충동을 느끼게 하는 곳이다. 이 멋진 도서관 역시 국립미술관을 설계한 피에

르 카위퍼르스가 디자인했다. 그의 이름을 따 '카위퍼르스 도서관'이라고도 불린다. 도서관은 40만 권 이상의 온라인 도록, 3,400종의 정기 간행물, 9만 권의 미술품 판매 도록을 소장하고 있다. 매년 1만에서 1만 5,000권의 도록과 정기 간행물이 추가되고 있다고 하니 소장품 목록은 계속 늘어갈 것이다.

2013년 완료된 리노베이션 공사로 탄생한 아시아 파빌리온도 눈길을 끈다. 물에 둘러싸여 있어 신비롭게 보이는 건물 내부에선 인도, 한국, 중국, 일본, 인도네시아 등 50개국 이상에서 수집된 아시아 컬렉션을 선보이고 있다. 기원전 2000년부터 서기 2000년까지 4,000년 아시아 문화예술의 세계를 보여주는 전시관이다. 이렇게 곳곳을 관람하다 보면 레이크스가 왜 네덜란드 보물의 성인지 절로 실감하게 된다.

Rijksmuseum
Add. Museumstraat 1, 1071 XX Amsterdam, Netherlands
Web. www.rijksmuseum.nl/nl

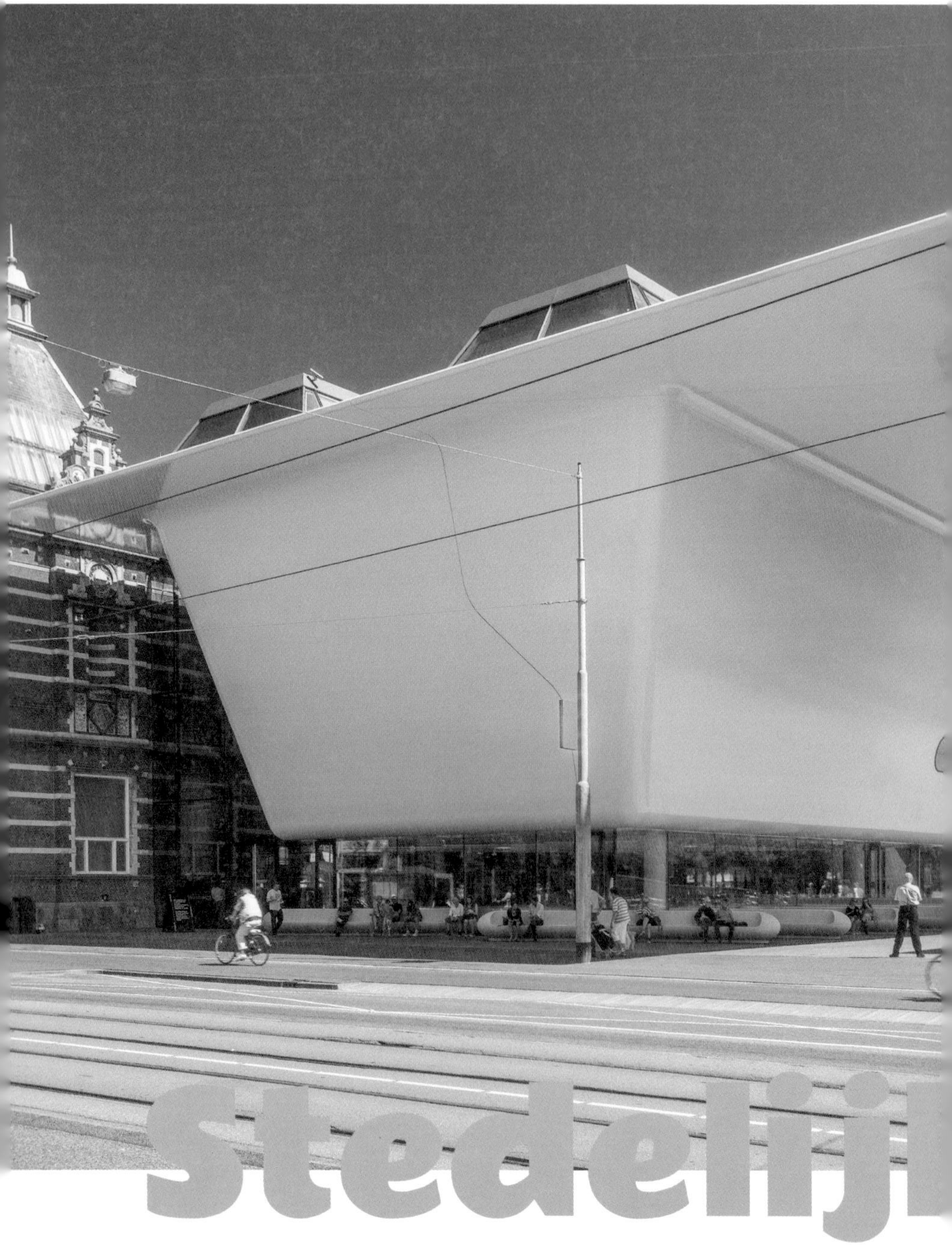
Stedelijk

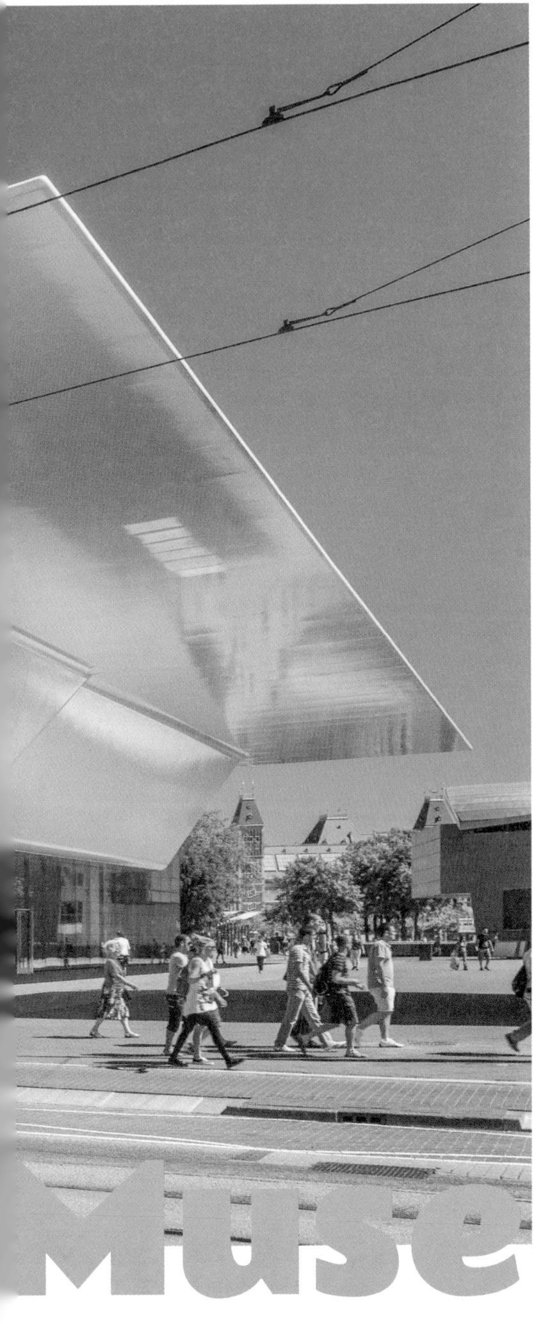

혁신 미술과
미디어아트의
전당

스테델레이크 미술관

Museum

국립미술관에서 도보 5분 거리에 있는 스테델레이크 미술관은 네덜란드가 자랑하는 현대미술의 보고다. 네덜란드어 '스테델레이크Stedelijk'는 '시City, Urban, Municipal'라는 뜻으로, '암스테르담 시립미술관'이라고 불리기도 한다. 이웃한 반고흐 미술관이나 국립미술관이 관광객들이 즐겨 찾는 인기 명소라면 스테델레이크 미술관은 암스테르담 시민들에게 사랑받는 문화 휴식처다. 뛰어난 소장품 목록과 혁신적인 전시로 일찌감치 유럽에서 가장 주목받는 현대미술관 중 하나가 되었지만 한때 방만한 운영과 소장품 과잉 구매에 따른 세금 스캔들로 곤혹을 치르기도 했다. 2006년부터는 시로부터 독립해 재단이 운영하는 문화기관이 되었다. 스테델레이크 미술관은 1895년 개관했지만 그 역사는 1874년으로 거슬러 올라간다. 암스테르담시 당국과 뜻있는 개인들이 모여 시립미술관 설립을 위한 '현대미술 공공컬렉션형성협회(VVHK)'를 만들었다. 당시 이들이 기증한 소장품들은 새 건물이 완공되기 전까지 국립미술관에 보관됐다.

미술관 설립에 가장 큰 공을 세운 건 소피아 아드리아나 더 브라윈Sophia Adriana de Bruijn이란 이름의 여성이었다. 1890년 건축비의 상당 부분과 자신의 소장품을 대거 기증했다. 크리스티안 피터르 반 에이헌Christiaan Pieter van Eeghen 가족 역시 건

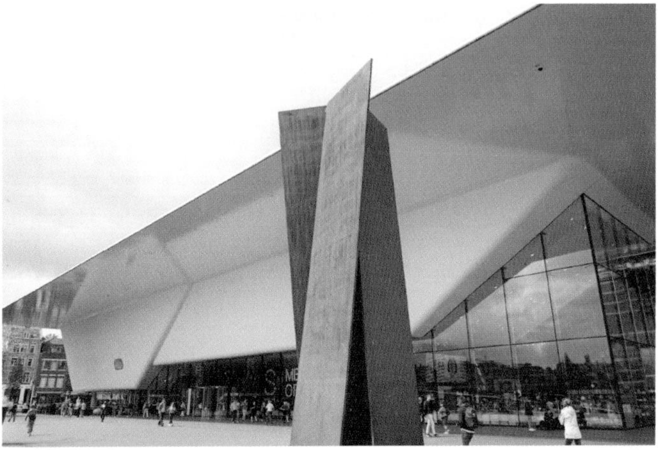

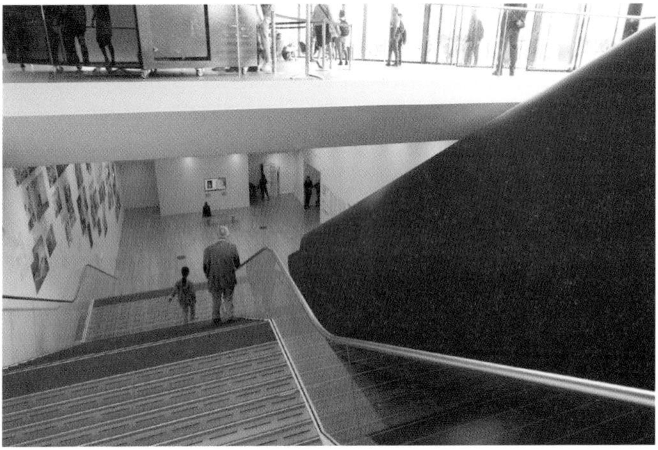

축 비용 일부와 소장품 기증으로 미술관 설립의 토대를 마련했다. 1891년 착공해 1895년 문을 연 미술관은 국립미술관 근처 부지에 네오 르네상스 양식으로 지어졌다. 설계는 네덜란드 건축가 빌럼 베이스만Willem Weissman이 맡았다. 개관 초기 소장품 목록에는 암스테르담 민병대의 용품과 아시아 유물, 의학이나 제약 관련 유물과 인공물 등 다양한 물건이 예술품과 섞여 있었다.

21세기 미술관으로 거듭나다

국립미술관과 마찬가지로 시립미술관도 새로운 시대에 부응하기 위해 2004년부터 보수와 개조 공사에 들어갔다. 8년의 긴 공사 끝에 2012년 9월 23일 뉴 스테델레이크 뮤지엄으로 재탄생했다. 현재 입구로 사용하는 새하얀 건물은 2012년에 개관한 신관으로 '욕조Bathtub'라고 불린다. 통유리로 마감된 1층 건물 위에 새하얀 욕조가 떠 있는 것 같은 독특한 모양이라 멀리서도 눈에 띈다. 지금은 암스테르담의 건축 명물이자 랜드마크가 되었지만 완공 당시에는 주변과 어울리지 않는다는 이

유로 큰 비난을 받았다. 건축 설계는 벤텀 크라우벨 아키텍트 Benthem Crouwel Architects가 맡았다. 네덜란드 건축가 얀 벤텀과 멜스 크라우벨이 1979년 설립한 건축회사로 암스테르담을 기반으로 국제적인 건축 프로젝트를 수행해왔다. 시립미술관 리모델링 공사뿐 아니라 드 퐁트 현대미술관과 종합경기장 지고 돔Ziggo Dome 등 다수의 문화 시설을 디자인했다. 1억 2,700만 유로(약 1,700억 원)의 막대한 공사비가 투입된 증축 공사로 시립미술관 내부는 이전보다 두 배 이상 넓어졌다. 공간만 두 배가 된 게 아니라 관람객 수도 두 배로 늘었다. 연간 20-30만 명이 찾던 미술관은 2012년 재개관 이후 70만 명(2018년 기준) 이상이 찾는 네덜란드에서 네 번째로 인기 있는 미술관이 되었다.

증축 공사로 미술관은 넓은 계단과 에스컬레이터, 유기적 디스플레이가 가능한 대형 전시실, 자연광이 들어오는 밝은 실내 공간을 확보했고, 아트숍과 레스토랑, 도서관, 강당 등 관객 편의 시설과 부대시설도 대폭 늘려 진정한 21세기형 미술관으로 거듭났다. 지하에서 지상 2층까지 이어지는 전시실에서는 19세기 말부터 21세기까지 미술사를 이끈 주요 미술 운동과 디자인을 대변하는 작품들을 골고루 만날 수 있다. 현재 소장품 수는 약 9만 점으로, 네덜란드가 낳은 가장 유명한 추상화가

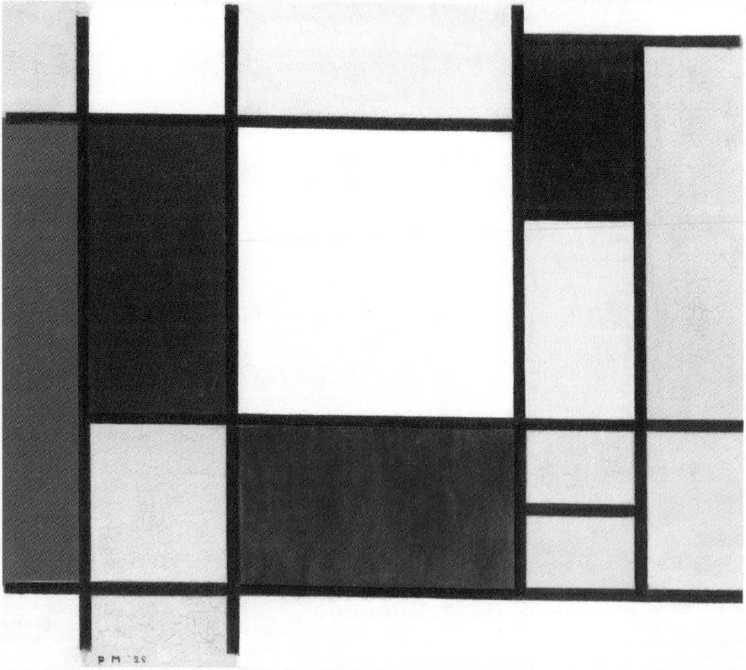

피에트 몬드리안, <노랑, 빨강, 검정, 파랑, 회색의 구성>, 캔버스에 유채, 51.5×61cm, 1920년, 스테델레이크 미술관

피에트 몬드리안을 비롯해 폴 세잔, 마르크 샤갈, 빌럼 더코닝, 바넷 뉴먼, 루초 폰타나, 데이미언 허스트, 제프 쿤스 등 세계적 명성의 미술가들 작품이 대거 포함돼 있다.

더 나은 미술관을 만든 공헌자들

개관 초기 시민 민병대의 현수막까지 잡다하게 수집했던 미술관이 이렇게 근현대미술의 전당이 될 수 있었던 데는 역대 관장들의 공이 컸다. 1930년경부터 근현대미술과 디자인, 사진을 집중적으로 수집했던 시립미술관은 1936년 국립미술관 출신의 다비드 뢰엘을 관장에 임명했다. 뢰엘은 미술에 대한 안목뿐 아니라 사람에 대한 안목도 있었다. 취임 2년 후 실력 있는 큐레이터이자 디자이너인 빌럼 산드베르흐Willem Sandberg를 큐레이터로 영입했다. 시립미술관이 국제적 명성을 얻기 시작한 건 바로 이 산드베르흐가 관장이 된 1945년 이후부터였다. 산드베르흐의 지시로 1945년 응용미술 분과가 설립된 데 이어 1954년에는 판화 및 소묘 분과도 새로 개설됐다. 1950년 초에는 공공미술관에서 만나기 힘든 현대음악과 영화도 선보이기 시작했다. 1956년에는 러시아 아방가르드 예술을 대표하는 카지미르 말레비치Kazimir Malevich의 작품들을 대거 인수했고, 사진 컬렉션도 추가했다. 서유럽에서 사진을 수집한 최초의 현대미술관이 되었다. 1962년까지 '현대미술 공공컬렉션형성협회(VVHK)'가 소유하던 대부분의 소장품을 인수받았다. 여기에는 폴 세잔, 귀스타브 쿠르베, 빈센트 반고흐 등 미술사에 중요한 화가들이 대거 포함돼 있었다. 이렇게 산드베르흐는 소장품의 양적 질적 확장뿐 아니라 예술가들과의 직접적인 협업을 통해 야심 차고 혁신적인 전시 프로그램에 집중 투자해 시립미술관을 유럽에서 선두적인 현대미술 기관으로 만드는 데 큰 공을 세웠다.

1963년부터 1985년까지 관장으로 재직한 에디 더 빌더Edy de Wilde는 한발 더 나아가 미국 현대미술 컬렉션을 시작했고, 미술관의 사회적 교육적 기능을 강화하기 위해 1971년 커뮤니케이션 부서를 새로 만들었다.

빌더 관장은 1970년대부터 유럽과 미국의 비디오 아트에 관심을 갖고 집중적으로 수집하기 시작했다. 1977년 백남준의 개인전을 연 데 이어 이듬해 그의 대표작 중 하나인 <TV 부처>(1974)를 소장품으로 사들였다. 유럽의 공공미술관이 비

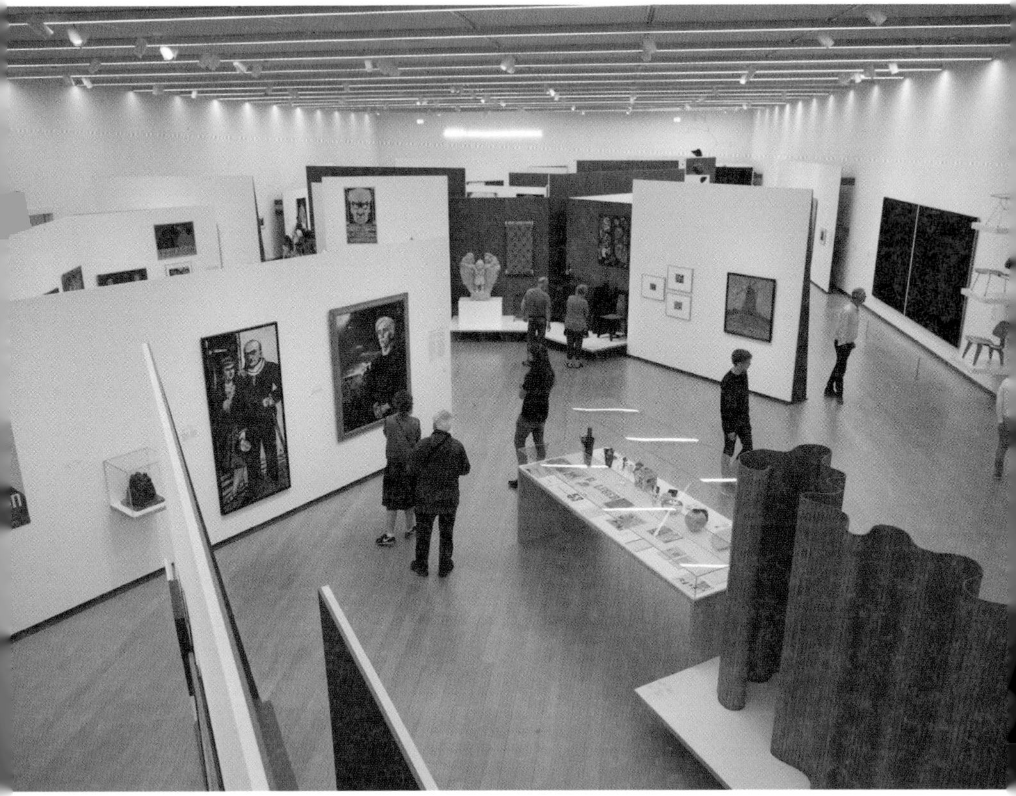

디오 아트의 가치를 알아보고 백남준의 작품을 구입한 첫 사례였다. 2023년 개봉한 다큐멘터리 <백남준: 달은 가장 오래된 TV>에도 백남준이 미술관에 첫 비디오 아트 작품을 팔고 뛸 듯이 기뻐하는 장면이 나온다. 시립미술관이 현대미술관으로 정체성을 확보한 것도 실험적인 비디오 아트를 수집한 바로 이 시기부터였다. 현재 이곳 비디오 아트 컬렉션에는 백남준의 작품 넉 점을 비롯해 빌 비올라, 브루스 나우만의 작품 등 총 900여 점의 작품과 설치물이 포함되어 있다.

백남준의 작품을 처음 수집하고 43년이 지난 뒤 시립미술관은 특별하고도 의미 있는 전시를 기획했다. 2020년 3월부터 10월까지 백남준 사후 최대 규모의 회고전 '미래는 지금이다 The Future is Now'를 연 것이다. 비디오 아트의 선구자 백남준의 작품 세계를 조망하는 전시로, 2019년 런던 테이트 모던에서 열려 화제를 모았던 전시의 순회전이었다. 백남준은 과학 기술과 매스미디어의 발달이 우리 삶을 어떻게 형성할지를 예측했던 예술가다. 1970년대에 '전자 초고속도로'라는 용어를 도입해 인터넷 시대를 예견했다. '미래는 지금이다' 전시에서는 1993년 베니스 비엔날레에서 선보여 황금사자상을 받는 데 일조했던 <시스티나 성당>을 비롯해 그의 대표작 <TV 정원>과 비디오 조각, 초기 악보와 로봇 등 그의 예술 경력 50년을 대변하는 작품들을 대거 선보였다. 예술과 기술, 대중과 예술, 지역과 세계, 동서양의 경계를 허물고 소통을 추구했던 백남준 예술의 혁신성과 미래지향성은 스테델레이크가 추구하는 이상과 결코 다르지 않을 것이다.

Stedelijk Museum
Add. Museumplein 10, 1071 DJ Amsterdam, Netherlands
Web. www.stedelijk.nl/nl

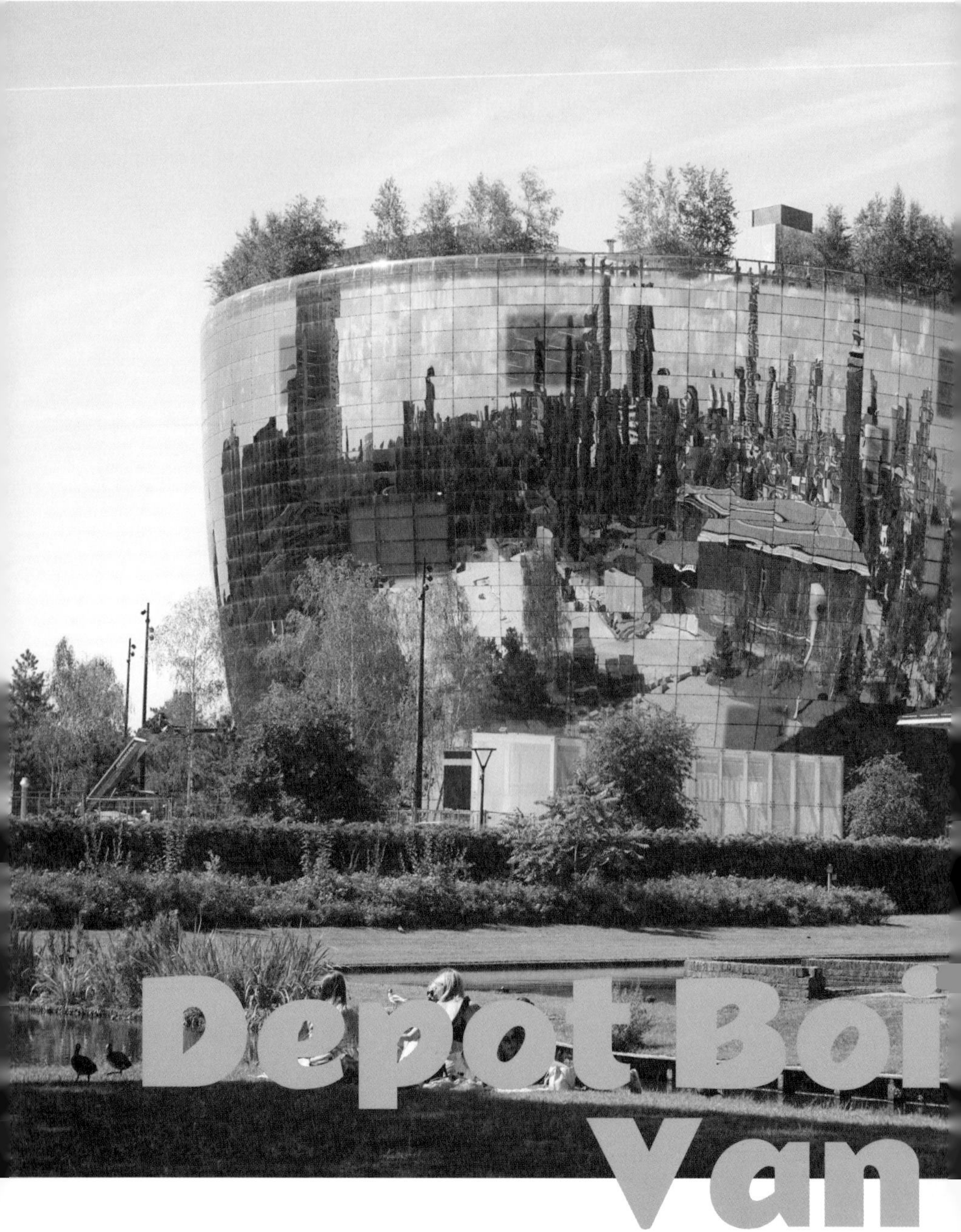

Depot Boi
Van

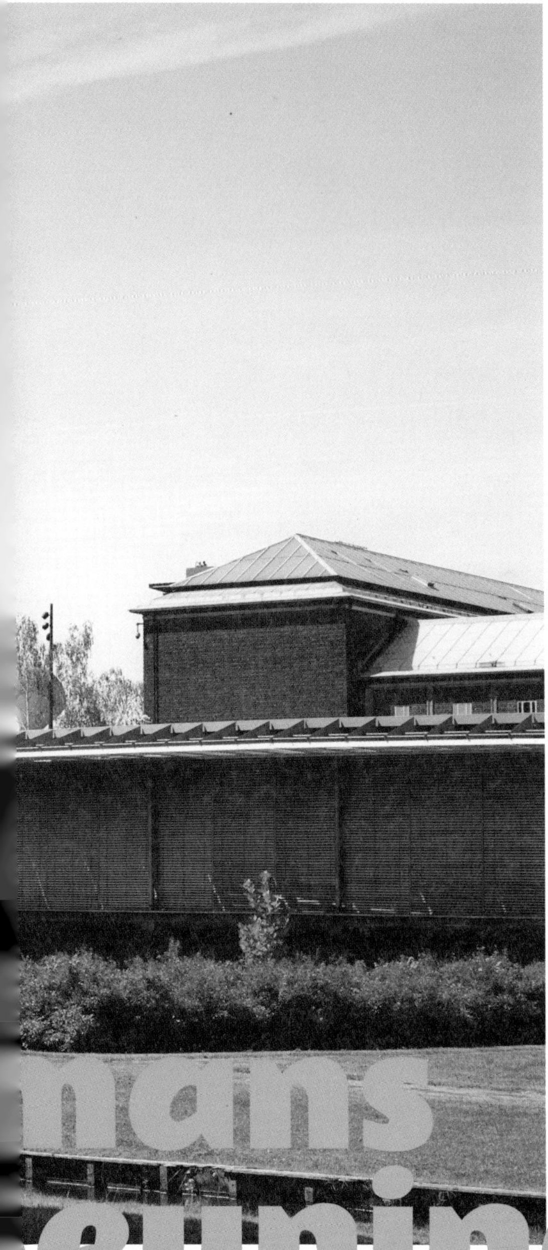

예술품을 담은
그릇

데포
보이만스
판뵈닝언

mans
euningen

로테르담은 유럽 최대의 항구 도시이자 건축의 도시로 유명하다. 유럽의 옛 도시답지 않게 고층의 현대식 건물이 많다. 이는 제2차 세계대전 때 폭격으로 도시가 폐허가 되면서 빈 땅이 많아진 탓이다. 로테르담시는 과거의 모습을 복원하는 대신 새롭게 다시 태어나고자 했다. 상상력 가득한 실험적인 건축물이 하나둘 생겨나기 시작했다. 역설적이게도 전쟁은 이 도시를 건축의 성지로 성장시킨 원동력이었다. 비행접시를 연상케 하는 '블락역', 노란색 사각형 박스 수십 채가 기울어져 있는 '큐브 하우스', 연필 모양의 '펜슬 빌딩', 아치형 천장화가 압권인 '마켓 홀', 백조라고 불리는 '에라스뮈스 다리' 등 도심 곳곳에 개성 넘치는 건축물이 즐비하다. 마치 현대 건축의 박람회장 같다. 이미 볼거리가 즐비한 로테르담에 최근 재밌고 특이한 건축물이 들어서 또 한 번 세계의 이목을 끌고 있다. 이번에는 뜻밖에도 미술관 수장고다. 이름은 '데포 보이만스 판뵈닝언', 줄여서 '데포'라고 불린다. 데포Depot는 큰 창고를 뜻하는 단어다. 그러니까 보이만스 판뵈닝언 박물관의 수장고인 것이다. 2021년 11월 개관하자마자 전 세계 미술, 건축, 박물관 애호가들의 새로운 성지로 떠오른 이곳은 우리가 아는 수장고의 개념을 완전히 전복시킨다.

예술을 담은 그릇

뮤지엄은 원래 모두에게 열린 공공의 문화기관이다. 전시실뿐 아니라 교육실, 카페, 극장, 도서관, 아트숍 등 다양한 공간이 공존하는 뮤지엄에서 단 한 곳, 일반 관람객뿐 아니라 직원조차 출입이 엄격하게 제한된 구역이 있다. 바로 소장품들이 보관된 수장고다. 미술관의 보물창고로 불리는 수장고는 그 미술관의 존재 이유와도 같기에 1급 보안 구역으로 여겨진다. 그런데 최근 들어 세계 곳곳의 뮤지엄들이 수장고 문을 열고 있다. '보이는 수장고' 개념을 도입한 미술관들이 속속 생겨나고 있는 것이다. 보이는 수장고 개념을 가장 먼저 제시했던 샤울라거, 루브르 박물관 랑스 분관, 우리나라의 국립현대미술관 청주관 등이 이에 해당한다. 하지만 수장고 전체를 관람객에게 완전히 개방하는 곳은 데포가 세계 최초다.

데포는 로테르담의 중심부 박물관 공원Museumpark 안에 위치한다. 실험적인 전시로 유명한 쿤스탈 로테르담과 자연사 박물관도 있어서 박물관 공원으로 불린다. 데포는 유서 깊은 보이만스 판뵈닝언 박물관의 수장고이기 때문에 미술관 본관 바로 옆에 지어졌다.

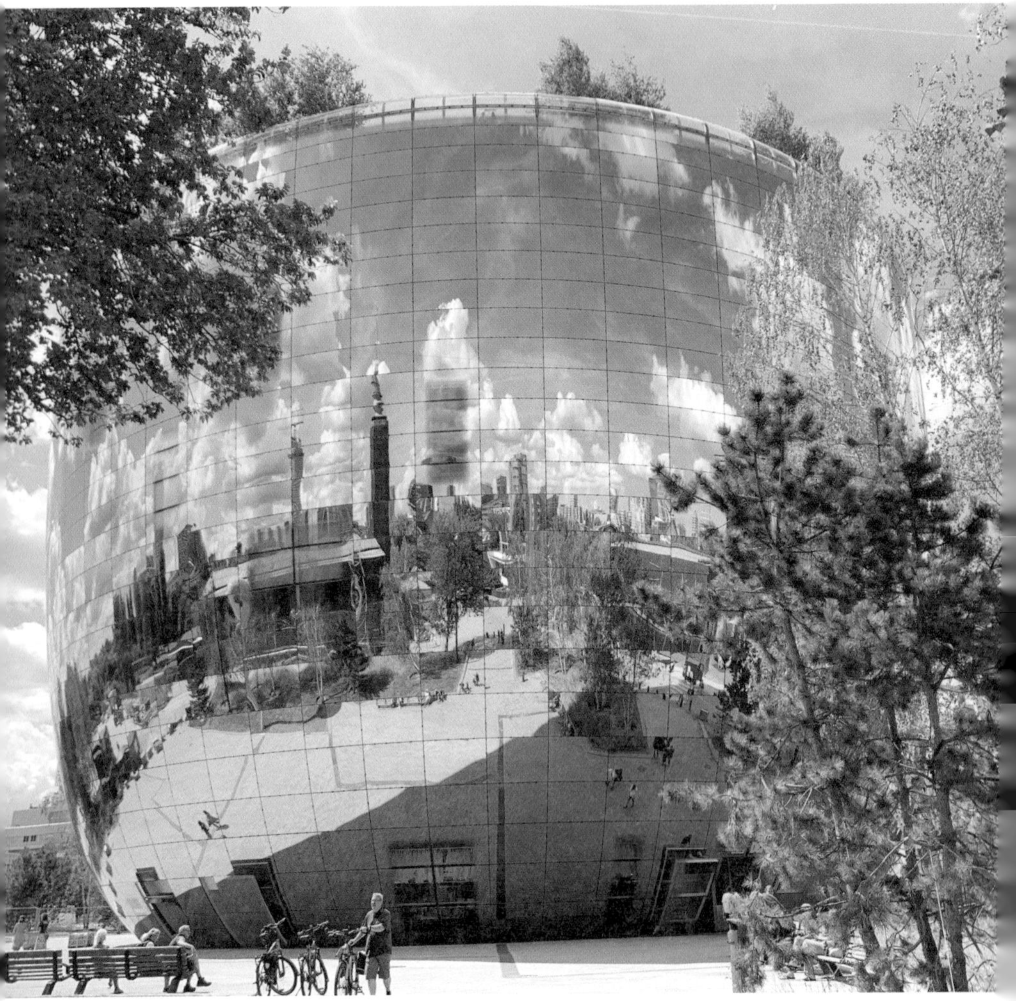

로테르담 중앙역에서 남쪽으로 15분 남짓 걸었더니 은빛 찬란한 둥근 건축물이 눈에 들어왔다. 표면이 거울처럼 반사되는 패널로 마감돼 있어서 주변 풍경과 하늘이 그대로 비쳤다. 건물을 설계한 네덜란드 건축회사 MVRDV는 이 효과를 위해 거울 패널 1,664장을 사용했다고 한다.

"저게 수장고라고?"

"말도 안 돼!"

"기대 이상이야."

초현실적인 외관의 수장고 앞에 선 관람객들이 탄성을 쏟아냈다. 모두가 약속이라도 한 듯 연신 카메라 셔터를 눌러댔다. 도심에 살포시 내려앉은 우주선 같기도 하고, 거인 나라에서 만든 은색 그릇 같기도 하다. 실제로도 이 특이한 디자인은 사전 설계 회의 때 탁자 위에 우연히 놓여 있던 3.99유로짜리 그릇에서 나왔다. 이케아에서 파는 스테인리스 서빙 그릇 '블란다 블랑크BLANDA BLANK'가 그 주인공으로, 우리나라 이케아 매장에서도 3,900원이면 살 수 있다. 설탕이 담겼던 싸구려 그릇에서 영감을 얻어 예술품을 담은 거대한 그릇이 탄생한 것이다. 이 예술 그릇은 높이가 39.5m나 되고, 지름은 아랫부분이 40m, 윗부분은 60m에 달한다.

공장이나 실험실 같은 내부

"데포는 박물관이 아니다. 박물관의 전체 소장품에 접근할 수 있는 세계 최초의 미술품 보관 시설이다." 데포 보이만스 판 뵈닝언 홈페이지 소개 글의 일부다. 2000년대 이후 '보이는 수장고'를 갖춘 박물관들이 속속 생겨났지만 이곳은 유리 벽 밖에서 보는 게 아니라, 내부로 관객들이 직접 들어갈 수 있는 수장고 시설이다. 미술품 창고이기에 전시회는 안 열리지만, 새롭고 특별한 경험을 할 수 있기 때문에 개관 즉시 입소문이 나면서 로테르담의 새로운 랜드마크가 되었다.

밖에서는 몇 층인지 도저히 알 수 없었지만 내부로 들어서니 총 7층이란 걸 알 수 있었다. 0층으로 불리는 지상층은 로비와 아트숍, 화장실이 있는 공간이고 나머지 여섯 개 층에는 작품 수장고와 네 개의 보존실들이 위치해 있었다. 전망 좋은 루프톱에는 120석 규모의 식당도 있다. 6층 천장까지 이어진 거대한 철제 선반과 캐비닛, 승강기와 계단 등으로 채워진 내부는 마치 공장이나 거대한 실험실 같은 인상을 준다. 조명이 인상적인 원형의 입구 홀은 예술가이자 건축가인 욘 쾨르멜링이 디자인했다.

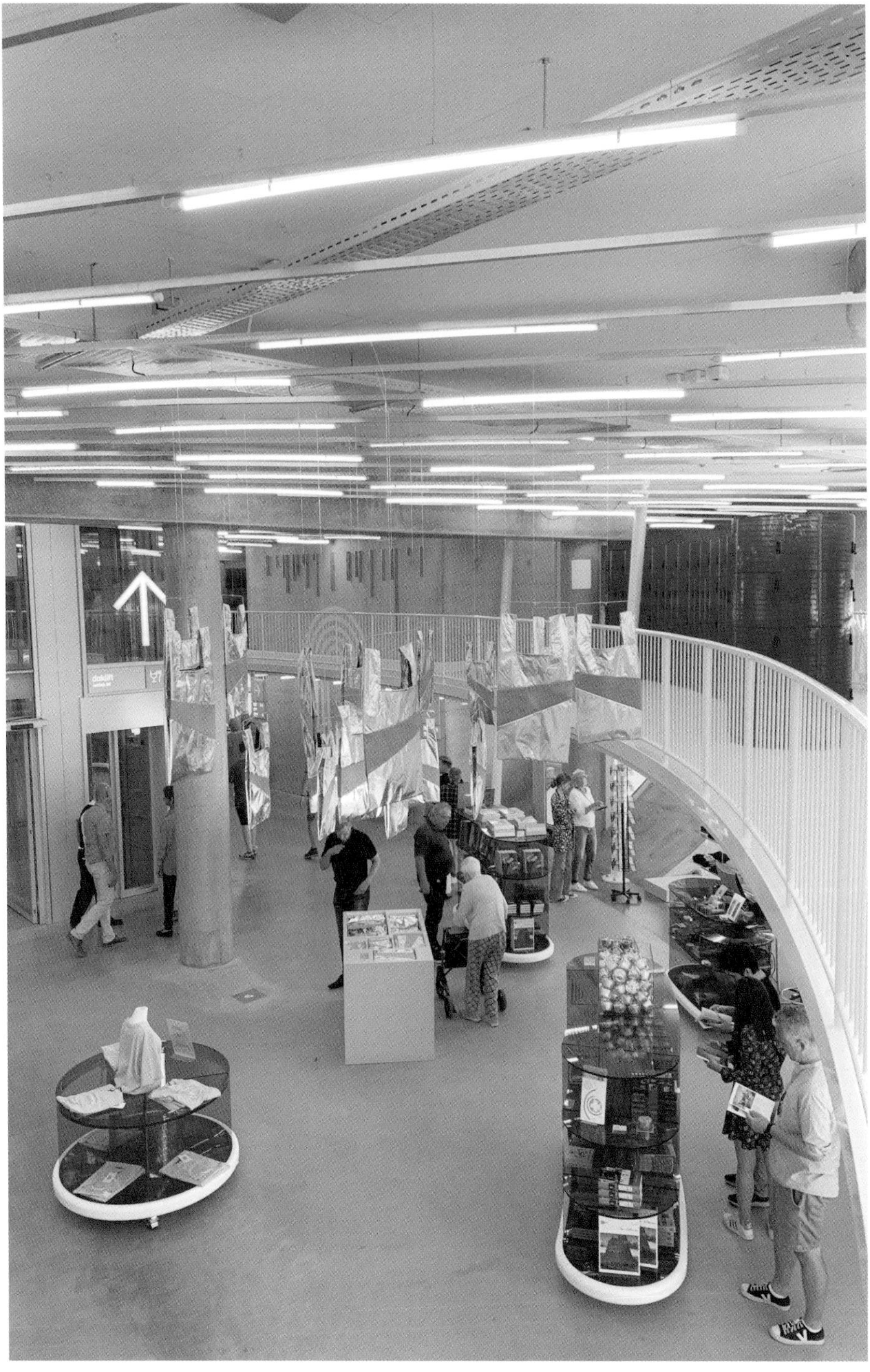

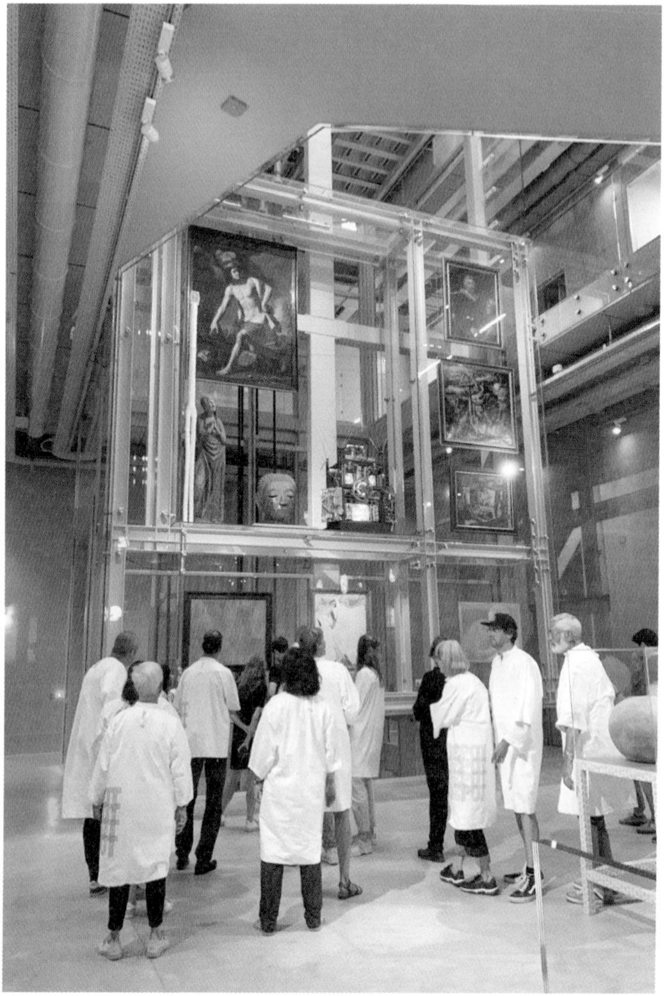

입장권을 끊고 사물함에 짐을 넣고 있는데, 의사나 약사가 입을 법한 흰색 가운을 입은 무리들이 보였다. 어디 연구소에서 견학 나온 보존 전문가들인가 싶어 자세히 관찰해 봤더니, 세상에! 가이드 투어 참여자들이었다. 개별적으로 자유롭게 돌아다녀도 되지만, 미리 신청해서 안내자를 따라 관람할 수도 있다. 가이드 투어 참여자들은 일반 관람객들이 접근하지 못하는 수장고나 보존실까지 들어가 볼 수 있다고 했다.

계단이나 투명 엘리베이터를 오르내리며 층마다 배치된 예술품들을 다양한 각도에서 보는 재미가 쏠쏠했다. 특히 빈센트 반고흐 같은 유명 화가가 그린 그림의 뒷면까지 보여주는 전시 디스플레이는 획기적으로 보였다. 그림 뒷면에 적힌 화가의 메모나 편지, 서명 등을 보며 작품에 얽힌 사연을 상상하게 되니 감상의 즐거움이 배가 되었다. 1층 유리 벽을 통해선 미술품 하역장을 들여다볼 수도 있는데, 어디선가 전시됐던 작품들이 돌아와 옮겨지거나 포장되어 실려 나가는 장면을 목격할 수도 있다. 일반적인 뮤지엄에서는 절대 볼 수 없는 박물관이 작동하는 이면의 모습까지 생생하게 경험할 수 있는 공간인 것이다. 모든 예술품은 항온, 항습 조절 장치가 설치된 열네 개의 보관 창고에 나뉘어 배치돼 있는데, 시대나 사조가 아니라 온습도 조건에 따라 분류돼 있다.

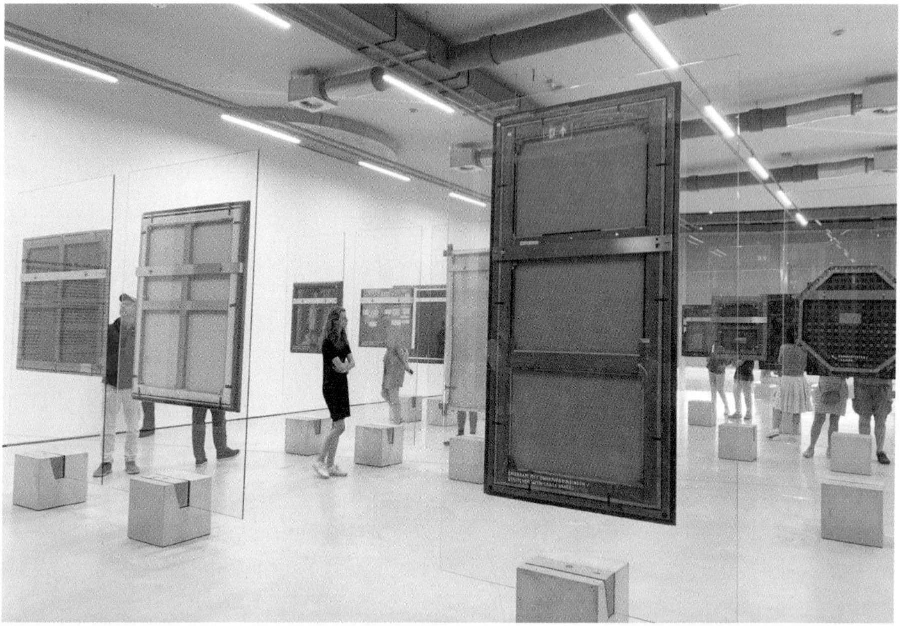

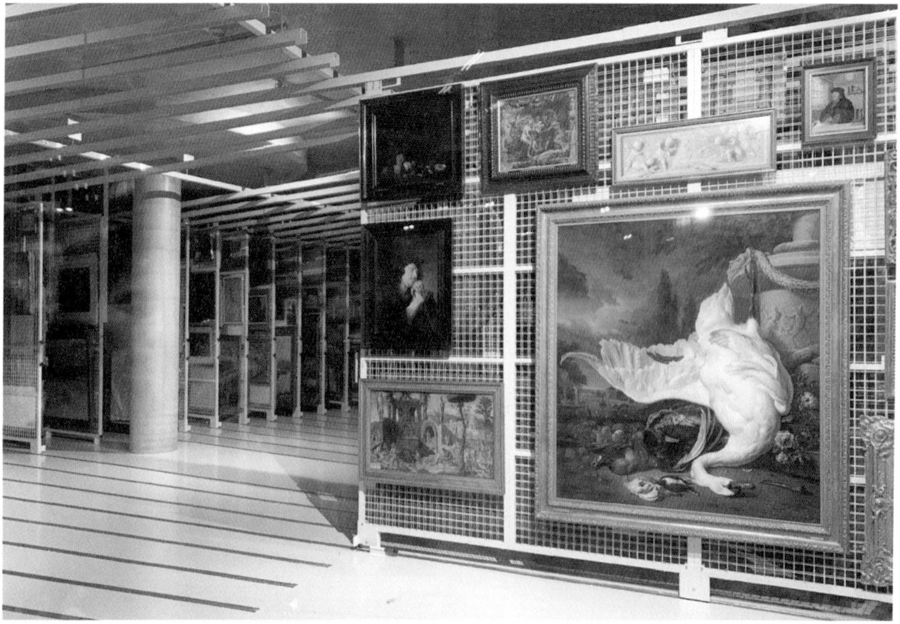

수장고에서 만나는 미술의 거장들

여기서 잠깐. 보이만스 판뵈닝언 박물관은 왜 완전 개방 수장고를 만든 걸까? 그 배경을 좀 살펴보자. 사실 이곳은 네덜란드에서 가장 오래된 박물관 중 하나다. 1849년 변호사였던 프란스 야코프 오토 보이만스가 자신의 소장품을 로테르담시에 기증하면서 설립됐다. 안타깝게도 1864년 화재로 대다수의 소장품이 소실됐다. 박물관 공원에 위치한 현재의 건물은 1929년 완공돼 1935년 개관했는데, 붉은 벽돌, 자연석, 구리 등 전통적인 건축 재료로 지어졌다. 보이만스 박물관으로 불렸다가 1958년 다니엘 헤오르허 판뵈닝언 컬렉션이 추가되면서 현재의 이름이 되었다. 중세 시대부터 현대미술까지 아우르는 이곳 소장품은 지난 170여 년 동안 15만점 이상으로 확장되었다. 특히 8만 8,000점에 이르는 판화와 드로잉 컬렉션은 세계 최고를 자랑한다.

유럽 미술만 9만 7,000점이나 되는데, 피터르 브뤼헐의 <작은 바벨탑>(1563), 빈센트 반고흐의 <아르망 룰랭의 초상화>(1888), 장 미셸 바스키아의 <이집트의 왕 II>(1982), 바실리 칸딘스키의 초기 추상화 <서정적인>(1911) 등이 대표 소장품이다. 그 밖에 렘브란트 판레인, 폴 세잔, 에드바르 뭉크, 마우리치오 카텔란 등의 작품도 만날 수 있다.

초현실주의 컬렉션도 유명하다. 보이만스 판뵈닝언 박물관은 1970년부터 살바도르 달리, 르네 마그리트 등 초현실주의 작가들의 전시를 지속적으로 열며 세계적 명성을 얻었다. 1970년 달리의 첫 주요 회고전도 이곳에서 열렸다. 달리가 오프닝에 직접 참여해 화제가 됐던 회고전은 두 달 동안 20만 명 이상이 다녀간 블록버스터 전시의 원조였다.

세월을 이길 장사가 있을까. 소장품 수가 늘어나고 시설이 노후화되자 리모델링과 현대화 작업이 절실했다. 로테르담시는 과감한 결정을 내렸다. 2019년부터 2026년까지 무려 7년간 미술관 문을 닫고 대대적인 개조 공사에 돌입한 것이다. 대신 미술관 바로 옆에 수장고를 지어 15만 점이 넘는 주옥같은 소장품들을 시민에게 완전히 개방했다. 그렇다고 그 많은 작품을 한 장소에서 동시에 다 보여줄 수는 없는 법. 네덜란드 내 주요 미술관과 세계 도처의 미술관으로 순회 전시 중이다. 그 덕에 2021년 서울에서도 '초현실주의 거장들: 로테르담 보이만스 판뵈닝언 박물관 걸작전'이 열릴 수 있었다.

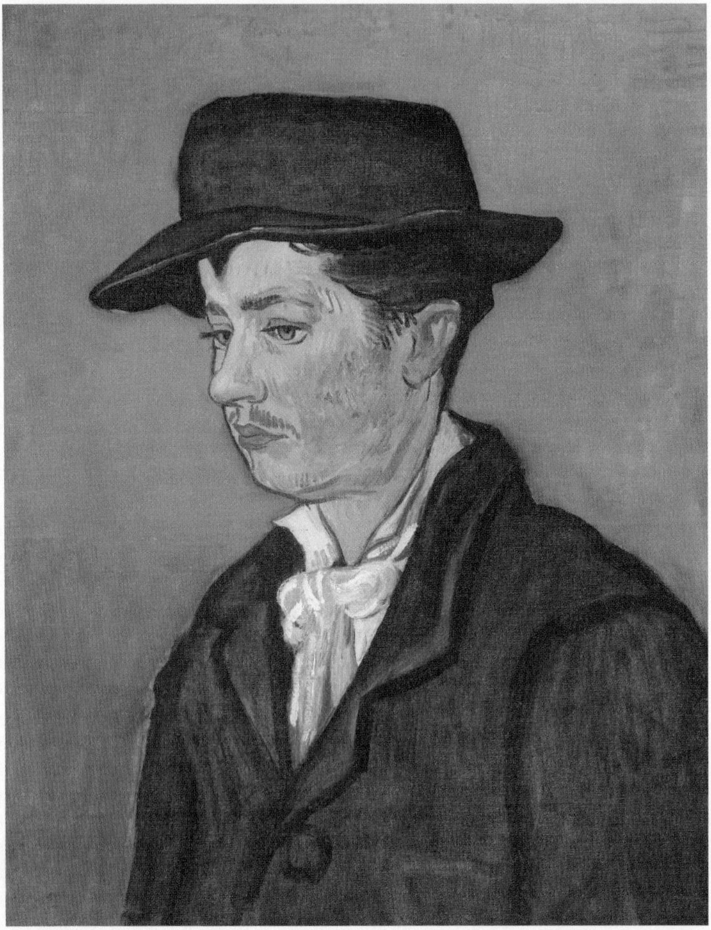

빈센트 반고흐, <아르망 룰랭의 초상화>, 캔버스에 유채, 65×54cm, 1888년, 보이만스 판뵈닝언 박물관

지속가능한 친환경 건물

데포는 뛰어난 예술품을 날 것 그대로 보여주는 창고로서뿐 아니라 누구나 자유롭게 참여할 수 있는 다채로운 교육 프로그램으로도 인기몰이 중이다. 요가 퍼포먼스와 패션쇼도 개최해 다양한 사람들이 다양한 목적으로 이곳을 찾게 하고 있다. 또 지속가능한 친환경 건축으로도 주목받고 있다. 콘크리트 재활용 골재를 사용했고, 효율적인 에너지 소비를 위해 혁신적인 설비와 시스템을 도입했다. 옥상 정원에는 총 75그루의 자작나무와 20여 그루의 소나무를 심어 건물을 녹화했다. 지붕에 있는 태양광 전지판이 건물 내 전기를 공급하고, 옥상 정원과 화장실 물 내림을 위한 빗물 저장소도 갖추고 있다. 데포는 로테르담의 밤도 예술로 물들인다. 일몰부터 자정까지 데포 건물 파사드와 주변에 피필로티 리스트의 미디어아트를 상영해 도시에 활력을 더하고 있다.

앞서 말했듯, 미술관에서 수장고는 1급 보안 시설이다. 직원들도 출입이 엄격히 제한된다. 하지만 보이만스 판뵈닝언 박물관은 그런 관념을 깨부순다. 전시가 아니면 영원히 수장고에서 잠들어 있을 예술품에 숨을 불어넣고 있다. 그릇을 닮은 친환경 건물 안에서 다양한 각도로 예술품을 보고 즐길 수 있게 해준다. 어차피 예술은 향유하고 즐길 때 의미가 있다는 걸 실천적으로 보여주는 곳이다. 팬데믹이 한창이던 시기인데도 개관 1년 만에 25만 명 이상이 '엄지 척!' 하며 다녀간 이유다.

Depot Boijmans Van Beuningen
Add. Museumpark 24, 3015 CX Rotterdam, Netherlands
Web. www.boijmans.nl/depot

⊕ Plus Page

고흐 마니아들의 성지
반고흐 미술관

Add. Museumplein 6, 1071 DJ Amsterdam, Netherlands
Web. www.vangoghmuseum.nl/nl

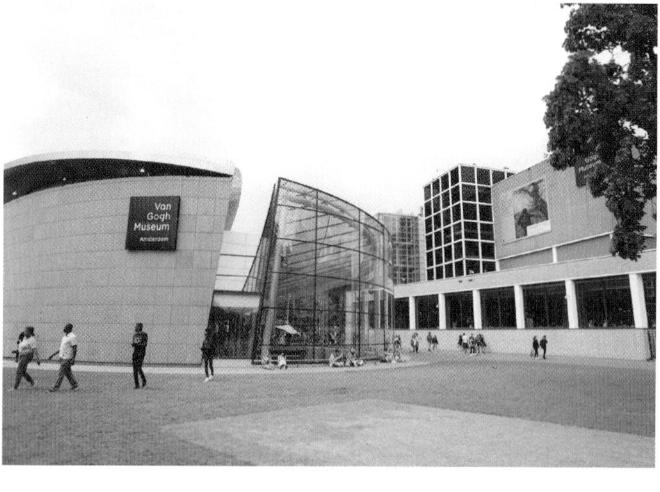

Van Gogh Museum

1973년 뮤지엄 광장에 들어선 반고흐 미술관은 고흐 마니아들의 성지다. 빈센트 반고흐의 삶과 예술혼을 기리기 위해 설립된 곳으로 네덜란드에서 가장 인기 있는 박물관이다. 2017년에만 230만 명이 다녀갔다.

미술관은 서로 다른 시기에 지어진 두 개의 건물로 이루어져 있다. 본관 건물은 1963년 네덜란드 정부가 유명 가구 디자이너이자 건축가인 헤릿 릿펠트에게 의뢰한 것으로 건축가의 이름을 따 릿펠트 빌딩Rietveld Building으로 불린다. 건축가가 이듬해 사망하는 바람에 1973년에야 완공될 수 있었다. 1999년 증축된 부속 전시관 건물은 일본 건축가 구로카와 기쇼가 설계한 것으로 구로카와 윙Kurokawa Wing으로 불린다. 릿펠트 빌딩은 반고흐 작품을 보여주는 상설전시실로, 구로카와 윙은 특별전이 열리는 기획전시실로 이용되고 있다.

반고흐 미술관은 그 이름답게 세계에서 고흐 작품을 가장 많이 소장하고 있다. 37년의 짧은 삶을 살았던 고흐가 남긴 200여 점의 회화와 400여 점의 드로잉, 700통의 편지들이 영구 소장돼 있다.

잘 알려진 대로 고흐는 1890년 사망하기 전까지 평생 단 한 점밖에 팔지 못했다. 고흐가 남긴 수백 점에 달하는 작품은 동생 테오가 관리하다가 그마저 사망하자 테오의 아내 요한나가 물려받았고, 그는

⊕ Plus Page

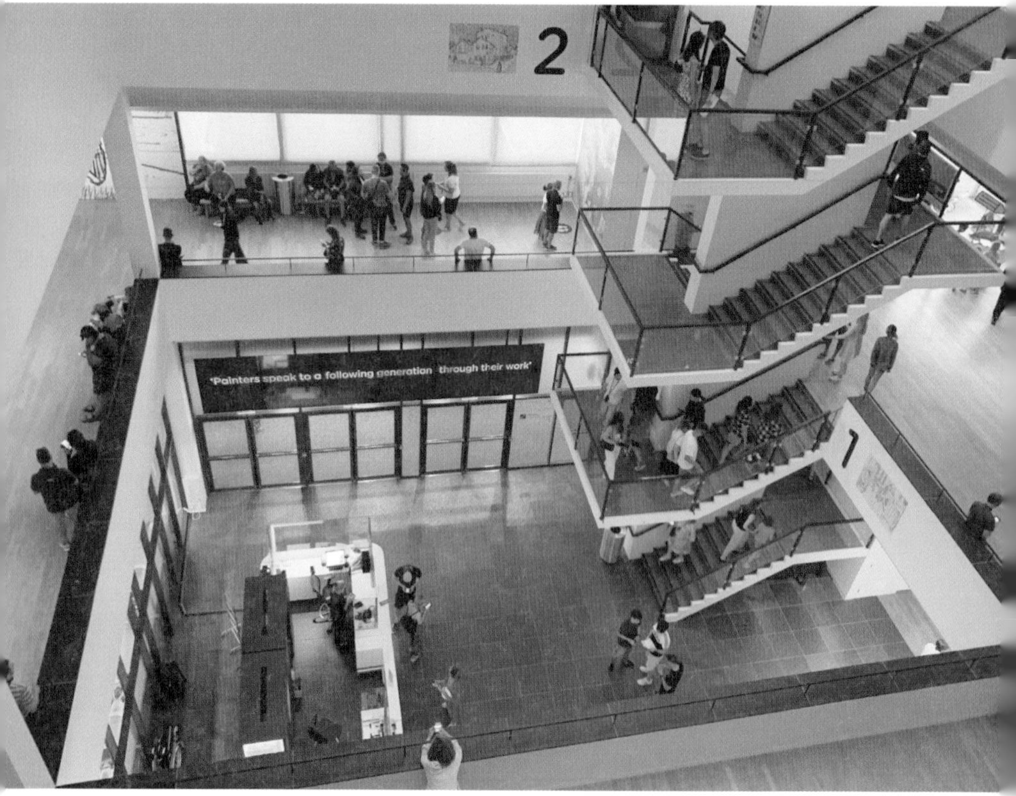
2
'Painters speak to a following generation through their work'
1

고흐의 그림과 예술혼을 세상에 알리는 일에 평생을 헌신했다. 1925년 요한나 사후 그 임무를 아들 빈센트가 이어받아, 상속받은 모든 작품을 1962년 정부가 설립한 반고흐 재단에 이관해 현재의 반고흐 미술관 소장품이 되었다. 유족들의 노력과 헌신이 반고흐 미술관을 탄생시킨 일등 공신인 셈이다. 고흐의 초기작 <감자 먹는 사람들>을 비롯해 대표작 <해바라기> <자화상> <아를의 침실> 등 주옥같은 명작들을 모두 이곳에서 만날 수 있다.

⊕ Plus Page

그라피티에서 NFT까지
모코 미술관

Add. Honthorststraat 20, 1071 DE Amsterdam, Netherlands
Web. mocomuseum.com

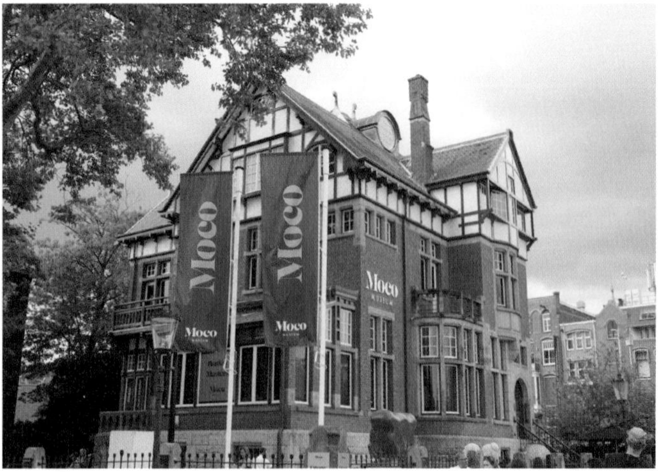

Moco Museum

모코 미술관은 미술품 컬렉터인 킴과 리오넬 로히스Kim & Lionel Logchies 부부가 2016년에 설립한 개인 미술관이다. 개관한 지 몇 년 되지 않은 신생 미술관이지만 하루에 수천 명씩 찾아오는 암스테르담의 핫플레이스로 주목받고 있다. 국립미술관과 반고흐 미술관 사이에 있어서 접근성도 뛰어나다.

하지만 외관상 미술관이라고 생각하기는 쉽지 않다. 동화 속에 나오는 예쁜 가정집처럼 생겼기 때문이다. 창이 많이 달린 5층짜리 붉은 벽돌 건물은 뾰족한 삼각 지붕으로 덮여 있고, 그 위로는 굴뚝이 높이 솟아 있다. 네덜란드인 부자가 사는 고급 빌라 같다.

실제로도 이 건물은 '빌라 알스베르흐Villa Alsberg'로 불린 개인 주택이었다. 네덜란드 건축가 에두아르트 카위퍼르스Eduard Cuypers의 설계로 1904년 완공됐다. 카위퍼르스는 암스테르담 국립미술관과 암스테르담 중앙역을 설계한 피에르 카위퍼르스의 조카다. 삼촌이 설계한 국립미술관이 완공된 지 20년쯤 지나 조카가 설계한 개인 빌라가 바로 옆에 들어선 것이다. 국공립미술관이 밀집된 뮤지엄 광장에 지어진 최초의 가정집이었다.

그렇다고 계속 가정집 용도로 쓰인 건 아니다. 1939년 이후엔 암스테르담 성니콜라스 학교에서 교사로 봉직하던 성직자들의 사제관

⊕ Plus Page

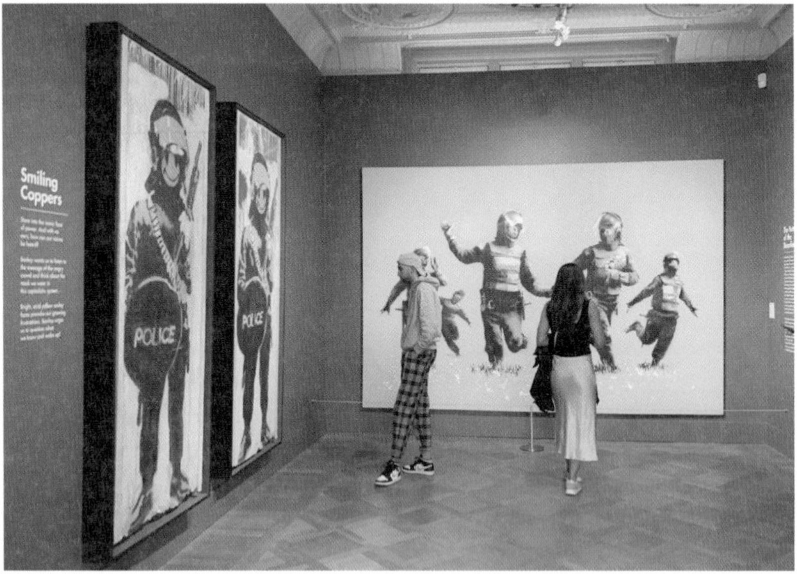

으로 사용되었고, 이후 한 로펌회사가 건물을 인수하면서 법률사무소로 개조되었다. 그러다 2016년 시장에 매물로 나온 건물을 로히스 부부가 사들여 미술관으로 탈바꿈해 대중에게 개방했다. 어떻게 보면 뮤지엄 광장에 지어진 순간부터 언젠가는 미술관이 될 운명이었던 셈이다. 이 부부는 바르셀로나에도 같은 이름의 미술관을 운영하고 있다.

모코 미술관은 지하층에서 꼭대기 층까지 좁은 계단을 따라 오르내리면서 각각의 테마를 가진 전시 공간을 둘러보는 구조로 되어 있다. 기획전을 통해 매번 새로운 작가들의 작품을 소개하기도 하지만 상설전시된 유명 작가들의 작품들도 많다. 뱅크시, 장 미셸 바스키아, JR, 키스 해링 등 유명한 그라피티 아티스트부터 제프 쿤스, 데이미언 허스트, 트레이시 에민, 쿠사마 야요이, 앤디 워홀, 카우스, 더 키드 등 우리 시대 가장 핫한 스타 미술가들의 작품들을 만날 수 있다. 사전 정보 없이 혹은 별 기대 없이 이곳을 찾은 관람객이라면 작가들 리스트에 깜짝 놀랄 것이다.

도판 출처 및 제공처

- 이 서적 내에 사용된 일부 작품은 SACK를 통해 ADAGP, COPYDAN, DACS, VAGA at ARS, VG Bild-Kunst와 저작권 계약을 맺은 것입니다. 저작권법에 의하여 한국 내에서 보호를 받는 저작물이므로 무단 전재 및 복제를 금합니다.
- 서적 내 일부 이미지는 각 미술관을 통해 사용 허가를 받은 것입니다. 저작권법에 의하여 한국 내에서 보호를 받는 저작물이므로 무단 전재 및 복제를 금합니다.
- 서적 내 사용된 일부 셔터스톡(Shutterstock) 구매 이미지는 출처를 생략했습니다.
- 저작권자와 연락이 닿지 않은 일부 도판의 경우에는 추후에 연락이 닿는 대로 사용 동의 절차를 밟겠습니다.

- 43p ⓒ Damien Hirst and Science Ltd. All rights reserved, DACS - SACK, Seoul 2024
- 47p ⓒ Elmgreen & Dragset / COPY-DAN, BILLEDKUNST - SACK, Seoul, 2024
- 77p ⓒ Rigmor Dahl Delphin, CC BY-SA 4.0, via Wikimedia Commons.
- 105p ⓒ Succession Alberto Giacometti / SACK, Seoul, 2024
- 108p ⓒ Courtesy of the Marina Abramović Archives / VG Bild-Kunst, Bonn - SACK, Seoul, 2024
- 112-113p ⓒ Kunsthal Charlottenborg

북유럽
미술관 여행

초판 1쇄 2024년 2월 13일

지은이 이은화

발행인 유철상
책임편집 홍은선
편집 김정민
디자인 주인지, 노세희
마케팅 조종삼, 김소희
콘텐츠 강한나

펴낸곳 상상출판
출판등록 2009년 9월 22일(제305-2010-02호)
주소 서울특별시 성동구 뚝섬로17가길 48, 성수에이원센터 1205호(성수동2가)
전화 02-963-9891(편집), 070-7727-6853(마케팅)
팩스 02-963-9892
전자우편 sangsang9892@gmail.com
홈페이지 www.esangsang.co.kr
블로그 blog.naver.com/sangsang_pub
인쇄 다라니
종이 ㈜월드페이퍼

ISBN 979-11-6782-556-8 (03600)